乡村振兴战略下特色小镇建设研究

柴晶霞 著

延边大学出版社

图书在版编目（ＣＩＰ）数据

乡村振兴战略下特色小镇建设研究 / 柴晶霞著. --
延吉：延边大学出版社, 2018.11
ISBN 978-7-5688-6385-8

Ⅰ.①乡… Ⅱ.①柴… Ⅲ.①小城镇－城市建设－研
究－中国 Ⅳ.①F299.21

中国版本图书馆 CIP 数据核字(2018)第 257975 号

乡村振兴战略下特色小镇建设研究

著　　者：柴晶霞
责任编辑：李逢雨
出版发行：延边大学出版社
社　　址：吉林省延吉市公园路 977 号　　　邮　　编：133002
网　　址：http://www.ydcbs.com　　　E-mail：ydcbs@ydcbs.com
电　　话：0433-2732435　　传真：0433-2732434
印　　刷：延边延大兴业数码印务有限责任公司
开　　本：787×1092 毫米 1/16
印　　张：17.5
字　　数：270 千字
版　　次：2019 年 6 月第 1 版
印　　次：2019 年 6 月第 1 次
书　　号：ISBN 978-7-5688-6385-8

定价：68.00 元

前　言

　　习近平总书记在十九大报告中首次提出乡村振兴战略。十九大报告同时阐述了我国在农村方面发展的新型战略目标，其中指出，"要坚持农业农村优先发展，按照产业兴旺、生态宜居、乡风文明、治理有效、生活富裕的总要求，建立健全城乡融合发展体制机制和政策体系，加快推进农业农村现代化"。乡村振兴战略的提出，对于中国全面建成小康社会，实现社会主义现代化具有举足轻重的意义。要建成富强民主文明和谐美丽的社会主义现代化强国，乡村问题的解决尤其重要，纵观小镇发展的各项指导思想，对比乡村振兴发展，特色小镇已成为乡村发展的创新性载体。

　　中国针对小镇发展的关注始于 20 世纪，针对特色与小城镇的结合发展研究陆续从地域、文化、建筑、民族特色等多维度展开，并逐步开始结合产业特色和空间特色做进一步发展探究。特色小镇在中国一经正式提出便备受关注，"特色小镇热"的浪潮愈演愈烈。后来在全面贯彻党的十八大和十八届三中、四中、五中全会精神下，不仅对新型工业化、城镇化做了进一步的高度概括，在全国范围内大力推进新农村建设，同时提出了把推进新型城镇化作为今后经济发展的重大战略举措。党的十八届五中全会创造性地提出了"创新、协调、绿色、开放、共享"的五大发展理念，"在牢固树立和贯彻思想的基础上，因地制宜、突出特色，充分发挥市场主体作用，创新建设理念，转变发展方式，通过培育特色鲜明、产业发展、绿色生态、美丽宜居的特色小镇，促进新型经济转型升级，推动新型城镇化建设和新农村建设"，这既是新时代中国特色社会主义经济发展的重要方针，同时也是中国对于区域性平衡发展的多项要求。之后我国政府全面部署发展方案，一系列的政策文件相继颁出，开始深入推进新型城镇化建设的步伐。"特色小镇"建设借以国家新农村建设、新型城镇化的新时期，重新拉开序幕，成为新时代、新常态下的"新举措、新模式"。

　　纵观国外城镇化建设的形成，不可否认的是，城镇化是一个相对自然自发的过程，在这个发展过程中存在着不可知性以及盲目性。然而特色小镇建设表现为一个在政府主导下有意识，目标明确、具有计划性的推动展开的进程，通过科学的规划，可以在最大限度内避免城镇化的长期发展所带来的盲目性。

　　总之，美丽特色小（城）镇之所以能够成为辐射带动新农村的重要载体，究其根本是因为二者在核心诉求上有着必然的相似性和联系。对比发现，乡村振兴战略的实施和特色小镇的发展方向异曲同工。一方面，针对特色鲜明的产业形态的要求相同。从对产业发展精准定位，经营体系不断改进，促进产业业态具备良好的发展环境，进而利用产业的不断发展，促进农村劳动力转移增加就业，丰富产业体系，带动农村发展。另一方面，均要求生态宜居的环境，新型城镇化发展并不是创造新城市，而是通过产业发展、经济提升来创造更适合长久居住、空间布局与周边自然环境相协调的生活环境，从而吸纳劳动力，实现乡村振兴。

　　由于时间比较仓促，加上作者水平有限，在撰写的过程中难免出现纰漏之处，敬请读者谅解。

目　录

第一章　乡村振兴战略概述

第一节　乡村振兴战略的内涵

乡村振兴战略是习近平同志 2017 年 10 月 18 日在党的十九大报告中提出的战略。乡村振兴战略是对建设社会主义新农村思想的更替。党的十九大作出实施乡村振兴战略的重大部署，中共中央国务院发布《关于实施乡村振兴战略的意见》，既是基于我国乡村现代化建设成就之上的理性决策，也是解决我国当前城乡发展不平衡、乡村发展不充分的实践路径，更是实现中国特色社会主义乡村现代化的思想引领。

党的十九大报告中提出了"二十字"方针作为乡村振兴战略的具体要求，即"产业兴旺、生态宜居、乡风文明、治理有效、生活富裕"。以乡村振兴战略统领未来国家现代化进程中的农业农村发展，真正把乡村振兴战略落到实处，必须要深刻领会、准确把握乡村振兴战略总要求的精神实质和深刻内涵。

产业兴旺是乡村振兴的经济基础。乡村振兴能否实现取决于乡村的经济基础和生产力的发展程度，取决于乡村一二三产业是否兴旺发达。党的十九大报告把"产业兴旺"放在实施乡村振兴战略总要求的首位，就是要强调发展农村生产力的第一要务不能动摇。无论是新农村建设，还是乡村振兴，都离不开产业兴旺这个重点，因为它既是推进农业农村发展的原动力，也是乡村振兴的前提和重要物质基础。实施乡村振兴战略，要紧紧围绕产业兴旺，促进农村产业发展，培育农业农村发展新动能，以此来解决工业化、城镇化在快速发展过程中出现的农业农村产业空心化、结构单一化和农村萧条衰败的问题。

生态宜居是乡村振兴的关键环节。良好的生态环境和村容村貌既直观反映农村的文明程度，也是美丽乡村的外在表现。重建"望得见山、看得见水、记得住乡愁"的美丽乡村，既是我国生态文明建设的内在要求，也是满足广大人民群众对美好生活向往的最终目的。强调生态宜居的目的，就是要把生态文明建设放在突出地位，将农村环境治理落实到美丽乡村建设的全过程，加大对农村基础设施的投入，加强对农村资源环境的保护，大力改善农村水、电、路、气、房等基础设施，统筹山、水、林、田、湖、草保护建设，使农村的生产生活环境得到极大改善，形成节约资源和保护环境、产业结构与生产生活方式比较科学合理的城镇化格局，保护好绿水青山和清新清净的田园风光，让广大农民群众在良好的生态环境中生产生活。

乡风文明是乡村振兴的文化基础。乡村在其漫长成长过程中，不仅产生了适合乡村生产和生活的空间结构，也孕育出了民俗、民风、乡规民约、道德规范等乡村文化，这是中华民族几千年优秀传统文化的重要载体，饱含着人类生存的智慧。乡风文明强调的不仅是继承弘扬农耕文明和优秀传统乡村文化，而且更强调的是传统文化的创新与发展，它在挖掘传承优秀传统文化的基础上，更加注重人们思想观念的现代化，把人文精神和道德规范融入乡村文明的建设中，让乡村文化展现出永久魅力和时代风采。强调乡村文明的目的就是要促进人的全面发展和农村社会的全面进步，进一步提升农民的综合素质，将农民的思想觉悟、道德水准、文明素养提高到一个新层次。

治理有效是乡村振兴的基本保证。治理有效不仅强调了要从注重基层民主制度建设过程到追求农村社会稳定结果的更高要求，而且更注入了"自治、法治、德治"相结合的乡村治理体系新内涵，其目的就是要加强和创新农村社会治理，加强基层民主和法治建设，推动社会治理重心向基层下移，发挥社会组织作用，实现政府治理和社会调节、居民自治良性互动，形成有效的社会治理、良好的社会秩序，使人民获得感、幸福感、安全感更加充实、更有保障、更可持续，让社会正气得到弘扬、违法行为得到惩治，使农村更加和谐、安定、有序。

生活富裕是乡村振兴的奋斗目标。强调"生活富裕"就是要让农民有持续稳定的收入来源，经济宽裕、衣食无忧、生活便利、共同富裕。实现"生活富裕"这一目标，就是要拓宽增收渠道，持续促进农民增收，着重提高农民的就业质量和收入水平，把农民作为就业优先战略和积极就业政策的扶持重点，多渠道促进农民工就业创业；加强农民职业技能培训，为农民提供全方位公共就业服务，推动城乡义务教育一体化发展，努力让每个农村孩子都能享有公平而有质量的教育，使绝大多数农村新增劳动力接受高中阶段教育、更多接受高等教育；同时，要完善城乡居民基本养老保险制度，完善统一的城乡居民基本医疗保险制度和大病保险制度，统筹城乡社会救助体系、完善最低生活保障制度。

产业兴旺是根本，生态宜居是基础，乡风文明是关键，治理有效是保障，生活富裕是目标。它们统一于农业农村现代化建设的进程中，相互联系，相互促进。

站在新时代起点上，深刻把握乡村振兴战略科学内涵，加快实现乡村振兴战略，必将为全面建成小康社会奠定坚实的基础，为夺取新时代中国特色社会主义伟大胜利迈出坚实的步伐，为实现中华民族伟大复兴注入强大的动力。

第二节　乡村振兴战略的重大导向

一、高质量发展

习近平总书记在党的十九大报告（以下简称"十九大报告"）中提出，"我国经济已由高速增长阶段转向高质量发展阶段"；"必须坚持质量第一、效益优先，以供给侧结构性改革为主线，推动经济发展质量变革、效率变革、动力变革"。2017 年中央经济工作会议提出"推动高质量发展是当前和今后一个时期确定发展思路、制定经济政策、实施宏观调控的根本要求"。实施乡村振兴战略是建设现代化经济体系的六项主要任务之一，尽管实施乡村振兴战略涉及的范围实际上超出经济工作，但推动乡村振兴高质量发展应该是实施乡村振兴战略的基本要求和重大导向之一。仔细品读十九大报告中关于新时代中国特色社会主义思想和基本方略的内容，不难发现这实际上也是指导中国特色社会主义高质量发展的思想。在实施乡村振兴战略的过程中，坚持高质量发展的战略向，需要弄清楚什么是乡村振兴的高质量发展，怎样实现乡村振兴的高质量发展。

乡村振兴的高质量发展，第一体现在顺应社会主要矛盾的变化，突出抓重点、补短板、强弱项的要求。随着中国特色社会主义进入新时代，中国社会主要矛盾转化为人民日益增长的美好生活需要和不平衡不充分发展之间的矛盾。实施乡村振兴战略的质量如何，首先要看其对解决社会主要矛盾有多大实质性的贡献，对于缓解工农城乡发展不平衡和"三农"发展不充分的问题有多大实际作用。比如，随着城乡居民收入和消费水平的提高，社会需求结构加快升级，呈现个性化、多样化、优质化、绿色化推进的趋势。这要求农业和农村产业发展顺应需求结构升级的趋势，增强供给适应需求甚至创造需求、引导需求的能力。与此同时，对农村产业发展在继续重视"生产功能"的同时，要求更加重视其生活功能和生态功能，将重视产业发展的资源环境和社会影响，同激发其科教、文化、休闲娱乐、环境景观甚至体验功能结合起来。尤其是随着"90 后""00 后"，甚至"10"后逐步成为社会的主流消费群体，产业发展的生活、生态功能更加需要引起重视。以农业为例，要求农业在"卖产品"的同时，更加重视"卖风景""卖温情""卖文化""卖体验"，增加对人才、人口的吸引力。近年来，电子商务的发展日益引起重视，一个重要原因是它有很好的链接和匹配功能，能够改善居民的消费体验、增进消费的便捷性和供求之间的互联性；而体验、便利、互联正在成为实现社会消费需求结构升级和消费扩张的重要动力，尤其为边角化、长尾性、小众化市场增进供求衔接和实现规模经济提供了新的路径。

乡村振兴的高质量发展，第二体现在贯彻新发展理念，突出以推进供给侧结构性改革为主线的要求。推进供给侧结构性改革的核心要义，是按照创新、协调、绿色、开放、共享的新发展理念，提高供给体系的质量、效率和竞争力，即增加有效供给，减少无效供给，增强供给体系对需求体系和需求结构变化的动态适应和反应能力。当然，这里的有效供给包括公共产品和公共服务的有效供给。这里的提高供给体系质量、效率和竞争力，首先表现为提升农业和农村产业发展的质量、效率和竞争力；除此之外，还表现在政治建设、文化建设、社会建设和生态文明建设等方方面面，体现这些方面的协同性、关联性和整体性。解决好"三农"问题之所以被始终作为全党工作的"重中之重"，归根到底是因为它是一个具有竞争弱势特征的复合概念，需要基于使市场在资源配置中起决定性作用，通过更好发挥政府作用矫正市场失灵问题。实施乡村振兴战略旨在解决好"三农"问题，重塑新型工农城乡关系。因此，要科学区分"三农"问题形成演变中的市场失灵和政府失灵，以推进供给侧结构性改革为主线，完善体制机制和政策环境。借此，将支持农民发挥主体作用、提升农村人力资本质量与调动一切积极因素并有效激发工商资本、科技人才、社会力量参与乡村振兴的积极性结合起来，通过完善农村发展要素结构、组织结构、布局结构的升级机制，更好地提升乡村振兴的质量、效率和竞争力。

乡村振兴的高质量发展，第三体现为协调处理实施乡村振兴战略与推进新型城镇化的关系。在十九大报告和新版《中国共产党章程》中，乡村振兴战略与科教兴国战略、可持续发展战略等被列入，但新型城镇化战略未被列入要坚定实施的七大战略，这并不等于说推进新型城镇化不是一个重要的战略问题。之所以这样，我想主要有两方面的原因。（1）城镇化是个自然历史过程。虽然推进新型城镇化也需要"紧紧围绕提高城镇化发展质量"，也需要"因势利导、趋利避害"，仍是解决"三农"问题的重要途径；但城镇化更是"我国发展必然要遇到的经济社会发展过程"，"是现代化的必由之路"，必须"使城镇化成为一个顺势而为、水到渠成的发展过程"；而实施上述七大战略则与此有明显不同，更需要摆在经济社会发展的突出甚至优先位置，更需要大力支持。否则，更容易出现比较大的问题，甚至走向其反面。（2）实施乡村振兴战略是贯穿到 21 世纪中叶全面建设社会主义现代化国家过程中的重大历史任务，虽然推进新型城镇化是中国经济社会发展中的一个重要战略问题，但到 2030-2035 年前后城镇化率达到 75%左右后，中国城镇化将逐步进入饱和阶段，届时城镇化率提高的步伐将明显放缓，城镇化过程中的人口流动将由乡——城单向流动为主转为乡——城流动、城——城流动并存，甚至城——乡流动的人口规模也会明显增大。届时，城镇化的战略和政策将会面临重大阶段性转型，甚至逆城镇化趋势也将会明显增强。至于怎样科学处理实施乡村振兴战略与推进新型城镇化的关系，我认为，关键是建立健全城乡融合发展的体制机制和政策体系。

乡村振兴的高质量发展，第四体现为科学处理实施乡村振兴战略与推进农业农村政策转型的关系，做好坚持农业农村优先发展、加快推进农业农村现代化的大文章。

乡村振兴的高质量发展，最终体现为统筹推进增进广大农民的获得感、幸福感、安全感和增强农民参与乡村振兴的能力。2018年中央一号文件把"坚持农民主体地位"作为实施乡村振兴战略的基本原则之一，要求"调动亿万农民的积极性、主动性、创造性，把维护农民群众根本利益、促进农民共同富裕作为出发点和落脚点，促进农民持续增收"。如果做到这一点，不断提升农民的获得感、幸福感、安全感就有了坚实的基础。十九大报告突出强调"坚持以人民为中心"，高度重视"让改革发展成果更多更公平惠及全体人民"。在推进工业化、信息化、城镇化和农业现代化的过程中，农民利益最容易受到侵犯，最容易成为增进获得感、幸福感、安全感的薄弱环节。注意增进广大农民的获得感、幸福感、安全感，正是实施乡村振兴战略的重要价值所在。当然也要看到，在实施乡村振兴战略的过程中，农民发挥主体作用往往面临观念、能力和社会资本等局限。因此，调动一切积极因素，鼓励社会力量和工商资本带动农民在参与乡村振兴的过程中增强参与乡村振兴的能力，对于提升乡村振兴质量至关重要。

增强农民参与乡村振兴的能力，有许多国际经验可供借鉴。如在美国、欧盟和日、韩等国发展过程中，都有很多措施支持农民培训、优化农业农村经营环境，并有利于增加农村就业创业机会。2014年美国《新农业法案》将支持中小规模农户和新农户发展作为重要方向，甚至在此之前就有一些政策专门支持初始农牧场主创业，为其提供直接贷款、贷款担保和保险优惠，借此培育新生代职业农民。2014年美国《新农业法案》增加增值农产品市场开发补助金，明确优先支持经验丰富的农牧场主，优先支持最能为某些经营者或农牧场主创造市场机会的项目；还鼓励优化农村经济环境，在农村地区提高经商创业效率、创造就业机会并推进创新发展。2000年以来，欧盟农村发展政策将培养青年农民、加强职业培训、推动老年农民提前退休、强化农场服务支持等作为重要措施。为解决农村人口外迁特别是青年劳动力外流问题，欧盟注意改善农民获得服务和发展机会的渠道，培育农村企业家，以确保农村区域和社区对居民生活、就业有吸引力。2014年欧盟共同农业政策改革通过新的直接支付框架挂钩支持青年农民和小农户；采取重组和更新农场等措施，为青年农民提供创业援助，建立农场咨询服务系统和培训、创新项目等。后文强调坚持农业农村优先发展的战略导向，为此必须把推进农民优先提升作为战略支撑，借此为新型城镇化提供合格市民，为农业农村现代化提供合适的劳动力和农村居民。

二、农业农村优先发展

习近平总书记在十九大报告中首次提出，要坚持农业农村优先发展。这从根本上是因为工农城乡发展不平衡和"三农"发展不充分，是当前中国发展不平衡不充分最突出的表现。此外，还因为"三农"发展对促进社会稳定和谐、调节收入分配、优化城乡关系、增强经济社会活力和就业吸纳能力及抗风险能力等，可以发挥特殊重要的作用，具有较强的公共品属性；加之在发展市场经济条件下，"三农"发展在很大程度上呈现竞争弱势特征，容易存在市场失灵问题。因此，需要在发挥市场对资源配置决定性作用的同时，通过更好发挥政府作用，优先支持农业农村发展，解决好市场失灵问题。鉴于"农业农村农民问题是关系国计民生的根本性问题，必须始终把解决好'三农'问题作为全党工作重中之重"，按照增强系统性、整体性、协同性的要求和突出抓重点、补短板、强弱项的方向，坚持农业农村优先发展应该是实施乡村振兴战略的必然要求。

学习习近平总书记关于"坚持推动构建人类命运共同体"的思想，也有利于更好地理解坚持农业农村优先发展的重要性和紧迫性。在当今世界大发展大变革大调整的背景下，面对世界多极化、经济全球化、社会信息化、文化多样化深入发展的形势，"各国日益相互依存、命运与共，越来越成为你中有我、我中有你的命运共同体"。相对于全球，国内发展、城乡之间更是命运共同体，更需要"保证全体人民在共建共享发展中有更多获得感"。

面对国内工农发展、城乡发展严重失衡的状况，用命运共同体思想指导"三农"工作和现代化经济体系建设，更应坚持农业农村优先发展，借此有效防范因城乡之间、工农之间差距过大导致社会断裂，增进社会稳定和谐。

2018年中央一号文件将坚持农业农村优先发展作为实施乡村振兴战略的基本原则，要求"把实现乡村振兴作为全党的共同意志、共同行动，做到认识统一、步调一致，在干部配备上优先考虑，在要素配置上优先满足，在资金投入上优先保障，在公共服务上优先安排，加快补齐农业农村短板"。该文件在第十二部分还提出，"实施乡村振兴战略是党和国家的重大决策部署，各级党委和政府要提高对实施乡村振兴战略重大意义的认识，真正把实施乡村振兴战略摆在优先位置，把党管农村工作的要求落到实处"，为此提出了六方面的具体部署。习近平总书记在 2017 年中央农村工作会议上的讲话进一步要求，"各级党委和政府要坚持工业农业一起抓、坚持城市农村一起抓，并把农业农村优先发展的要求落到实处"。这为我们提供了坚持农业农村优先发展的路线图和"定盘星"。那么，在实践中如何坚持农业农村优先发展？我认为，可借鉴国外尤其是发达国家支持中小企业的思路，同等优先地加强对农业农村发展的支持。具体地说，要注意以下几点。

（一）以完善产权制度和要素市场化配置为重点，优先加快推进农业农村市场化改革

《国务院关于在市场体系建设中建立公平竞争审查制度的意见》（国发[2016] 34 号）提出，"公平竞争是市场经济的基本原则，是市场机制高效运行的重要基础"，"统一开放、竞争有序的市场体系，是市场在资源配置中起决定性作用的基础"，要"确立竞争政策基础性地位"。为此，要通过强化公平竞争的理念和社会氛围，以及切实有效的反垄断措施，完善维护公平竞争的市场秩序，促进市场机制有效运转；也要注意科学处理竞争政策和产业政策的关系，积极促进产业政策由选择性向功能性转型，并将产业政策的主要作用框定在市场失灵领域。坚持农业农村优先发展也应注意这一点。

为此，要通过强化竞争政策的基础地位，积极营造有利于"三农"发展，并提升其活力、竞争力的市场环境，引导各类经营主体和服务主体在参与乡村振兴的过程中公平竞争、建功立业，成为富有活力和竞争力的乡村振兴参与者，甚至乡村振兴的"领头雁"。要以完善产权制度和要素市场化配置为重点，加快推进农业农村领域的市场化改革，结合发挥典型示范作用，根本改变农业农村发展部分领域改革严重滞后于需求，或改革自身亟待转型升级的问题。如在依法保护集体土地所有权和农户承包权的前提下，如何平等保护土地经营权。目前，这方面的改革亟待提速。目前对平等保护土地经营权重视不够，加大了新型农业经营主体的发展困难和风险，也影响了其对乡村振兴带动能力的提升。近年来，部分地区推动"资源变资产、资金变股金、农民变股东"的改革创新，初步取得了积极效果。但随着"三变"改革的推进，如何加强相关产权和要素流转平台建设，完善其运行机制，促进其转型升级，亟待后续改革加力跟进。

（二）加快创新相关法律法规和监管规制，优先支持优化农业农村发展环境

通过完善法律法规和监管规则，清除不适应形势变化、影响乡村振兴的制

度和环境障碍，可以降低"三农"发展的成本和风险，也有利于促进农业强、农民富、农村美。如近年来虽然农村宅基地制度改革试点积极推进，但实际惠及面仍然有限，严重影响农村土地资源的优化配置，导致大量宅基地闲置浪费，也加大了农村发展新产业、新业态、新模式和建设美丽乡村的困难，制约农民增收。2018年中央一号文件已经为推进农村宅基地制度改革"开了题"，明确"完善农民闲置宅基地和闲置农房政策，探索宅基地所有权、资格权、使用权'三权分置'……适度放活宅基地和农民房屋使用权"。应该说，这方面的政策创新较之前前进了一大步。但农村宅基地制度改革严重滞后于现实需求，导致宅基地流转限制过多、宅基地财产价值难以显性化、农民房屋财产权难以有效保障、宅基地闲置浪费严重等问题日趋凸显，也加大了农村新产业新业态新模式发展的用地困难。类似改革仍待进一步扩围提速或延伸推进。

2018年中央一号文件提出，"汇聚全社会力量，强化乡村振兴人才支撑"，"鼓励社会各界投身乡村建设"，并要求"研究制定鼓励城市专业人才参与乡村振兴的政策"。2018年3月7日在"两会"期间参加广东代表团审议时，习近平总书记强调"要让精英人才到乡村的舞台上大施拳脚"，"城镇化、逆城镇化两个方面都要致力推进"。但现行农村宅基地制度和农房产权制度改革滞后，不仅仅是给盘活闲置宅基地和农房增加了困难，影响农民财产性收入的增长，更重要的是加大了城市人口、人才"下乡"甚至农村人才"跨社区"居住特别是定居的困难，不利于缓解乡村振兴的"人才缺口"，也不利于农业农村产业更好地对接城乡消费结构升级带来的需求扩张。在部分城郊地区或发达的农村地区，甚至山清水秀、交通便捷、文化旅游资源丰厚的普通乡村地区，适度扩大农村宅基地制度改革试点范围，鼓励试点地区加快探索和创新宅基地"三权分置"办法，尤其是适度扩大农村宅基地、农房使用权流转范围，有条件地进一步向热心参与乡村振兴的非本农村集体经济组织成员开放农村宅基地或农房流转、租赁市场。这对于吸引城市或异地人才、带动城市或异地资源、要素参与乡村振兴具有重要性和紧迫性。其意义远远超过增加农民财产性收入的问题，并且已经不是"看清看不清"或"尚待深入研究"的问题，而是应该积极稳健地"鼓励大胆探索"的事情。建议允许这些地区在保护农民基本居住权和"不得违规违法买卖宅基地，严格实行土地用途管制，严格禁止下乡利用农村宅基地建设别墅大院和私人会馆"的基础上，通过推进宅基地使用权资本化等方式，引导农民有偿转让富余的宅基地和农民房屋使用权，允许城乡居民包括"下乡"居住或参与乡村振兴的城市居民有偿获得农民转让的富余或闲置宅基地。

近年来，许多新产业、新业态、新模式迅速发展，对于加快农村生产方式、生活方式转变的积极作用迅速凸显。但相关政策和监管规则创新不足，成为妨碍其进一步发展的重要障碍。部分地区对新兴产业发展支持力度过大过猛，也给农业农村产业发展带来新的不公平竞争和可持续发展问题。此外，部分新兴产业"先下手为强""赢者通吃"带来的新垄断问题，加剧了收入分配和发展机会的不均衡。要注意引导完善这些新兴产业的监管规则，创新和优化对新经济垄断现象的治理方式，防止农民在参与新兴产业发展的过程中，成为"分享利益的边缘人，分担成本、风险的核心层"。

此外，坚持农业农村优先发展，要以支持融资、培训、营销平台和技术、信息服务等环境建设，鼓励包容发展、创新能力成长和组织结构优化等为重点，将优化"三农"发展的公共服务和政策环境放在突出地位。相对而言，由于乡村人口和经济密度低、基础设施条件差，加之多数农村企业整合资源、集成要素和垄断市场的能力弱，面向"三农"发展的服务体系建设往往难以绕开交易成本高的困扰。因此，坚持农业农村优先发展，应把加强和优化面向"三农"的服务体系建设放在突出地位，包括优化提升政府主导的公共服务体系、加强对市场化或非营利性服务组织的支持，完善相关体制机制。

坚持农业农村优先发展，还应注意以下两个方面：一是强化政府对"三农"发展的"兜底"作用，并将其作为加强社会安全网建设的重要内容。近年来，国家推动农业农村基础设施建设、持续改善农村人居环境、加强农村社会保障体系建设、加快建立多层次农业保险体系等，都有这方面的作用。二是瞄准推进农业农村产业供给侧结构性改革的重点领域和关键环节，加大引导支持力度。如积极推进质量兴农、绿色兴农，加强粮食生产功能区、重要农产品生产保护区、特色农产品优势区、现代农业产业园、农村产业融合发展示范园、农业科技园区、电商产业园、返乡创业园、特色小镇或田园综合体等农业农村发展的载体建设，更好地发挥其对实施乡村振兴战略的辐射带动作用。

三、走城乡融合发展道路

从党的十六大首次提出"统筹城乡经济社会发展"，到十七届三中全会提出"把加快形成城乡经济社会发展一体化新格局作为根本要求"，再到十九大报告首次提出"建立健全城乡融合发展体制机制和政策体系"，这种重大政策导向的演变反映了我们党对加快形成新型工农城乡关系的认识逐步深化，也顺应了新时代工农城乡关系演变的新特征新趋势，这与坚持农业农村优先发展的战略导向也是一脉相承、互补共促的。十九大报告将"建立健全城乡融合发展体制机制和政策体系"，置于"加快推进农业农村现代化"之前。这说明，建立健全城乡融合发展体制机制和政策体系，同坚持农业农村优先发展一样，也是加快推进农业农村现代化的重要手段。

近年来，随着工农、城乡之间相互联系、相互影响、相互作用的增强，城乡之间的人口、资源和要素流动日趋频繁，产业之间的融合渗透和资源、要素、产权之间的交叉重组关系日益显著，城乡之间日益呈现"你中有我，我中有你"的发展格局。越来越多的问题，表现在"三农"，根子在城市（或市民、工业和服务业，下同）；或者表现在城市，根子在"三农"。这些问题，采取"头痛医头、脚痛医脚"的办法越来越难以解决，越来越需要创新路径，通过"头痛医脚"的办法寻求治本之道。因此，建立健全城乡融合发展的体制机制和政策体系，走城乡融合发展之路，越来越成为实施乡村振兴战略的当务之急和战略需要。借此，按照推进新型工业化、信息化、城镇化、农业现代化同步发展的要求，加快形成以工促农、以城带乡、工农互惠、城乡共荣、分工协作、融合互补的新型工农城乡关系。那么，如何坚持城乡融合发展道路，建立健全城乡融合发展的体制机制和政策体系？

（一）注意同以城市群为主体构建大中小城市和小城镇协调发展的城镇格局衔接起来

在当前的发展格局下，尽管中国在政策上仍然鼓励"加快培育中小城市和特色小城镇，增强吸纳农业转移人口能力"，但农民工进城仍以流向大中城市和特大城市为主，流向县城和小城镇的极其有限。这说明，当前中国大城市、特大城市仍然具有较强的集聚经济、规模经济、范围经济效应，且其就业、增收和其他发展机会更为密集；至于小城镇，就总体而言，情况正好与此相反。因此，在今后相当长的时期内，顺应市场机制的自发作用，优质资源、优质要素和发展机会向大城市、特大城市集中仍是难以根本扭转的趋势。但是，也要看到，这种现象的形成，加剧了区域、城乡发展失衡问题，给培育城市群功能、优化城市群内部不同城市之间的分工协作和优势互补关系，以及加强跨区域生态环境综合整治等增加了障碍；不利于疏通城市人才、资本和要素下乡的渠道，不利于发挥城镇化对乡村振兴的辐射带动作用。

上述现象的形成，同当前的政府政策导向和资源配置过度向大城市、特大城市倾斜也有很大关系，由此带动全国城镇体系结构重心上移。这突出地表现在两个方面：一是政府在重大产业项目、信息化和交通路网等重大基础设施、产权和要素交易市场等重大平台的布局，在公共服务体系建设投资分配、获取承办重大会展和体育赛事等机会分配方面，大城市、特大城市往往具有中小城市无法比拟的优势。二是许多省区强调省会城市经济首位度不够是其发展面临的突出问题，致力于打造省会城市经济圈，努力通过政策和财政金融等资源配置的倾斜，提高省会城市的经济首位度。这容易强化大城市、特大城市的极化效应，弱化其扩散效应，影响其对"三农"发展辐射带动能力的提升，制约以工促农、以城带乡的推进。加之，许多大城市、特大城市的发展片面追求"摊大饼式扩张"，制约其实现集约型、紧凑式发展和创新能力的提升，容易"稀释"其对周边地区和"三农"发展的辐射带动能力，甚至会挤压周边中小城市和小城镇的发展空间，制约周边中小城市、小城镇对"三农"发展辐射带动能力的成长。

今后，随着农村人口转移进城规模的扩大，乡——城之间通过劳动力就业流动，带动人口流动和家庭迁移的格局正在加快形成。在此背景下，过度强调以大城市、特大城市为重点吸引农村人口转移，也会因大城市、特大城市高昂的房价和生活成本，加剧进城农民工或农村转移人口融入城市、实现市民化的困难，容易增加进城后尚待市民化人口与原有市民的矛盾，影响城市甚至城乡社会的稳定和谐。

因此，应按照统筹推进乡村振兴和新型城镇化高质量发展的要求，加大国民收入分配格局的调整力度，深化相关改革和制度创新，在引导大城市、特大城市加快集约型、紧凑式发展步伐，并提升城市品质和创新能力的同时，引导这些大城市、特大城市更好地发挥区域中心城市对区域发展和乡村振兴的辐射带动作用。要结合引导这些大城市、特大城市疏解部分非核心、非必要功能，引导周边卫星城或其他中小城市、小城镇增强功能特色，形成错位发展、分工协作新格局，借此培育特色鲜明、功能互补、融合协调、共生共荣的城市群。这不仅有利于优化城市群内部不同城市之间的分工协作关系，提升城市群系统功能和网络效应；还有利于推进跨区域性基础设施、公共服务能力建设和生态环境综合整治，为城市人才、资本、组织和资源要素下乡参与乡村振兴提供便利，有利于更好地促进以工哺农、以城带乡和城乡融合互补，增强城市化、城市群对城乡、区域发展和乡村振兴的辐射带动功能，帮助农民增加共商共建共享发展的机会，提高农村共享发展水平。实际上，随着高铁网、航空网和信息网建设的迅速推进，网络经济的去中心化、去层级化特征，也会推动城市空间格局由单极化向多极化和网络化演进，凸显发展城市群、城市圈的重要性和紧迫性。为更好地增强区域中心城市特别是城市群对乡村振兴的辐射带动力，要通过公共资源配置和社会资源分配的倾斜引导，加强链接周边的城际交通、信息等基础设施网络和关键结点、连接线建设，引导城市群内部不同城市之间完善竞争合作和协同发展机制，强化分工协作、增强发展特色、加大生态共治，并协同提升公共服务水平。要以完善产权制度和要素市场化配置为重点，以激活主体、激活要素、激活市场为目标导向，推进有利于城乡融合发展的体制机制改革和政策体系创新，着力提升城市和城市群开放发展、包容发展水平和辐射带动能力。要加大公共资源分配向农业农村的倾斜力度，加强对农村基础设施建设的支持。与此同时，通过深化制度创新，引导城市基础设施和公共服务能力向农村延伸，加强以中心镇、中心村为结点，城乡衔接的农村基础设施、公共服务网络建设。要通过深化改革和政策创新，以及推进"三农"发展的政策转型，鼓励城市企业或涉农龙头企业同农户、农民建立覆盖全程的战略性伙伴关系，完善利益联结机制。

（二）积极发挥国家发展规划对乡村振兴的战略导向作用

党的十九大报告要求"着力构建市场机制有效、微观主体有活力、宏观调控有度的经济体制"，要求"创新和完善宏观调控，发挥国家发展规划的战略导向作用"。当前，《国家乡村振兴战略规划（2018-2022）》正处于紧锣密鼓的编制过程中，2018 年中央一号文件还要求各地区各部门编制乡村振兴地方规划和专项规划或方案。要结合规划编制和执行，加强对各级各类规划的统筹管理和系统衔接，通过部署重大工程、重大计划、重大行动，加强对农业农村发展的优先支持，鼓励构建城乡融合发展的体制机制和政策体系。在编制和实施乡村振兴规划的过程中，要结合落实主体功能区战略，贯彻中央关于"强化乡村振兴规划引领"的决策部署，促进城乡国土空间开发的统筹，注意发挥规划对统筹城乡生产空间、生活空间、生态空间的引领作用，引导乡村振兴优化空间布局，统筹乡村生产空间、生活空间和生态空间。今后大量游离于城市群之外的小城市、小城镇很可能趋于萎缩，其发展机会很可能迅速减少。优化乡村振兴的空间布局应该注意这一点。

要注意突出重点、分类施策，在引导农村人口和产业布局适度集中的同时，将中心村、中心镇、小城镇和粮食生产功能区、重要农产品生产保护区、特色农产品优势区、现代农业产业园、农村产业融合发展示范园、农业科技园区、电商产业园、返乡创业园、特色小镇或田园综合体等，作为推进乡村振兴的战略结点。20 世纪 70 年代以来，法国中央政府对乡村地区的关注逐步实现了由乡村全域向发展缓慢地区的转变，通过"乡村行动区"和"乡村更新区"等规划手段干预乡村地区发展；同时逐步形成中央政府和地方乡村市镇合力推动乡村地区发展的局面。乡村市镇主要通过乡村整治规划和土地占用规划等手段，推动乡村地区发展。乡村整治规划由地方政府主导，地方代表、专家和居民可共同参与。中国实施乡村振兴战略要坚持乡村全面振兴，但这并不等于说所有乡、所有村都要实现振兴。从法国的经验可见，在推进乡村振兴的过程中，找准重点、瞄准薄弱环节和鼓励不同利益相关者参与，都是至关重要的。

此外，建设城乡统一的产权市场、要素市场和公共服务平台，也应在规则统一、环境公平的前提下，借鉴政府扶持小微企业发展的思路，通过创新"同等优先"机制，加强对人才和优质资源向农村流动的制度化倾斜支持，缓解市场力量对农村人才和优质资源的"虹吸效应"。

（三）完善农民和农业转移人口参与发展、培训提能机制

推进城乡融合发展，关键要通过体制机制创新，一方面，帮助农村转移人口降低市民化的成本和门槛，让农民获得更多且更加公平、更加稳定、更可持续的发展机会和发展权利；另一方面，增强农民参与新型城镇化和乡村振兴的能力，促进农民更好地融入城市或乡村发展。要以增强农民参与发展能力为导向，完善农民和农业转移人口培训提能体系，为乡村振兴提供更多的新型职业农民和高素质人口，为新型城镇化提供更多的新型市民和新型产业工人。要结合完善利益联结机制，注意发挥新型经营主体、新型农业服务主体带头人的示范带动作用，促进新型职业农民成长，带动普通农户更好地参与现代农业发展和乡村振兴。要按照需求导向、产业引领、能力本位、实用为重的方向，加强统筹城乡的职业教育和培训体系建设，通过政府采购公共服务等方式，加强对新型职业农民和新型市民培训能力建设的支持。要创新政府支持方式，支持政府主导的普惠式培训与市场主导的特惠式培训分工协作、优势互补。鼓励平台型企业和市场化培训机构在加强新型职业农民和新型市民培训中发挥中坚作用。要结合支持创新创业，加强人才实训基地建设，健全以城带乡的农村人力资源保障体系。

（四）加强对农村一二三产业融合发展的政策支持

推进城乡融合发展，要把培育城乡有机结合、融合互动的产业体系放在突出地位。推进农村一二三产业融合发展，有利于发挥城市企业、城市产业对农村企业、农村产业发展的引领带动作用。要结合加强城市群发展规划，创新财税、金融、产业、区域等支持政策，引导农村产业融合优化空间布局，强化区域分工协作、发挥城市群和区域中心城市对农村产业融合的引领带动作用。要创新农村产业融合支持政策，引导农村产业融合发展统筹处理服务市民与富裕农民、服务城市与繁荣农村、增强农村发展活力与增加农民收入、推进新型城镇化与建设美丽乡村的关系。鼓励科技人员向科技经纪人和富有创新能力的农村产业融合企业家转型。注意培育企业在统筹城乡发展、推进城乡产业融合中的骨干作用，努力营造产业融合发展带动城乡融合发展新格局。鼓励商会、行

13

业协会和产业联盟在推进产业融合发展中增强引领带动能力。

第三节 乡村振兴战略的规划理论

一、发挥国家规划战略导向作用

习近平总书记在党的十九大报告中明确要求，"创新和完善宏观调控，发挥国家发展规划的战略导向作用"。各部门各地区编制乡村振兴战略规划，应该注意发挥《国家乡村振兴战略规划（2018-2022年）》（以下简称"国家乡村振兴规划"）的战略导向作用，这是不言自明的。习近平新时代中国特色社会主义思想，特别是以习近平同志为核心的党中央关于实施乡村振兴战略的思想，是编制乡村振兴战略的指导思想和行动指南，也是今后实施乡村振兴战略的"指路明灯"。国家乡村振兴规划应该是各部门各地区编制乡村振兴规划的重要依据和具体指南，不仅为我们描绘了实施乡村振兴战略的宏伟蓝图，也为未来五年实施乡村振兴战略细化实化了工作重点和政策措施，部署了一系列重大工程、重大计划和重大行动。各部门各地区编制乡村振兴战略规划，要注意结合本部门本地区实际，更好地贯彻国家乡村振兴规划的战略意图和政策精神，也要努力做好同国家乡村振兴规划工作重点、重大工程、重大计划、重大行动的衔接协调工作。这不仅有利于推进国家乡村振兴规划更好地落地，也有利于各部门各地区推进乡村振兴的行动更好地对接国家发展的战略导向、战略意图，并争取国家重大工程、重大计划、重大行动的支持。

在国家乡村振兴规划正式发布前，已有个别地区出台了本地区的乡村振兴规划，由此体现的探索精神和创新价值是值得肯定的，但在对接国家乡村振兴规划方面，不能说不存在明显的缺憾。当然，如果待国家乡村振兴规划正式发布后，再开始相继启动省级特别是（地）市、县级乡村振兴规划的编制，可能影响规划发布和发挥指导作用的及时性；因为毕竟一个好的规划是需要一定时间"打磨"的。实施乡村振兴战略涉及领域广，现有的理论和政策研究相对不足，还增加了提高规划编制质量的难度。

为协调处理发挥国家规划战略导向作用与增强地方规划发挥指导作用及时性的矛盾，建议各地尽早启动乡村振兴规划编制的调研工作，并在保证质量的前提下，尽早完成规划初稿。待国家规划发布后，再进一步做好地方规划初稿和国家规划的对接工作。县级规划还要待省、地市规划发布后，再尽快做好对接工作。按照这种方式编制的地方规划，不仅可以保证国家规划能够结合本地实际更好地落地，也可以为因地制宜地推进乡村振兴的地方实践及时发挥指导作用。当然，在此过程中，为提高地方乡村振兴规划的编制质量，要始终注意认真学习党的十九大精神和以习近平同志为核心的党中央关于实施乡村振兴战略、关于建设现代化经济体系的系列论述和决策部署，并结合本地实际进行创造性转化和探索。

发挥国家规划的战略导向作用，还要拓宽视野，注意同相关重大规划衔接起来，尤其要注意以战略性、基础性、约束性规划为基础依据。正如2018年中央一号文件指出的，要"加强各类规划的统筹管理和系统衔接，形成城乡融合、区域一体、多规合一的规划体系"；如国家和省级层面的新型城镇化规划，应是编制地方乡村振兴战略规划的重要参考。党的十九大报告要求，"以城市群为主体构建大中小城市和小城镇协调发展的城镇格局，加快农业转移人口市民化"。2018年1月30日，习近平总书记在主持中央政治局第三次集体学习时强调，"要建设彰显优势、协调联动的城乡区域发展体系，实现区域良性互动、城乡融合发展、陆海统筹整体优化，培育和发挥区域比较优势，加强区域优势互补，塑造区域协调发展新格局"。在乡村振兴规划的编制和实施过程中，要结合增进同新型城镇化规划的协调性，更好地引领和推进乡村振兴与新型城镇化"双轮驱动"，更好地建设彰显优势、协调联动的城乡区域发展体系，为建设现代化经济体系提供扎实支撑。

特别需要注意的是，各部门各地区在编制乡村振兴战略规划时，必须高度重视以国家和省级主体功能区规划作为基本依据。2010年国务院印发的《全国主体功能区规划》，成为中国国土空间开发的战略性、基础性和约束性规划，将中国国土空间按照开发方式分为优化开发区域、重点开发区域、限制开发区域和禁止开发区域等主体功能区，按照开发内容分为城市化地区、农产品主产区和重点生态功能区等主体功能区。2017年8月，习近平总书记主持召开中央全面深化改革领导小组第三十八次会议，审议通过了《关于完善主体功能区战略和制度的若干意见》，提出建设主体功能区是中国经济发展和生态环境保护的大战略；完善主体功能区战略和制度，要发挥主体功能区作为国土空间开发保护基础制度作用，推动主体功能区战略格局在市县层面精准落地，健全不同主体功能区差异化协同发展长效机制，加快体制机制改革和法治建设，为优化国土空间开发保护格局、创新国家空间发展模式夯实基础。目前，《中共中央国务院关于完善主体功能区战略和制度的若干意见》（中发[2017]27号）已经发布。各部门各地区编制的乡村振兴战略规划要以主体功能区规划和相关战略、制度为基本遵循，遵守其划定的"三区三线"（城镇、农业、生态空间，生态保护红线、永久基本农田、城镇开发边界），统筹城乡国土空间开发格局，将强化空间用途管制和优化城乡布局结构、乡村功能布局结构结合起来，统筹城乡生产空间、生活空间、生态空间，优化乡村生产空间、生活空间、生态空间布局及其内在关联，促进生产空间集约高效、生活空间宜居适度、生态空间山清水秀。

二、提升战略思维

2018 年中央一号文件提出，实施乡村振兴战略"是决胜全面建成小康社会、全面建设社会主义现代化国家的重大历史任务"，要求制定的是《国家乡村振兴战略规划（2018—2022 年）》，与一般规划有所不同的是，规划名称包括了"战略"二字。尽管这是一个五年规划，但对到 2035 年基本实现社会主义现代化、到 21 世纪中叶建成富强民主文明和谐美丽的社会主义现代化强国时中国实现乡村振兴战略的远景也会进行战略谋划，甚至在 2018 年中央一号文件（即《中共中央国务院关于实施乡村振兴战略的意见》）中对于到 2035 年、2050 年乡村振兴的目标任务都有所勾勒。2017 年中央农村工作会议要求，"实施乡村振兴战略是一项长期的历史性任务，要科学规划、注重质量、从容建设，不追求速度，更不能刮风搞运动"。2018 年中央一号文件进一步要求实施乡村振兴战略要"既尽力而为，又量力而行，不搞层层加码，不搞'一刀切'，不搞形式主义，久久为功，扎实推进"。可见，在编制乡村振兴规划的过程中，要特别注意体现其战略性，做好突出战略思维的大文章。当然，有人说，举凡规划，谋划的必然是战略问题。

重视战略思维，首先要注意规划的编制和实施过程更多地不是"按既定方针办"，而是要追求创新、突破和超越，要科学把握"面向未来、吸收外来、扬弃以来"的关系，增强规划的前瞻性。许多人在制定战略或规划时，习惯于惯性思维，从现在看未来，甚至从过去看现在，首先考虑当前的制约和短期的局限，"这不能干""那很难办"成为"口头禅"；或者习惯于按照过去的趋势推测未来。这不是战略，充其量只能算战术或推算，算可行性分析。按照这种方式编制规划，本身就是没有太大意思的事。按照这种思维方式考虑规划问题，很容易限制战略或规划制定者的想象力，束缚其思维空间，形成对未来发展的悲观情绪和消极心理，导致规划实施者或规划的利益相关者对未来缩手缩脚、畏首畏尾，难以办成大事，也容易导致大量的发展机会从身边不知不觉地"溜走"或流失。

战略需要大思维、大格局、大架构，战略制定者需要辩证思维、远景眼光。当然此处的'大'绝非虚空，而是看得见、摸得着，经过不懈努力最终能够实现的。真正的战略不是从过去看未来，而是逆向思维，从未来的终局看当前的布局，从未来推导现在，根据未来的战略方向决定当前如何行动。好的规划应该富有这种战略思维。因此，好的战略、好的规划应该具备激发实施者、利益相关者信心的能力，能够唤醒其为实现战略或规划目标努力奋斗的"激情"和"热情"。好的战略或规划，往往基于未来目标和当前、未来资源支撑能力的差距，看挖潜改造的方向，看如何摆脱资源、要素的制约，通过切实有效的战略思路、战略行动和实施步骤，不断弥合当前可能和未来目标的差距。借此，拓展思维空间，激活发展动能，挖掘发展潜力。战略分析专家王成在他的《战略罗盘》一书中提出，"惯性地参照过去是人们给自己设置的最大障碍。战略就是要摆脱现有资源的限制，远大的战略抱负一定是与现有的资源和能力不对称的"。战略就是要"唤起水手们对辽阔大海的渴望"，"战略意图能为企业带来情感和理性上的双重能量"。有些富有战略远见的企业家提出，"有能力定义未来，才能超越战争"。用这些战略思维编制乡村振兴战略规划，实施乡村振兴战略才更有价值。

好的战略意图要给人带来方向感、探索感和共同的命运感。方向感很容易理解，但从以往的实践来看，有些地方规划的战略思维不够，难以体现战略性要求，让人不知所往。要通过提升规划的战略思维，描绘出未来规划发展的蓝图和目标，告诉人们规划的未来是什么，我们想要努力实现的规划图景如何？为了实现这种规划图景，今天和明天我们应该怎么做？鉴于规划的未来和当前的现实之间可能存在巨大的资源、要素和能力缺口，应该让规划的实施者想方设法去努力实现这些规划的未来目标，形成探索感。如果把规划的未来目标比作吃到树上可口的苹果，那么这个苹果不是伸手可及的，应是经过艰苦卓越的努力才能吃到的。那么，怎么努力？是站个板凳去摘，还是跳着去摘，抑或用竹竿去钩下来？要通过博采众智、集思广益，创新规划实施手段去实践这种努力。探索感就是要唤起参与者、组织者的创新创业精神和发展潜能，发现问题，迎难而上，创造性解决；甚至在探索解决问题的过程中，增强创造性地解决问题的能力。共同的命运感就是要争取参与者和组织者成为命运共同体，形成共情效应，努力产生"风雨同舟，上下齐心"的共鸣。如在编制和实施乡村振兴战略规划的过程中，要注意在不同利益相关者之间形成有效的利益联结机制，激励大家合力推进乡村振兴，让广大农民和其他参与者在共商共建过程中有更多的获得感，实现共享共赢发展。

重视规划的战略思维，要在规划的编制和实施过程中，统筹处理"尽力而为"与"量力而行"、增强信心与保持耐心的关系，协调处理规划制定、实施紧迫性与循序渐进的关系。2018年中央农村工作会议要求"科学规划、注重质量、从容建设，不追求速度，更不能刮风搞运动"；2018 年中央一号文件要求实施乡村振兴战略要"做好顶层设计，注重规划先行"，"久久为功，扎实推进"，说的都是这个道理。任正非提出"在大机会时代，千万不要机会主义，要有战略耐性"。在编制和实施乡村振兴战略规划的过程中也是如此。

重视规划的战略思维，还要注意增强乡村振兴规划的开放性和包容性。增强规划的开放性，要注意提升由外及内的规划视角，综合考虑外部环境变化、区域城乡之间竞争——合作关系演变、新的科技革命和产业革命，甚至交通路网、信息网发展和转型升级对本地区本部门实施乡村振兴战略的影响，规避因规划的战略定位简单雷同、战略手段模仿复制，导致乡村振兴区域优势和竞争特色的弱化，进而带来乡村振兴的低质量发展。增强规划的包容性，不仅要注意对不同利益相关者的包容，注意调动一切积极因素参与乡村振兴，还要注意区域之间、城乡之间发展的包容，积极引导部门之间、区域之间、城乡之间加强乡村振兴的合作。如在推进产业兴旺的过程中，引导区域之间联合打造区域品牌，合作打造公共服务平台、培育产业联盟等。实际上，增强乡村振兴规划的开放性和包容性，也有利于推进乡村产业振兴、人才振兴、文化振兴、生态振兴和组织振兴"一起上"，更好地坚持乡村全面振兴，增进乡村振兴的协同性、关联性和整体性，统筹提升乡村的多种功能和价值。要注意在开放、包容中，培育乡村振兴的区域特色和竞争优势。

三、丰富网络经济视角

当今世界，随着全球化、信息化的深入推进，网络经济的影响日益深化和普遍化。根据梅特卡夫法则，网络的价值量与网络节点数的平方成正比。换句话说，如果网络中的节点数以算术级速度增长，网络的价值就会以指数级速度增长。与此相关的是，新网络用户的加入往往导致所有用户的价值都会达到迅速提升；网络用户的增多，会导致网络价值的总量迅速膨胀，并进一步带来新的更多用户，产生正向反馈循环。网络会鼓励成功者取得更大的成功。这就是网络经济学中的"回报递增"原理。如果说传统社会更关注对有形空间的占有和使用效率，那么，网络社会更关注价值节点的分布和链接，在这里"关系甚至比技术质量更重要"。要注意把最合适的东西送到最合适的人手中，促进社会资源精准匹配。

随着交通路网特别是高铁网、航空网和信息网络基础设施的发展，在实施乡村振兴战略的过程中，如何利用网络效应、培育网络效应的问题日趋凸显起来。任何网络都有节点和连接线两类要素，网络功能是二者有机结合、综合作用的结果。在实施乡村振兴战略的过程中，粮食生产功能区、重要农产品生产保护区、特色农产品优势区、农村产业融合示范园、中心村、中心镇等载体和平台都可以看作推进乡村振兴的网络节点，交通路网基础设施连接线、信息网络基础设施连接线都可以看作推进乡村振兴的链接线；也可以把各类新型经营主体、各类社会组织视作推进乡村振兴的网络节点，把面向新型经营主体或各类社会组织的服务体系看作链接线；把产业兴旺、生态宜居、乡风文明、治理有效、生活富裕等五大维度，或乡村产业振兴、人才振兴、文化振兴、生态振兴、组织振兴等五大振兴作为推进乡村振兴的网络节点，把推进乡村振兴的体制机制、政策环境或运行生态建设作为链接线，这也是一种分析视角。在实施乡村振兴战略的过程中，部分关键性节点或链接线建设，对于推进乡村振兴的高质量发展可能具有画龙点睛的作用。在编制乡村振兴战略规划的过程中，需要高度重视这一点。

如果推进乡村振兴的不同节点之间呈现互补关系，那么，推进乡村振兴的重大节点项目建设或工程、行动，在未形成网络效应前，部分项目、工程、行动的单项直接效益可能不一定很高；但待网络轮廓初显后，就很可能会在这些项目或工程、行动之间形成日趋紧密、不断增强的资源、要素、市场或环境联系，达到互为生态、相互烘托、互促共升的效果，产生日益重大的经济社会生态文化价值，带动乡村功能价值的迅速提升。甚至在此背景下，对少数关键性节点或链接线建设的投资或支持，其重点也应从追求项目价值最大化转向追求网络价值最大化。当然，如果推进乡村振兴的不同节点或链接线之间呈现互斥关系，则部分关键性节点或链接线建设的影响可能正好相反，要防止其导致乡村价值的迅速贬值。

在乡村振兴规划的编制和实施过程中，培育网络经济视角，对于完善乡村振兴的规划布局，更好地发挥新型城镇化或城市群对乡村振兴的引领、辐射、带动作用具有重要意义。2017年中央经济工作会议提出，要"提高城市群质量，推进大中小城市网络化建设，增强对农业转移人口的吸引力和承载力"。要注意通过在城市群内部培育不同类型城市之间错位发展、分工协作、优势互补、网络发展新格局，带动城市群质量的提高，更好地发挥城市群对解决工农城乡发展失衡、"三农"发展不充分问题的辐射带动作用。也要注意引导县城和小城镇、中心村、中心镇、特色小镇甚至农村居民点、农村产业园或功能区，增进同所在城市群内部区域中心城市（镇）之间的分工协作和有机联系，培育网络发展新格局，为更好地提升乡村功能价值创造条件。

要结合培育网络经济视角，在乡村振兴规划的编制和实施过程中，加强对乡村振兴的分类施策。部分乡村能够有效融入所在城市群，或在相互之间能够形成特色鲜明、分工协作、优势互补、网络发展新关联，应该积极引导其分别走上集聚提升型、城郊融合型、卫星村镇型、特色文化或景观保护型、向城市转型等不同发展道路。部分村庄日益丧失生存发展的条件，或孤立于所在城市群或区域性的生产生活网络，此类村庄的衰败不仅是难以根本扭转的趋势，还可以为在总体上推进乡村振兴创造更好的条件。如果不顾条件，盲目要求此类乡村实现振兴，将会付出巨大的经济社会或生态文化代价，影响乡村振兴的高质量发展和可持续发展。

此外，用网络经济视角编制和实施乡村振兴规划，还要注意统筹谋划农村经济建设、政治建设、文化建设、社会建设、生态文明建设和党的建设，提升乡村振兴的协同性、关联性，加强对乡村振兴的整体部署，完善乡村振兴的协同推进机制。按照网络经济视角，链接大于拥有，代替之前的"占有大于一切"。因此，在推进乡村振兴的过程中，要注意通过借势发展带动造势发展，创新"不求所有，但求所用"的方式，吸引位居城市的领军企业、领军人才参与和引领乡村振兴，更好地发挥其"四两拨千斤"的作用。这有利于促进乡村振兴过程中的区域合作、部门合作、组织合作和人才合作，用开放、包容的理念，推进乡村振兴过程中资源、要素和人才质量的提升。

四、把规划作为撬动体制机制改革的杠杆

在实施乡村振兴战略的过程中，推进体制机制改革和政策创新具有关键性的影响。有人说，实施乡村振兴战略，关键是解决"人、地、钱"的问题。先不评论这种观点，但解决"人、地、钱"的问题关键又在哪里，还是体制机制改革问题。所以 2018 年中央一号文件特别重视强化乡村振兴的制度性供给。在编制乡村振兴战略规划的过程中，提出推进体制机制改革、强化乡村振兴制度性供给的思路或路径固然是重要的，但采取有效措施，围绕深化体制机制改革提出一些切实可行的方向性、目标性要求，为深化、实化体制机制改革自身提供有效的体制机制保障，努力把规划的编制和实施转化为撬动体制机制改革深入推进的杠杆，借此"扣动"激发系列、连锁改革的"扳机"，对提升规划质量、推进乡村振兴的高质量发展更有重要意义，正如"授人以鱼不如授人以渔"一样。

如有些经济发达、被动城市化的原农村地区，原来依托区位交通优势，乡村工商业比较发达，城市化推进很快；但长期不重视统筹城乡规划，导致民居和乡村产业园区布局散乱杂，乡村产业园改造和城中村治理问题日趋突出。其主要表现是乡村产业园甚至农村民居错乱分布，环境污染和生态破坏加重，消防、安全等隐患日趋严重和突出，成为社会治理的难点和广受关注的焦点；农村能人强势与部分乡村基层党建弱化的矛盾时有发生；乡村产业园区分散布局、转型缓慢，并难以有效融入区域现代化经济体系建设的问题日益突出。在这些地区，新型城镇化与乡村振兴如何协调，"三农"发展的区域分化与乡村振兴如何有效实现分类施策？这些问题怎么处理？在现有格局下解决问题的难度已经很大。但由于这些地区经济发达，城乡居民收入和生活水平比较高，很容易形成"冷水煮青蛙"的格局。村、村民小组和老百姓的小日子比较好过，难以形成改变现状的冲动和危机意识；加之改变现状的难度很大，很容易"得过且过"、过一天是一天。但长远的问题和隐患可能越积越多，等到有朝一日猛然惊醒了，再来解决可能为时已晚或难度更大。比如有的城郊村，之前有大量外来资本租厂房发展工商业，也带动了大量外来务工人员租房居住。但随着市场需求变化和需求结构升级，许多传统工商业日益难以为继，亟待转型升级，甚至被迫破产倒闭或转移外迁，带动村民租金收入每况愈下。

在这些地区，不仅产业结构要转型升级，人口、经济甚至民居、产业园的布局方式也亟待转型升级。之前那种"普遍撒网""村村点火"的布局方式后遗症越来越大。无论是发展先进制造业，还是发展服务业，都要求在空间布局上更加集中集聚，形成集约集群发展态势。在这些地区中，有些乡村目前可能感觉还不错，似乎规划部门给新上项目松个口子，前景就很好。但从长远来看，实际情况可能不是这样。规划松个口子，乡村暂时的日子可能好过点，但只能说是"苟延残喘"一段时间，今后要解决问题难度更大，因为"沉没成本"更多了。还有前述生态问题、乡村治理问题，包括我们党组织怎么发挥作用的问题，越早重视越主动，越晚越被动。许多问题如果久拖不决，未来的结果很可能是下列三种结果之一。第一种结果是慢慢把问题拖下去。但是，越不想改变现状，越对改变现状有畏难情绪，时间长了解决问题的难度就越大，也就越难以解决。这种结果对地方经济社会发展的长期负面影响更大，更容易因为当前治理的犹豫不决，导致未来发展问题的积重难返，甚至盛极而衰。当然，这很可能要到若干年后，才会把问题充分暴露出来。第二种结果是有朝一日，环保、治安、消防、党建等问题引起居民强烈不满或媒体关注，或上级考核发出警告，导致政府不得不把其当作当务之急。第三种结果是发生类似火灾、爆炸伤人等恶性安全事故，不得不进行外科大手术式治理。但这样代价可能太惨烈。显然，这三种结果都不是理想结果，都有很大的后遗症。第二种、第三种结果对地方党政领导人的负面影响是很大的，不用多说。习近平总书记要求"坚决打好防范化解重大风险、精准脱贫、污染防治的攻坚战"。在这些地区，乡村产业园改造和城中村治理问题不解决好，这三大攻坚战都难以打好，甚至会加重重大风险、城中村贫困、污染严重化等问题。

但解决上述问题难度很大，仅靠一般性的加强政策或投入支持，无异于画饼充饥，亟待在各级政府高度认识解决问题紧迫性的基础上，通过加强相关综合改革的试点试验和推广工作，为解决这些复杂严峻的区域乡村振兴问题探索新路。2018年中央一号文件要求"做好农村综合改革、农村改革试验区等工作"，可以考虑加强对这些地区的支持，鼓励以加强城中村和乡村产业园治理为重点，开展农村综合改革和农村改革试验区工作，或鼓励这些地区直接开展创建"城乡融合发展体制机制改革试验区"，率先探索和推进城乡融合发展的体制机制创新。

中央农村工作会议提出，要"走中国特色社会主义乡村振兴道路"。重点围绕各地区乡村振兴亟待解决的重大难点问题，组织相关体制机制创新的改革试验，也就为形成具有区域特色的乡村振兴道路探索了一条新路。推进乡村振兴，每个地方都应走有区域特色的乡村振兴道路。中国特色的社会主义乡村振兴道路，应该是由各地富有区域特色的乡村振兴道路汇聚而成的。

五、加强规划精神和典型经验的宣传推广

为强化乡村振兴的规划引领，加强规划编制和实施工作固然是重要的，但加强规划精神、规划思路的宣传推广更加不可或缺。这不仅有利于推进乡村振兴的利益相关者更好地理解乡村振兴规划的战略意图，增强其实施规划的信心和主动性、积极性，还有利于将乡村振兴的规划精神更好地转化为推进乡村振兴的自觉行动，有利于全党全社会凝精聚力，提升推进乡村振兴的水平和质量。加强对乡村振兴规划精神的宣传推广，还可以将工作适当前移，结合加强对党的十九大精神和党中央关于实施乡村振兴战略新思想的学习，通过在规划编制过程中促进不同观点的碰撞、交流和讨论，更好地贯彻中央推进乡村振兴的战略意图和政策精神，提升乡村振兴规划的编制质量与水平。要结合规划编制和实施过程中的调研，加强对典型经验、典型模式、典型案例的分析总结，将加强顶层设计与鼓励基层发挥首创精神结合起来，发挥先行榜样的示范引领作用，带动乡村振兴规划编制和实施水平的提高。近年来，许多发达地区在推进社会主义新农村或美丽乡村建设方面走在全国前列，探索形成了一系列可供借鉴推广的乡村振兴经验。但也有些欠发达地区结合自身实际，在部分领域发挥了乡村振兴探路先锋的作用。要注意不同类型典型经验、典型模式、典型案例的比较研究和融合提升，借此提升其示范推广价值。

有些地区在推进乡村振兴方面虽然提供了一些经验，但提供的教训更加深刻。加强对这些教训的分析研究甚至案例剖析，对于提升乡村振兴规划编制、实施的水平与质量，更有重要意义。宣传典型经验，如果只看好的，不看有问题的，可能会错失大量的提升机会。对此不可大意。

第四节　乡村振兴战略的首要任务

一、怎样看待推进产业兴旺是实施乡村振兴战略的首要任务

在党的十九大报告中，习近平总书记提出了实施乡村振兴战略的总要求，即"产业兴旺、生态宜居、乡风文明、治理有效、生活富裕"，"产业兴旺"位居其首。2017年12月召开的中央农村工作会议提出，"农业强不强、农村美不美、农民富不富，决定着亿万农民的获得感和幸福感，决定着我国全面小康社会的成色和社会主义现代化的质量"。推进乡村产业兴旺，实现农业强、农村美、农民富，就有了扎实的基础和强劲的依托。否则，实现农业强、农村美、农民富就成为无源之水无本之木，甚至到2020年全面建成小康社会也容易成为空谈。在当前乃至21世纪中叶"把我国建成富强民主文明和谐美丽的社会主义现代化强国"前，发展仍是解决中国一切问题的基础和关键。发展首先是产业发展，是经济发展。就多数乡村地区而言，如果产业不兴，即便再有"生态宜居、乡风文明"，广大农民也不可能"看着美景跳着舞"，就能实现乡村振兴。否则无异于天方夜谭，也缺乏可持续性。

实施乡村振兴战略要坚持乡村全面振兴，是涵盖乡村经济建设、政治建设、文化建设、社会建设、生态文明建设和党的建设的全面振兴，借此激活乡村的经济价值、文化价值、社会价值和生态价值等多重功能和价值。但乡村振兴首先是产业振兴，通过实施乡村振兴战略需要激活的首先是乡村的经济价值。这是增强广大农民获得感、幸福感、安全感的坚实支撑，不仅有利于农民更好地就地就近实现就业增收，也有利于农民规避异地城镇化可能带来的家庭人口空间分离和留守儿童、留守妇女、留守老人问题，更好地实现就地就近城镇化。2018年3月8日，习近平总书记在参加山东代表团审议时提出，实施乡村振兴战略要从产业振兴、人才振兴、文化振兴、生态振兴、组织振兴五个方面着手，产业振兴同样被放在首位。乡村经济建设不等于乡村政治建设、文化建设、社会建设、生态文明建设，乡村产业振兴也不能代替乡村的人才振兴、文化振兴、生态振兴、组织振兴，但乡村经济建设或产业振兴对其他四个方面建设或振兴的重要影响甚至决定作用仍是比较明显的。因此，至少就全国总体和多数地区而言，把推进乡村产业兴旺作为实施乡村振兴战略的"首要任务"，是比较符合实际的。

相对于建设社会主义新农村的要求，即"生产发展、生活宽裕、乡风文明、村容整洁、管理民主"，在实施乡村振兴战略的总要求中，用"产业兴旺"代替"生产发展"，突出了以推进供给侧结构性改革为主线的要求，突出了用现代产业发展理念和组织方式改造农业农村产业的趋势。如确保粮食安全是实施乡村振兴战略的前提，也是推进产业兴旺不可动摇的根基。在推进粮食产业兴旺的过程中，要求摒弃片面追求增产的传统粮食安全观，进一步落实以我为主、立足国内、确保产能、适度进口、科技支撑的国家粮食安全战略和确保谷物基本自给、口粮绝对安全的粮食安全战略底线，积极推进粮食产业加快实现由生产导向向消费导向的转变，由追求数量安全向追求数量、质量安全统筹兼顾转变。在此基础上，要按照增加有效供给、减少无效供给的要求，拓宽实现粮食安全的视野，通过树立大农业观、大食物观，向统筹山水林田湖草系统治理要粮食安全，拓展实现粮食安全的选择空间；要在推进粮食安全从基于产量向基于产能转变的同时，按照抓重点、补短板、强弱项的要求，将加强粮食综合生产能力与加强粮食综合流通能力建设有效结合起来，积极实现从增加粮食产能要安全向增强粮食综合供给能力要安全的转变。

用"产业兴旺"代替"生产发展"，还突出了推进乡村产业多元化、综合化发展的方向。仍以推进粮食产业兴旺为例，要结合完善质量兴粮、绿色兴粮、服务兴粮、品牌兴粮推进机制和支持政策，鼓励新型农业经营主体、新型农业服务主体带动小农户延伸粮食产业链、打造粮食供应链、提升粮食价值链，积极培育现代粮食产业体系，鼓励发展粮食加工业、流通业和面向粮食产业链的生产性服务业，促进粮食产业链创新力和竞争力的提升。要结合推进农业支持保护政策的创新和转型，深入实施藏粮于地、藏粮于技战略，通过全面落实永久基本农田特殊保护制度、加快划定和建设粮食生产功能区、大规模推进农村土地整治和高标准农田建设、加强农村防灾减灾救灾能力建设等举措，夯实粮食生产能力的基础，帮助粮食生产经营主体更好地实现节本增效和降低风险，将保障粮食安全建立在保护粮食生产经营主体种粮营粮积极性的基础上。结合优化粮食仓储的区域布局和加强粮食物流基础设施建设等措施，全面提升粮食产业链和粮食产业体系的质量、效益和可持续发展能力，为"把中国人的饭碗牢牢端在自己手中"打下扎实基础。

二、多方发力合力推进产业兴旺

（一）优化涉农企业家成长发育的环境，鼓励新型农业经营（服务）主体等成为农业农村延伸产业链，打造供应链、提升价值链、完善利益链的中坚力量推进乡村产业兴旺，必须注意发挥涉农企业家的骨干甚至"领头雁"作用。

离开了企业家的积极参与，推进乡村产业兴旺就如同汽车失去了引擎。加快构建现代农业产业体系、生产体系、经营体系，推进农村一二三产业融合发展，提高农业创新力、竞争力和全要素生产率，新型农业经营主体、新型农业服务主体的作用举足轻重。他们往往是推进质量兴农、绿色兴农、品牌兴农、服务兴农的生力军，也是带动农业延伸产业链、打造供应链、提升价值链的"拓荒者"或"先锋官"。发展多种形式的农业适度规模经营，也离不开新型农业经营主体、新型农业服务主体的积极作用和支撑带动。这些新型农业经营主体、新型农业服务主体带头人，往往是富有开拓创新精神的涉农企业家（或其雏形，下同）。各类投资农业农村产业发展的城市企业、工商资本带头人，往往资金实力强，发展理念先进，也有广阔的市场和人脉资源。他们作为企业家，不仅可以为发展现代农业、推进农业农村产业多元化和综合化发展，带来新的领军人才和发展要素，还可以为创新农业农村产业的发展理念、组织方式和业态、模式，为拓展和提升农业农村产业的市场空间、促进城乡产业有效分工协作提供更多的"领头雁"，更好地带动农业农村延伸产业链、打造供应链、提升价值链。推进乡村产业兴旺，为许多乡村新产业、新业态、新模式的成长带来了"黄金机遇期"，也为城市企业、工商资本参与乡村振兴提供了可以发挥比较优势、增强竞争优势的新路径。如在发展农业生产性服务业和乡村旅游业，城市企业、工商资本具有较强的比较优势。

支持各类企业家在推进乡村产业兴旺中建功立业，关键是优化其成长发育的环境，帮助其降低创新创业或推进产业兴旺的门槛、成本和风险。要结合农业支持政策的转型，加强对新型农业经营主体、新型农业服务主体的倾斜性、制度化支持，引导其将提高创新力、竞争力、全要素生产率和增强对小农户发展现代农业的带动作用有机结合起来。要结合构建农村一二三产业融合发展体系和加快发展农业生产性服务业，鼓励专业大户、家庭农场、农民合作社、农业产业化龙头企业等新型农业经营主体或农业企业、农资企业、农产品加工企业向新型农业服务主体或农村产业融合主体转型，或转型成长为农业生产性服务综合集成商、农业供应链问题解决方案提供商，带动其增强资源整合、要素集成、市场拓展提升能力，进而提升创新力和竞争力，成为推进乡村产业兴旺的领军企业或中坚力量。结合支持这些转型，引导传统农民、乡土人才向新型职业农民转型，鼓励城市人才或企业家"下乡"转型为新型职业农民或农业农村产业领域的企业家。

要结合支持上述转型，鼓励企业家和各类新型经营主体、新型服务主体、新型融合主体等在完善农业农村产业利益链中发挥骨干带动作用。通过鼓励建立健全领军型经营（服务）主体——普通经营（服务）主体——普通农户之间，以及农业农村专业化、市场化服务组织与普通农户之间的利益联结和传导机制，增强企业家或新型经营主体、新型服务主体、新型融合主体对小农户增收和参与农业农村产业发展的辐射带动力，更好地支持小农户增强参与推进乡村产业兴旺的能力。近年来，各地蓬勃发展的各类复合型农村产业融合组织，如发源于安徽宿州的农业产业化联合体、发源于四川崇州的农业共营制、发源于浙江的现代农业综合体，以及 2017 年中央一号文件要求"大力推广"的"生产基地+中央厨房+餐饮门店""生产基地+加工企业+商超销售"等产销模式在此方面进行了积极的探索。部分高效生态循环的种养模式、部分"互联网+""旅游+""生态+"模式，也在让农民特别是小农户合理分享全产业链增值收益和带动农民提升发展能力方面进行了积极尝试。要注意引导其相互借鉴和提升，完善有利于农户特别是小农户增收提能的利益联结机制。

（二）引导督促城乡之间、区域之间完善分工协作关系，科学选择推进乡村产业兴旺的重点。发展现代农业是推进乡村产业兴旺的重点之一，但如果说推进乡村产业兴旺的重点只是发展现代农业，则可能有些绝对。至少在今后相当长的时期内，就总体和多数地区而言，推进乡村产业兴旺要着力解决农村经济结构农业化、农业结构单一化等问题，通过发展对农民就业增收具有较强吸纳、带动能力的乡村优势特色产业和企业，特别是小微企业，丰富农业农村经济的内涵，提升农业农村经济多元化、综合化发展水平和乡村的经济价值，带动乡村引人才、聚人气、提影响，增加对城市人才、资本等要素"下乡"参与乡村振兴的吸引力。因此，推进乡村产业兴旺，应该采取发展现代农业和推进农业农村经济多元化、综合化"双轮驱动"的方针，二者都应是推进乡村产业兴旺的战略重点。当然，发展现代农业要注意夯实粮食安全的根基，也要注意按照推进农业结构战略性调整的要求，将积极推进农业结构多元化与大力发展特色农业有效结合起来。

推进农业农村经济多元化、综合化，要注意引导农村一二三产业融合发展，鼓励农业农村经济专业化、特色化发展；也要注意引导城市企业、资本和要素下乡积极参与，发挥城市产业（或企业，下同）对乡村产业高质量发展的引领辐射带动作用。但哪些产业或企业适合布局在城市，哪些产业或企业适合布局在乡村或城郊地区，实际上有个区位优化选择和经济合理性问题。如果不加区分地推进城市企业进农村，不仅有悖于工业化、城镇化发展的规律，也不利于获得集聚经济、规模经济和网络经济效应，影响乡村经济乃至城乡经济的高质量发展。按照推进乡村振兴和区域经济高质量发展的要求，适宜"下乡"的企业应具有较强的乡村亲和性，能与农业发展有效融合、能与乡村或农户利益有效联结，有利于带动农业延伸产业链、打造供应链、提升价值链；或在乡村具有较强的发展适宜性、比较优势或竞争力，甚至能在城乡之间有效形成分工协作、错位发展态势。如乡村旅游业、乡村商贸流通业、乡村能源产业、乡村健康养生和休闲娱乐产业、农特产品加工业、乡土工艺品产销等乡村文化创意产业、农业生产性服务业和乡村生活性服务业，甚至富有特色和竞争力的乡村教育培训业等。当然，不同类型地区由于人口特征、资源禀赋、区位条件和发展状况、发展阶段不同，适宜在乡村发展的产业也有较大区别。

需要注意的是，推进农业农村产业多元化、综合化发展，与推进农业农村产业专业化、特色化并不矛盾。多元化和综合化适用于宏观层面和微观层面，专业化和特色化主要是就微观层面而言的，宏观层面的多元化和综合化可以建立在微观层面专业化、特色化的坚实基础之上。通过推进农业农村产业多元化、综合化和专业化、特色化发展，带动城乡各自"回归本我、提升自我"，形成城乡特色鲜明、分工有序、优势互补、和而不同的发展格局。

2018 年中央一号文件提出，要"大力发展文化、科技、旅游、生态等乡村特色产业，振兴传统工艺。培育一批家庭工场、手工作坊、乡村车间，鼓励在乡村地区兴办环境友好型企业"。依托这些产业推进农业农村经济多元化、综合化，都容易形成比较优势和竞争力，也容易带动农民就业创业和增收。有些乡村产业的发展，不仅可以促进农业农村经济多元化、综合化和专业化、特色化发展，还可以为"以工促农""以城带乡"提供新的渠道，应在支持其发展的同时，鼓励城市产业更好地发挥对乡村关联产业发展的引领带动作用。如鼓励城市服务业引领带动农业生产性服务业和乡村生活性服务业发展。当今世界，加强对农产品地产地消的支持已经成为国际趋势，一个重要原因是，支持农产品地产地销可以带动为农场、企业提供服务的储藏、加工、营销等关联产业发展，并通过促进农产品向礼品或旅游商品转化，带动农业价值链升级。这是按照以工促农、以城带乡、城乡融合、互补共促方向构建新型工农城乡关系的重要路径。但有些城市产业"下乡"进农村可能遭遇"水土不服"，导致发展质量、效益、竞争力下降，不应提倡或鼓励。至于有些产业"下乡"，容易破坏农村资源环境和文化、生态，影响可持续发展。

中国各地乡村资源禀赋各异，发展状况和发展需求有别。随着工业化、信息化、城镇化和农业现代化的推进，各地乡村发展和分化走势也有较大不同。在此背景下，推进乡村产业兴旺也应因地制宜、分类施策，在不同类型地区之间形成各具特色和优势、分工协作、错位发展的格局。

（三）加强乡村产业兴旺的载体和平台建设，引导其成为推进乡村产业兴旺甚至乡村振兴的重要结点。近年来，在中国农业农村政策中，各种产业发展的载体和平台建设日益引起重视。如作为产业发展区域载体的粮食生产功能区、重要农产品生产保护区、特色农产品优势区、现代农业产业园、农村产业融合发展示范园、农业科技园区、电商产业园、返乡创业园、特色小镇或田园综合体、涉农科技创新或示范推广基地、创业孵化基地，作为产业组织载体的新型农业经营主体、新型农业服务主体、现代农业科技创新中心、农业科技创新联盟和近年来迅速崛起的农业产业化联合体、农业共营制、现代农业综合体等复合型组织，以及农产品销售公共服务平台、创客服务平台、农特产品电商平台、涉农科研推广和服务平台、为农综合服务平台，以及全程可追溯、互联共享的追溯监管综合服务平台等。这些产业发展的载体或平台往往瞄准了影响乡村产业兴旺的关键环节、重点领域和瓶颈制约，整合资源、集成要素、激活市场，甚至组团式"批量"对接中高端市场，实现农业农村产业的连片性、集群化、产业链一体化开发，集中体现现代产业发展理念和组织方式，有效健全产业之间的资源、要素和市场联系，是推进农业质量变革、效率变革和动力变革的先行者，也是推进农业农村产业多元化、综合化发展的示范者。以这些平台或载体建设为基础推进产业兴旺，不仅有利于坚持农业农村优先发展和城乡融合发展，还可以为推进乡村产业兴旺和乡村振兴的高质量发展提供重要结点，为深化相关体制机制改革提供试点试验和示范窗口，有利于强化城乡之间、区域之间、不同类型产业组织之间的联动协同发展机制。

前述部分载体和平台的建设与运营，对于推进产业兴旺甚至乡村振兴的作用，甚至是画龙点睛的。如许多地方立足资源优势推进产业开发，到一定程度后，公共营销平台、科技服务平台等建设往往成为影响产业兴旺的瓶颈制约，对于增加的产品供给能在多大程度上转化为有效供给，对于产业发展的质量、效益和竞争力，往往具有关键性的影响。如果公共营销平台或科技服务平台建设跟不上，立足资源优势推进产业开发的过程，就很容易转化为增加无效供给甚至"劳民伤财"的过程，不仅难以实现推进产业兴旺的初衷，还可能形成严重的资源浪费、生态破坏和经济损失。在此背景下，加强相关公共营销平台或科技服务平台建设，往往就成为推进乡村产业兴旺的"点睛之笔"。对相关公共营销平台或科技服务平台建设，通过财政金融甚至政府购买公共服务等措施加强支持，往往可以收到"四两拨千斤"的效果。

（四）以推进供给侧结构性改革为主线，按照质量兴农、绿色兴农、服务兴农、品牌兴农要求推进农业农村产业体系、生产体系和经营体系建设。推进供给侧结构性改革，其实质是用改革的办法解决供给侧的结构性问题，借此提高供给体系的质量、效率和竞争力；其手段是通过深化体制机制改革和政策创新，增加有效供给和中高端供给，减少无效供给和低端供给；其目标是增强供给体系对需求体系和需求结构变化的动态适应性和灵活性。当然，这里的有效供给包括公共产品和公共服务的供给。如前所述，推进乡村产业兴旺，应该坚持发展现代农业和推进农业农村经济多元化、综合化"双轮驱动"的方针。鉴于中国农业发展的主要矛盾早已由总量不足转变为结构性矛盾，突出表现为阶段性供过于求和供给不足并存，并且矛盾的主要方面在供给侧；在发展现代农业、推进农业现代化的过程中，要以推进农业供给侧结构性改革为主线，这是毫无疑问的。2017 年中央一号文件和近年来的许多研究文献都已反复强调这一点。2018 年中央一号文件也就"提升农业发展质量，培育乡村发展新动能"进行了重要的决策部署，进一步强调"以农业供给侧结构性改革为主线，加快构建现代农业产业体系、生产体系、经营体系，提高农业创新力、竞争力和全要素生产率，加快实现由农业大国向农业强国转变"。

加快构建现代农业产业体系、生产体系、经营体系，在推进农业供给侧结构性改革中占据重要地位。关于发展农业生产性服务业及借此促进小农户和现代农业发展有机衔接的问题。需要指出的是，农业生产性服务业是现代农业产业体系日益重要的组成部分，是将现代产业发展理念、组织方式和科技、人才、资本等要素植入现代农业的通道，也是增强新型农业经营（服务）主体进而农业创新力、竞争力的重要途径，对于推进农业高质量发展、实现服务兴农具有重要的战略意义。根据世界银行 WDI 数据库数据计算，当前中国农业劳动生产率不及美国、日本等发达国家的 3%，与发达国家差距较大。其原因固然很多，但中国农业装备制造业不发达难辞其咎，成为制约中国提升农业质量、效率和竞争力的瓶颈约束。实施质量兴农、绿色兴农甚至品牌兴农战略，必须把推进涉农装备制造业的发展和现代化放在突出地位。无论是在农业生产领域还是在农业产业链，情况都是如此。

我们到许多在国内行业处于领先地位的农产品加工企业考察时，经常会发现这些企业的设备是从国外引进且国际一流的，但国内缺乏国际一流的设备加工制造和配套服务能力。这就很容易导致国内农产品加工企业的加工设备在引进时居于国际一流水平，但很快就会沦落为国际二流甚至三流水平。可见，农业装备水平的提高和结构升级，是提升农业产业链质量、效率和竞争力的底蕴所在，也是增强农业创新力的重要依托。随着农产品消费需求升级，农产品／食品消费日益呈现个性化、多样化、绿色化、品牌化、体验化的趋势，但在中国农业产业链，许多农业装备仍处于以"傻、大、黑、粗"为主的状态，难以满足推进农产品／食品消费个性化、多样化、绿色化、品牌化、体验化的需求，制约农产品／食品市场竞争力和用户体验的提升。近年来，中国部分涉农装备制造企业积极推进现代化改造和发展方式转变，推进智能化、集约化、科技化发展，成为从餐桌到田间的产业链问题解决方案供应商，也是推进质量兴农、绿色兴农的"领头羊"，对于完善农业发展的宏观调控、农业供应链和食品安全治理也发挥了重要作用。要按照增强农业创新力和竞争力的要求，加大引导支持力度。实际上，农业装备制造业的发展和转型升级滞后，不仅影响到农业质量、效率和竞争力的提升，在许多行业已经成为影响可持续发展的紧迫问题。如随着农业劳动力成本的提升和农产品价格波动问题的加剧，部分水果、蔬菜，特别是核桃、茶叶等山地特色农业的发展越来越多地遭遇"采收无人""无人愿收"的困扰。广西等地的经验表明，特色农机的研发制造和推广，对于发展特色农业往往具有画龙点睛的作用。

推进农业农村经济多元化、综合化主要是个发展问题，但在此发展过程中也要注意按照推进供给侧结构性改革的方向，把握增加有效供给、减少无效供给和增强供给体系对需求体系动态适应、灵活反应能力的要求，创新相关体制机制和政策保障，防止"一哄而上""一哄而散"和大起大落的问题。要注意尊重不同产业的自身特性和发展要求，引导乡村优势特色产业适度集聚集群集约发展，并向小城镇、产业园区、中心村、中心镇适度集中；或依托资源优势、交通优势和临近城市的区位优势，实现连片组团发展，提升发展质量、效率和竞争力，夯实其在推进乡村产业兴旺中的结点功能。

第五节　乡村振兴战略的重点、难点与基点分析

一、乡村振兴战略的重点

推进产业兴旺是实施乡村振兴战略的首要任务，当然属于实施乡村振兴战略的重点之一。但这是就总体而言的，在实践中，并非每个乡村地区都要以实现产业兴旺作为实施乡村振兴战略的重点。如有些乡村临近城市，交通便捷，农民通过城乡通勤方式实现在城市工作、在乡村生活，既可以享受城市文明并获得高质量、高收入就业等福祉，又可以享受生态宜居、乡风文明、治理有效等幸福。在这些地区，城市发展特别是城市产业兴旺，可以为农民实现生活富裕提供扎实基础，也可以为实现乡村生态宜居、乡风文明、治理有效带来便利，推进乡村振兴未必需要产业兴旺。但即便在这些地区，实现乡村振兴仍然需要

其他重点。具体地说，就是推进乡村绿色发展，提升乡村生态宜居水平；促进乡村文化繁荣兴盛，推进乡风文明新发展；加强农村基层基础工作，创新乡村治理新体系；提高农村民生保障水平，打造生活富裕新乡村；推进体制机制创新，优化乡村振兴的制度性供给。它们与"深入推进产业兴旺，培育农业农村产业发展新动能"合称实施乡村振兴战略的六大重点。

（一）推进乡村绿色发展

实施乡村振兴战略，要注意激发乡村的多元功能和价值，包括经济价值、生态价值、社会价值、文化价值等。能否、能在多大程度上建设生态宜居乡村，直接决定着乡村的生态价值，却也在相当程度上影响乡村经济价值、社会价值、文化价值的实现。随着城乡居民收入和消费水平的提高，城乡居民不断增长的美好生活需要日益呈现多样化、升级化的趋势。这为推进乡村绿色发展、提升乡村生态宜居水平提出了日益强烈的要求，也为乡村新产业、新业态、新模式的蓬勃兴起提供了契机。如要求农业在提升生产功能的同时，更好地激活生活功能、生态功能和文化功能，从而推进农业的绿色转型和发展。如中国台湾休闲农业和乡村旅游的发展堪称全球典范。作为其重要业态的农业公园按照公园的经营思路，融农业生产场所、农产品消费场所和休闲旅游场所于一体。休闲农业园区整合农场、农园、民宿或景点，使其由点连线及面，形成带状休闲农业园区，甚至要求用经营文化、经营社区的理念开发建设农业旅游景点，推进民俗亲情化，丰富了乡村生态宜居的内涵。近年来许多地方政府发展的国家农业公园以原住居民生活区域为核心，融园林化的乡村景观、生态化的郊野田园、景观化的农耕文化、产业化的组织形式、现代化的农业生产于一体，成为发展休闲农业、乡村旅游的高级形态和规模化的乡村旅游综合体。许多地方结合推进社会主义新农村或美丽乡村建设，培育乡村的生态涵养功能、休闲观光功能和文化体验功能，为推进乡村生态宜居积累了丰厚的底蕴。

实施乡村振兴战略，解决"人、地、钱"的问题至关重要。我们认为，所谓解决"人"的问题，其要点：一是要增加乡村人气，带动乡村活力的提升；二是要拓展和疏通城市人才和智力之乡"的通道，带动城市资本、技术和发展理念更好地植入乡村；三是要结合完善乡村人力资本开发和培训提能机制，引导鼓励乡土人才、新型职业农民等安心参与乡村振兴。通过这"三管齐下"，形成各类人才支持和参与乡村振兴的"大合唱"。推进乡村绿色发展，提升乡村生态宜居水平，可以显著增加乡村魅力，为通过上述"三管齐下"解决"人"的问题，提供"引力场"和"磁力棒"。在实施乡村振兴战略的过程中，解决"地"的问题，其要点是在巩固完善农村基本经营制度、保护农民农地承包和土地财产权益的前提下，通过完善农村土地产权制度和要素市场化配置，着力解决农村土地资源闲置的问题，推动乡村资源和土地资产加快增值，带动激活主体、激活要素有效结合起来。推进乡村生态宜居，激活市场，并将其与增加农民财产性收入打造人与自然和谐共生发展新格局，可以增加对城乡资本和人才参与乡村振兴的吸引力。这不仅有利于解决农村土地资源闲置问题，对于提升乡村资源和土地资产价值也有重要的积极意义。推进乡村生态宜居，激活乡村资源和土地资产价值，也可以为在推进乡村振兴过程中更好地解决"钱"的问题拓宽思路。可见，推进乡村绿色发展，提升乡村生态宜居水平，打造人与自然和谐共生发展新格局，可以为实施乡村振兴战略提供更高的平台，有利于提升实施乡村振兴战略的"能级"。

推进乡村绿色发展、提升乡村生态宜居水平，首先要坚持人与自然和谐共生的基本方略，牢固确立培育绿色生产方式和生活方式的自觉性，为此建立健全有效的制度保障和实施机制，将推进乡村生态美与通过加快农村人居环境综合整理等措施，为提高农村生活质量创造良好的环境条件有效结合起来，带动优化乡村产业兴旺的推进平台。其次要注意优化乡村振兴的规划布局，并努力体现乡村特色。2015年12月召开的中央城市工作会议要求"统筹生产、生活、生态三大布局"，"把握好生产空间、生活空间、生态空间的内在联系，实现生产空间集约高效、生活空间宜居适度、生态空间山清水秀"。这种理念对于优化乡村振兴的规划布局也是适用的。当然，城乡之间在生产空间、生活空间、生态空间的内在联系方式，以及实现生产空间集约高效、生活空间宜居适度、生态空间山清水秀的具体途径上，也应各有特色，并在优化乡村振兴的规划布局上得到体现。最后要加强对乡村生态宜居的政策支持，创新绿色生态导向的农业支持保护政策体系和乡村产业政策体系。2018年中央一号文件要求以绿色发展引领生态振兴，统筹山水林田湖草系统治理，加强农村突出环境问题综合治理，建立市场化多元化生态补偿机制，增加农业生态产品和服务供给。要结合贯彻落实相关政策，重点加强对农业绿色发展、改善乡村人居环境、乡村生态保护修复和发展生态友好型产业、环境友好型企业等支持，协调推进山水林田路房整体改造，支持具备条件的乡村地区集中连片建设宜居宜业的美丽乡村。习近平总书记反复强调，"必须树立和践行绿水青山就是金山银山的理念，坚持节约资源和保护环境的基本国策"。要在加强对典型经验总结、宣传和推广工作的同时，按照尊重自然、顺应自然、保护自然和有度、创新利用自然的方针，鼓励探索绿水青山向金山银山的转化机制和转化路径。结合探索农村集体经济新的实现形式和运行机制，鼓励"资源变资产"等模式创新，提升乡村生态资源、生态资产的经济价值，促进乡村生态优势更好地转化为发展生态经济、培育农业农村发展新动能的优势，带动农民增收和参与乡村振兴渠道的拓展。

（二）促进乡村文化繁荣兴盛

文化是一个难以精确定义的多样性、复杂性概念，兼具传承性、时代性和地域性等特点。人类经济社会活动往往程度不同地打下所处文化的深刻烙印。文化的影响往往潜移默化，体现由内而外的自然。作家梁晓声说，文化是根植于内心的修养、无须提醒的自觉、以约束为前提的自由、为别人着想的善良。习近平总书记提出，"乡村振兴既要塑形，也要铸魂，要形成文明乡风、良好家风、淳朴民风，焕发文明新气象"。促进乡村文化繁荣兴盛、推进乡风文明新发展，正是实施乡村振兴战略的"铸魂"之举。

乡风文明程度在很大程度上决定着推进乡村振兴的品质品位，影响着农民的精气神、竞争——合作态度和抗风险能力，对于建设富强民主文明和谐美丽新乡村的影响举足轻重。2018 年中央一号文件要求"坚持物质文明和精神文明一起抓"，"不断提高乡村社会文明程度"。实施乡村振兴战略做得好不好，农民的获得感、幸福感、安全感是否得到有效提升，广大农民的积极性、主动性、创造性能否真正得到有效激发，不仅要看农民的收入状况，也要看农民的精气神是否得到改善。因此，在实施乡村振兴战略的过程中，必须把推进乡风文明作为推进乡村振兴高质量发展、提升乡村魅力的重要抓手，作为培育乡村精神、乡村价值、乡村力量和提升乡村魅力的战略举措。常言道，"一流的企业卖文化，二流的企业卖标准，三流的企业卖技术，四流的企业卖劳力，末流的企业卖资源"。在实施乡村振兴战略的过程中，城乡之间、区域之间、企业之间也存在类似现象。

在实施乡村振兴战略的过程中，要促进乡村文化繁荣兴盛、推进乡风文明新发展，必须培育乡村文化自信，坚持在开放包容中提升自我、培育文化特质和核心竞争力。习近平总书记在党的十九大报告中提出，"文化自信是一个国家、一个民族发展中更基本、更深沉、更持久的力量"。将这段话移植到实施乡村振兴战略中也是成立的。促进乡村文化繁荣兴盛要注意协调处理立足本来——传承乡村传统文化、吸收外来——汲取城市文化和国外文化的营养、面向现代化和面向未来的关系，坚持走特色化、差异化、品质化发展道路。推进乡风文明新发展要把促进乡村文化繁荣兴盛，同培育富有创新力和竞争力的乡村文化产业、完善乡村公共文化产品和服务供给机制有机结合起来，同提升农民素质和道德水平、培育民主文明和谐的社会氛围有效结合起来，鼓励探索文化提升亲情、文化凝聚人心、文化乐民富农提能的作用。要正视农村经济社会结构转型、农户和农村人口结构分化，以及农村人口流动空间扩大对乡村传统文化的冲击，鼓励结合时代特点和发展阶段的变化，因地制宜地培育向上向善文明和谐的乡村文化；鼓励结合实施文化惠民工程，支持重振乡村文化的带头人在乡村文化振兴中发挥引领带动作用。

从国内外经验看，乡村特色文化的开发，可以为提升乡村价值和区域品牌注入动力，也可以为实现乡村产业振兴提供"制胜法宝"，带动区域特色产业、文化关联产业和衍生产业的发展。近年来，国内外许多地方在发展休闲农业、乡村旅游的过程中，注意将改善产品质量、增加产品和服务供给、拓展关联服务，同赋予其文化内涵有机结合起来，通过吸引游客深度参与休闲农业开发并融入当地文化，或将文化植入农业农村产业发展、生态宜居环境和乡村治理建设，营造良好的消费体验，将水果等农产品卖成"奢侈品"、高档礼品或文化产品，不仅显著提升了农产品和乡村旅游的市场空间，带动了农民增收；还促进了农民向农村文化传承者和涉农服务从业者的转型，提升了乡村价值和魅力。在中国实施乡村振兴战略的过程中，这些经验值得借鉴。

（三）加强农村基层基础工作

近年来，随着城乡特别是农村经济社会结构转型的深入推进，农村青壮年劳动力的大量进城，农户之间、农民之间、乡村地区之间的分化进程明显加快，对工农、城乡关系的影响持续加深，导致农村不同群体的利益诉求、利益矛盾和冲突日益多元化、复杂化。与此同时，农村经济农业化、农业副业化、农村人口老龄化、农业劳动力老弱化迅速推进，留守儿童、留守妇女、留守老人问题日趋凸显，为在推进乡村振兴过程中坚持农民主体地位增加了障碍。在发展规律和政府推动等因素的综合作用下，农村人口和经济布局集中化进程提速，少数中心村、中心镇迅速崛起与更多村庄的萎缩甚至被兼并并存，村庄空心化迅速深化。随着农村经济社会的迅速分化和农民流动半径的明显增大，农民对外交通、信息联系的多元化、便捷化，以及以"80后""90后"甚至"00后"为主要代表的农民（工）追求社会参与和平等意识的迅速强化，农民评价自我发展状况的参照系迅速扩大，农民（工）在发展状况、发展机会、发展环境和享受公共服务等方面相对不足的状况更容易显现出来。在此背景下，农村经济社会的自生能力和自我保护能力很容易迅速弱化，城乡之间、区域之间在相关能力方面的差距也容易扩大；传统的血缘、亲缘、地缘关系和家庭伦理调节机制对农村经济社会的整合能力很容易遭遇严峻挑战，导致农村经济、政治、文化、社会、生态建设等方面的整合协调难度明显加大，出现失衡的可能性显著增加。如果继续沿用传统的农村经济社会整合协调机制，很可能导致在传统的农村经济社会结构之下容易被吸收和熨平的经济社会矛盾与冲突被迅速放大或扩大。因此，创新乡村治理体系，提升"治理有效"水平，越来越成为新时代解决"三农"问题的迫切要求。

推进乡村振兴，促进治理有效是基础，有利于降低实现产业兴旺、生态宜居、乡风文明、生活富裕的成本与风险，营造充满活力、富有魅力、积极向上、和谐有序的"三农"发展格局；有利于更好地统筹推进"五位一体"总体布局、协调推进"四个全面"战略布局，实现农村经济建设、政治建设、文化建设、社会建设、生态文明建设和党的建设的全面协调可持续发展；也有利于更好地坚持乡村全面振兴，化解突出矛盾，"抓重点、补短板、强弱项、防风险"，增进乡村振兴的协同性、关联性和整体性、协调性。习近平新时代中国特色社会主义思想明确全面深化改革的总目标是完善和发展中国特色社会主义制度、推进国家治理体系和治理能力现代化。在实施乡村振兴战略的过程中，将"治理有效"作为总要求之一，是推进国家治理体系和治理能力现代化在"三农"工作中的具体化。加强农村基层基础工作，推动乡村治理重心向基层下移，有利于将创新乡村治理新体系更好地落到实处，协力提升乡村活力、凝聚力和农民的向心力。因此，加强农村基层基础工作，创新乡村治理新体系，自然应该成为实施乡村振兴战略的重点之一。

习近平总书记在党的十九大报告要求，"打造共建共治共享的社会治理格局……提高社会治理社会化、法治化、智能化、专业化水平"，并在"实施乡村振兴战略"部分提出"加强农村基层基础工作，健全自治、法治、德治相结合的乡村治理体系。培养造就一支懂农业、爱农村、爱农民的'三农'工作队伍"。2017 年 12 月召开的中央农村工作会议要求"走乡村善治之路"。2018年中央一号文件要求，"必须把夯实基层基础作为固本之策，建立健全党委领导、政府负责、社会协同、公众参与、法治保障的现代乡村社会治理体制，坚持自治、法治、德治相结合，确保乡村社会充满活力、和谐有序"。这为创新乡村治理新体系指明了方向。创新乡村治理新体系，要注意发挥自治的基础支撑作用、法治的引领规范作用、德治的润滑和提升作用。要把培养造就一支懂农业、爱农村、爱农民的"三农"工作队伍，作为推进乡村善治的战略工程。结合完善制度和法律法规，引导、鼓励、督促农村基层组织和基层干部成为提升乡村法治和德治水平的先锋，带动乡村法治和德治水平的提升，促进乡村自治能力升级和平安乡村建设。要把加强对农村黑恶势力的制度化、法治化惩治机制建设，作为提升乡村法治水平的重要措施。统筹防治少数人侵犯多数人合法权益和多数人侵犯少数人合法权益的问题。

加强农村基层基础工作，创新乡村治理新体系，要注意加强农村党组织建设，及时总结推广农村基层党组织在新农村建设或乡村振兴实践中发挥战略堡垒作用的先进经验；要及时总结典型经验，鼓励农村基层组织增强利用新媒体等手段创新乡村治理的能力，推进乡村移风易俗、平安乡村建设高质量发展。采取有效措施，以贫困村和农村基层组织软弱涣散村、集体经济薄弱村为重点，加强对农村基层党组织建设"补短板"的支持。结合实施农村基层组织带头人提升工程，以加强农村党组织建设为龙头，带动农村基层组织提升引领、带动和凝聚人心的能力。要大力培育服务性、公益性、互助性的农村社会组织，鼓励其成为农村社会的"抗震带"和"减压剂"，在增强村民自治能力方面发挥骨干带动作用，更好地支撑和带动乡村便民利民服务体系建设。

（四）提高农村民生保障水平

推进乡村振兴，实现生活富裕是目标，也是实施乡村振兴战略不可动摇的根本。实施乡村振兴战略要提升农民的获得感、幸福感、安全感，要让改革发展成果更多更公平惠及全体农民，离开了实现农民生活富裕，就会成为空谈。因此，"按照抓重点、补短板、强弱项"的要求，以"坚守底线、突出重点、完善制度、引导预期"为导向，以"农民群众最关心最直接最现实的利益问题"为主要切入点，着力提高保障和改善民生水平，打造农民生活富裕、安居乐业新乡村，是实施乡村振兴战略的出发点和落脚点，自然也是实施乡村振兴战略的重点之一。

提高农村民生保障水平，打造生活富裕新乡村，首先要注意增加农民收入，引导和鼓励农民在实施乡村振兴战略的过程中提升增收致富能力。近年来，世界经济复苏乏力、国内经济下行压力长期持续，对农民增收的制约作用迅速凸显，农民增收面临的挑战日趋严峻和复杂。加之，由于农产品价格形成机制改革的推进，由于国内外农产品市场波动问题的凸显，特别是国际贸易摩擦对部分农产品主产区影响的深化，农民收入增速放缓的趋势不断强化，农村区域性、群体性减收问题日趋突出，对此应该给予高度重视。

提高农村民生保障水平，不仅要注意促进农民增收，还要同引导鼓励农民就业创业、促进农村基础设施提档升级、加强农村社会保障体系、推进健康乡村建设和农村人居环境综合整治有机结合起来，提升乡村宜居宜业、去危化困能力，提升农村生活品质。习近平总书记在党的十九大报告提出，"增进民生福祉是发展的根本目的。必须多谋民生之利、多解民生之忧，在发展中补齐民生短板、促进社会公平正义，在幼有所育、学有所教、劳有所得、病有所医、老有所养、住有所居、弱有所扶上不断取得新进展"。可见，提高农村民生保障水平，打造生活富裕新乡村，还要按照"坚持在发展中保障和改善民生"的要求，加强面向"三农"的基本公共服务。前文分析已经揭示，随着工业化、信息化和城镇化的深入推进，部分农村地区经济社会的自生能力和自我保护能力出现迅速弱化，传统的农村社会秩序和自组织机制正在面临日益为甚的挑战。在此背景下，加强面向"三农"的基本公共服务，包括增强农村防灾抗灾减灾能力，其重要性和紧迫性还更加突出。加强面向贫困人口和留守儿童、留守妇女、留守老人的基本公共服务能力建设，更应成为加强农村基本公共服务的当务之急和攻坚任务。鉴于近年来全国人口老龄化步伐明显加强，农村人口老龄化问题更为突出，提高农村民生保障水平，应把加强面向老龄人口的养老和去危化困服务能力建设，作为一个攻坚任务。

（五）深入推进体制机制创新

习近平总书记在党的十九大报告中，将加快完善社会主义市场经济体制作为建设现代化经济体系的六项主要任务之一，明确提出"经济体制改革必须以完善产权制度和要素市场化配置为重点，实现产权有效激励、要素自由流动、价格反应灵活、竞争公平有序、企业优胜劣汰"。2018年1月30日，习近平总书记在主持中央政治局第三次集体学习时强调"要建设充分发挥市场作用、更好发挥政府作用的经济体制，实现市场机制有效、微观主体有活力、宏观调控有度"。在实施乡村振兴战略的过程中，也要贯彻这些要求，深化体制机制改革和政策创新，着力推进乡村振兴的高质量发展，更好地促进农业农村优先发展和城乡融合发展，加快农业农村现代化进程。

2018年中央一号文件提出，"实施乡村振兴战略，必须把制度建设贯穿其中。要以完善产权制度和要素市场化配置为重点，激活主体、激活要素、激活市场，着力增强改革的系统性、整体性、协同性"。在实施乡村振兴战略的过程中，推进前述五个重点，都必须建立在推进体制机制改革和政策创新的基础上，将优化乡村振兴的制度性供给贯穿其中。因此，推进体制机制创新，优化乡村振兴的制度性供给，也应成为实施乡村振兴战略的一大重点。但这个重点实际上也是支撑前述重点落地的保障。

在实施乡村振兴战略的过程中，要通过推进体制机制改革和政策创新，第一，以促进市场在资源配置中起决定性作用为导向，以激发参与主体活力和人才潜能为依托，激活农业农村发展活力和农村资源、要素、新产业新业态新模式的发展潜能，培育"三农"发展的兴奋点和新增长点。第二，以更好发挥政府作用为导向，优先改变"三农"发展环境的相对不平等状况，优先加强"三农"政策的兜底和"保基本"公共服务功能，优化国民收入分配格局和公共资源配置格局，优先加强对农业农村发展的支持和促进，推进公共政策导向和公共资源配置向农业农村适度倾斜。在优先改变乡村规划"短板效应"的基础上，加强城乡一体化发展规划，推进城乡产业布局、基础设施建设、公共服务一体化。第三，以建立健全城乡融合发展的体制机制和政策体系为导向，将使市场在资源配置中起决定性作用和更好发挥政府作用有机结合起来，矫正发展机会、发展权利过分向城市倾斜的问题，促进城乡发展权利、发展机会的均衡配置，为此破除妨碍城市产业、企业、人才和要素进入农业农村的体制机制障碍，防范市场失灵导致农民权利被边缘化的风险，并完善相关引导、激励和约束机制，实现由对"三农"发展的消极保护向积极促进转型，由主要关注城乡差距向更多关注"三农"实现有活力的成长转型。有人认为，实施乡村振兴战略，要围绕强化"人、地、钱"等要素供给，推进城乡要素自由流动、平等交换。这是重要的，但必须同促进公共资源城乡均衡配置结合起来，同强化"三农"政策的"兜底"和保基本公共服务功能结合起来，同设置必要的负面清单等矫正发展权利、发展机会向城市过度倾斜的问题结合起来。

2018年中央一号文件围绕巩固和完善农村基本经营制度、深化农村土地制度改革、深入推进农村集体产权制度改革、完善农业支持保护制度等，做出了一系列重要决策部署。其中许多地方创新点很多，可谓亮点纷呈。如"衔接落实好第二轮土地承包到期后再延长30年的政策""在依法保护集体土地所有权和农户承包权前提下，平等保护土地经营权""系统总结农村土地征收、集体经营性建设用地入市、宅基地制度改革试点经验，逐步扩大试点""对利用收储农村闲置建设用地发展农村新产业新业态的，给予新增建设用地指标奖励""维护进城落户农民土地承包权、宅基地使用权、集体收益分配权，引导进城落户农民依法自愿有偿转让上述权益"。这些政策创新，对于推进乡村振兴都是重要的政策"利好"。当务之急是深刻领会这些政策创新的背景和动机，扎实稳健地推进其落地"生根发芽"。

有些新的制度供给和政策创新，如果关联、配套改革能够及时跟进，其后续的积极效应还会在更大空间、更可持续地释放。这些新政的出台，实际上为深化关联、配套改革提出了新的课题。如2018年中央一号文件提出，"农村承包土地经营权可以依法向金融机构融资担保、入股从事农业产业化经营""推动资源变资产、资金变股金、农民变股东，探索农村集体经济新的实现形式和运行机制"。这都对完善农村产权和要素流转市场提出了更高层次的要求。比如有些地方推进承包土地经营权和农民住房财产权抵押贷款试点，探索开展大型农机具、农业生产设施抵押贷款业务。如果抵押后农户、新型农业经营主体的贷款还不了，能否把抵押资产变现直接关系致相关改革能否持续推进，这必然对推进农村产权市场和要素市场建设提出迫切要求。如果不考虑深化农村产权市场和要素市场建设，相关改革很容易"虎头蛇尾"，几年后很可能"半途而废"。还有一些新政的出台，不仅自身"含金量"很高，其可贵之处还在于为深化后续改革打开了"缺口"，甚至"扣动"了后续连锁改革的"扳机"，可能带来的一连串积极影响更加值得关注和期待。如2018年中央一号文件要求"完善农民闲置宅基地和闲置农房政策，探索宅基地所有权、资格权、使用权'三权分置'，落实宅基地集体所有权，保障宅基地农户资格权和农民房屋财产权，适度放活宅基地和农民房屋使用权"。可以预期，探索宅基地所有权、资格权、使用权"三权分置"，不仅为农村宅基地闲置和低效利用问题提供了破解之道，有利于促进农村宅基地的集约节约和高效利用，还将为吸引城市资本、人才和要素下乡参与乡村振兴提供新的路径。又比如，2018年中央一号文件关于"深入推进农村集体产权制度改革"的诸多部署，不仅可以直接带动农村集体经济发展，对于完善乡村治理也有重要的"旁侧效应"。因为从实践经验来看，乡村集体经济实力强，往往有利于支撑乡村治理能力的改善。

当然，推进体制机制改革和政策创新，优化乡村振兴的制度性供给，还要顺应乡村振兴的实践需求和战略需要，不断进行动态充实和完善。如应按照推进农村一二三产业融合发展的要求，以营造有利的产业生态为重点，将深化体制机制改革的重点放在鼓励创新农村产业融合的区域合作、部门合作和部门协同监管机制，深化相关公共平台和公共服务机构运行机制的改革，培育农村土地、资本、人才等要素市场和产权流转市场，探索商会、行业协会、产业联盟等运行机制改革；推进政策实施机制的创新，促进科技创新、信息化发展与推进乡村振兴有机衔接等。

二、乡村振兴战略的难点

（一）打好精准脱贫攻坚战

习近平总书记反复强调，在"全面建成小康社会决胜期"，"要坚决打好防范化解重大风险、精准脱贫、污染防治的攻坚战，使全面建成小康社会得到人民认可、经得起历史检验"。习近平总书记还反复要求"确保脱贫工作务实，脱贫过程扎实，脱贫结果真实，让脱贫成效真正获得群众认可、经得起实践和历史检验"。到2020年，按期兑现在现行标准下的农村贫困人口实现脱贫、贫困县全部摘帽、解决区域性整体贫困的扶贫目标，是我们党向全国人民的庄严承诺，也是推进乡村振兴过程中必须实现的"小目标"和硬要求。脱贫攻坚越是到最后，越需要攻坚克难，啃下最难啃的"骨头"。因此，打好精准脱贫攻坚战属于全面建成小康社会"硬仗中的硬仗",是当前实施乡村振兴战略的"难点中的难点"。习近平总书记提出,精准脱贫是党的十九大报告中提出的三大攻坚战中对全面建成小康社会最具决定性意义的攻坚战。但目前全国贫困人口只有 3000 多万人,打好精准脱贫攻坚战直接惠及的人口和区域占全国的比重并不大,因此不宜作为实施乡村振兴战略的重点。当然,把打好精准脱贫攻坚战作为实施乡村振兴战略的难点而非重点,丝毫没有低估其重要性的意思。打好精准脱贫攻坚战是实施乡村振兴战略必须坚守的"底线",这是不容置疑的。

2018 年中央一号文件提出,"必须坚持精准扶贫、精准脱贫,把提高脱贫质量放在首位,既不降低扶贫标准,也不吊高胃口,采取更加有力的举措、更加集中的支持、更加精细的工作,坚决打好精准脱贫这场对全面建成小康社会具有决定性意义的攻坚战",并就瞄准贫困人口精准帮扶、聚焦深度贫困地区集中发力、激发贫困人口内生动力、强化脱贫攻坚责任和监督等做出了具体部署,明确要求做好实施乡村振兴战略与打好精准脱贫攻坚战的有机衔接。其中许多政策精神富有新意,兼具战略性和可操作性,但推进和加强其贯彻落实工作仍是一项繁重任务。

与此同时,要在高度重视脱贫攻坚艰巨性、复杂性和精准施策的基础上,综合采取基础设施和基本公共服务能力建设"补短板"、引导各类经营主体和扶贫志愿者带动贫困农户增强发展能力等措施,鼓励各地加快探索解决"脱贫易、脱困难""脱贫易、小康难""脱物质贫困易、脱精神贫困难""暂时脱贫易、持续脱贫难"等问题,并在 2020 年全面建成小康社会后,适时推进扶贫工作重点由解决"绝对贫困"问题向缓解"相对贫困"问题的阶段性转变。结合加强民生保障安全网建设,完善返贫风险防范机制,加强对深度贫困地区、深度贫困家庭、特殊贫困人口和易返贫人口脱贫解困的政策倾斜支持。在许多地方,帮助贫困农户实现脱贫虽有一定难度,但帮助其解困的"难度系数"更加高得多。有些农户虽然脱贫了,甚至在收入上基本达到小康水平了,但由于年龄大和农村生产生活基础设施建设滞后,生产生活中的困难仍然很大,有钱不会花、有钱花不出的问题比较突出,严重影响基本的生产生活甚至生存质量,亟待通过加强农村基本公共服务缓解其燃眉之急。对许多高龄失能老人和留守老人、留守儿童、留守妇女尤其如此。

(二)创新乡村人才引进和开发利用机制

实施乡村振兴战略,关键靠人。要调动一切积极因素,广聚天下人才而用之,这是毫无疑问的;但完善人才引进和开发利用机制更为关键。实施乡村振兴战略,很大程度上旨在解决当前突出的工农城乡发展失衡和"三农"发展不充分问题。但工农城乡发展失衡和"三农"发展不充分，往往导致广聚天下人才、优化乡村人才引进和开发利用机制的难度迅速增加，导致人才支撑不足成为实施乡村振兴战略面临的瓶颈制约。因此，创新乡村人力资本引进和开发利用机制，强化乡村振兴的人才支撑，也是实施乡村振兴战略的难点之一。

习近平总书记在党的十九大报告要求"培养造就一支懂农业、爱农村、爱农民的'三农'工作队伍""加快建设人才强国，努力形成人人渴望成才、人人努力成才、人人皆可成才、人人尽展其才的良好局面，让各类人才的创造活力竞相迸发、聪明才智充分涌流"。这些论述对于强化乡村振兴的人才支撑富有启发价值和指导意义。要在坚持农民主体地位的同时，高度重视农民视野、理念、实力、人脉、资源动员能力的局限性及其对农民在乡村振兴中发挥主体作用的制约，将提升农民素质和精神风貌、增加农民发展机会和促进农民致富创业有机结合起来，引导农民在推进乡村振兴的过程中增强参与乡村振兴的能力，促进农民全面发展，为更好地坚持农民主体地位创造条件。要结合鼓励农民工返乡创业，优先支持青年农民工在创新乡村振兴人才保障机制方面发挥先锋作用，探索发挥农民主体作用的新路径。

要结合实施乡村振兴战略，在以下方面"三管齐下"，打通人才振兴与乡村振兴的良性循环。第一，实施农民素质优先提升工程，并将其作为坚持农业农村优先发展的重要抓手，促进新型职业农民的培训和成长。第二，将加强农村专业人才队伍建设与鼓励科技人才发挥支撑作用有机结合起来，鼓励涉农职业经理人、经纪人、能工巧匠和其他专业人才在推进乡村振兴过程中各展其长、竞争合作。结合推进乡村振兴的组织创新，实施乡村振兴带头人成长提升工程，引导鼓励各类乡土人才脱颖而出，转型发展为涉农新型经营主体、新型服务主体，鼓励科技人员向富有创新能力的涉农企业家或科技经纪人转型，增强其对农户参与乡村振兴的辐射带动作用。第三，统筹推进事业引人、感情引人、文化引人、环境引人，结合提升乡村精神、乡村价值和乡村文化，广纳社会人才和社会资本到农业农村创新创业，或吸引在智、技、德、官、富等方面各具优势的新乡贤或志愿者为乡村振兴出谋出力。要结合引导鼓励企业、行业、社会组织推进城乡对口帮扶，完善激励、约束机制，吸引城市各类人才甚至城市居民参与和带动乡村振兴。要结合创新体制机制，将创新本土人才开发利用和提升机制、优化创新创业人才的发展环境和疏通城市人才、高级生产要素下乡通道有机结合起来，鼓励外来人才更好地发挥对乡土人才成长的引领带动作用。要注意鼓励探索人才跨界任职，培育人才融合带动产业融合新格局。近年来，推进农村一二三产业融合发展，日益引起各级政府、各类涉农经营主体的重视，导致对人才跨界融合的需求迅速凸显，也在一定程度上对反对"外行领导内行"的传统人才观提出了挑战。

此外，要注意利用新乡贤的乡土情怀、"三农"情节，通过以情感人、文化留人、激励提能等多种方式，鼓励以官、富、文、德为不同特色的新乡贤各展其长、优势互补，在乡村振兴中建功立业，成为乡村振兴的引领者、贡献者或参与者，带动乡村共商共建共治共享水平的提升。要注意引导各类新乡贤在完善乡村治理中发挥独特作用，带动创新村规民约，提升其在完善乡村治理中的独特作用。要通过创新制度和激励机制，鼓励和吸引退休专业技术人员、退休官员、退休企业家参与乡村振兴，激励其在推进农村创新创业和乡村振兴中增强带动功能，成为推进农村创新创业导师或产业兴旺的带头人。也可鼓励其利用自身智力、人脉与社会资本，成为各具特色的乡村振兴"策划师""工程师""组织员""宣传员"。在具备条件的地方，鼓励部分新乡贤进入基层党支部、村委会，成为增强农村基层组织特别是基层党组织战略堡垒作用的"兴奋剂"或"助推器"。

（三）开拓投融资渠道

当前突出的工农城乡发展失衡和"三农"发展不充分问题，在很大程度上反映了投入保障不足对"三农"发展的制约，也加剧了推进乡村振兴过程中拓展投融资渠道和强化投入保障机制的难度。在许多地方，推进乡村从衰败向振兴的转变，必须突破投入上的"临界最小努力"。因此，开拓投融资渠道、强化乡村振兴的投入保障机制，是实施乡村振兴战略的又一大难点。

2018年中央一号文件要求"健全投入保障制度，创新投融资机制，加快形成财政优先保障、金融重点支持、社会积极参与的多元投入格局，确保投入力度不断增强、总量持续增加"，并在确保财政投入持续增长、拓宽资金筹集渠道、提高金融服务水平等方面进行了专门的决策部署，其中许多方面政策"含金量"很高。如"调整完善土地出让收入使用范围，提高农业农村投入比例"，"改进耕地占补平衡管理办法，建立高标准农田建设等新增耕地指标和城乡建设用地增减挂钩节约指标跨省调剂机制，将所得收益通过支出预算全部用于巩固脱贫攻坚成果和支持乡村振兴"等。

开拓投融资渠道、强化乡村振兴的投入保障机制，当前鼓励以银行为重点的正规金融创新是必要的，但仅有这些方面还是远远不够的。通过创新制度，推进农村金融联结，将正规金融的资金优势和非正规金融的信息优势、契约执行优势有机结合起来，可以更好地适应农村金融市场的内生机制和微观结构，创新和增加农村金融服务供给。农村金融联结在许多南亚、东南亚国家已经取得了较大成功，甚至在美国、日本等发达国家也较为普及，应加强引导和支持。

近年来，中国农村金融政策和实践创新不断展开，但与推进乡村振兴的实际需求相比，农村金融服务供给不足的问题仍然比较突出。这方面的原因固然很多，如有农业农村金融供求特点方面的因素，但在作为农村金融需求侧的农户、农村经营主体和作为农村金融供给侧的农村正规金融机构之间，甚至在面向"三农"需求的农村金融研究者和农村金融机构、农村金融供给研究者之间，沟通对话和换位思考机制不畅，双方不在一个话语体系和对话平台的问题或多或少地存在。这在相当程度上制约了农村金融、乡村振兴融资机制和金融政策的创新。要鼓励各地各部门结合自身特点，探索这些问题的破解之道。

在实施乡村振兴战略的过程中，开拓投融资渠道，除鼓励健全适合农业农村金融特点的金融体系外，还应高度重视以下四个方面的问题。一是鼓励国家开发银行、中国农业发展银行科学把握在乡村振兴中的职能定位，推动相关部门创新对国家开发银行、中国农业发展银行的考核机制，鼓励和支持国家开发银行、中国农业发展银行在参与乡村振兴的过程中更好地深化金融创新、优化金融服务供给，尤其是加大对乡村振兴的中长期信贷支持。二是鼓励不同类型的金融机构顺应农村金融需求分层发展、分类发展和不断增长的规模化需求，实现分层、分类和协同合作发展。三是鼓励将推进金融创新与完善产权制度和要素市场化配置结合起来，与推进多层次资本市场、期权期货市场、保险市场建设结合起来，与创新农村金融差异化监管体系结合起来。四是将创新乡村振兴的投入保障机制与完善工商资本、社会投入参与乡村振兴的激励约束或监管机制结合起来。

（四）重视规避倾向

1.规避战略问题战术化倾向

在中国，实施乡村振兴战略，不仅是决胜全面建成小康社会的紧迫任务，也是到21世纪中叶建成社会主义现代化强国前必须久久为功的战略难题。在实施乡村振兴战略的过程中，客观研判影响乡村振兴的全局性、关键性、方向性和阶段性问题及其相互关系，科学谋划相关重大方针、重大工程、重大计划和重大行动，系统化地加强顶层设计至关重要。尽管战略问题需要通过战术问题来体现，但战略问题的重要性往往明显高于战术问题。在此过程中，如果不重视全局性、阶段性、方向性的战略谋划及其影响，只重视特定行动的战术安排，甚至盲目上马、仓促行动，很容易出现方向性失误，陷入"效率越高，问题越大"、越容易错失机遇的困境。从以往相关经验教训来看，此类战略问题战术化现象主要表现为"目标不清决心大，方向不明考核多""缺乏总体考虑，热衷于碎片化行动"。有些地方实施乡村振兴战略追求"速战速决""立竿见影"，喜欢打"运动战"，缺乏打"持久战"的准备，也是战略问题战术化的突出表现。这不仅会增加资源利用的浪费，还会加大战略实施的困难和风险，影响战略实施的成效及可持续性，增加战略实施过程的反复，甚至导致难以逆转的颠覆性失误。为规避这个问题，2017年中央农村工作会议明确了到2020年、2035年、2050年分"三步走"实施乡村振兴战略的目标任务，并将实施乡村振兴战略作为一项长期历史性任务，要求"科学规划、注重质量、从容建设，不追求速度，更不能刮风搞运动"。

在实施乡村振兴战略的过程中，加强顶层设计不仅要重视战略规划的统筹作用，还应加强对实施乡村振兴的立法研究和立法工作。通过乡村振兴战略规划，科学谋划乡村振兴的"成长坐标"，将推进农业、农村、农民发展的系统性、全局性跃升和阶段性突破有机结合起来，促进乡村振兴更好地凸显因地制宜、因时制宜和因阶段制宜原则，更好地体现历史传承、区域文化和时代要求，打造与城市融合互补和富有特色、底蕴、凝聚力的乡村精神，也为未来发展提供富有弹性、包容性的选择空间和成长路径。随着乡村振兴战略的实施，外来人才、外来资本、外来经营主体的加盟将是必然趋势。这些外来者加盟后，要注意通过政策引导和法律规范，引导和督促其替农民做事，防范替农民做主；鼓励其帮助农民拓展发展空间，防范其"鸠占鹊巢"而代替农民，挤压"三农"发展权益；支持其引领农民增强自我发展能力，防范其主要通过慈善和补贴将农民导入依赖他人的轨道。通过加强实施乡村振兴的立法和执法，借鉴国际经验，更好地规范乡村振兴过程中利益相关者的行为，让实施乡村振兴战略的"阳光雨露"更好地惠及"三农"，让乡村振兴的过程更好地转化为广大农民特别是小农户"共商共建共享"的过程，有效转化为调动一切积极因素群策群力共生共赢乡村振兴的过程，积极引导工商资本、各类人才和要素成为乡村振兴的参与者、贡献者和引领者，有效防止乡村振兴过程中农民利益"边缘化"的风险。总之，通过加强实施乡村振兴战略的顶层设计，在尊重市场对资源配置起决定性作用的前提下，更好发挥政府对乡村振兴的规划、引导和支持作用。

2.规避发展目标浪漫化、理想化倾向

实施乡村振兴战略既要积极，又要稳妥扎实有序；既要有适度的高标准严要求，又不宜吊高胃口，抑或开"空头支票"。如果好高骛远，要求过高；或基于过分浪漫化、理想化预期，追求一些不切实际的空想甚至违背规律的目标，不仅最终难以实现，还可能形成政策误导，扭曲经济社会发展的动力机制，削弱实施乡村振兴战略的可持续性。如有人提出，要"让农业赶超房地产"，"让乡村成为经济社会发展的中心"，甚至要"消灭城乡收入或基础设施、公共服务的差距"，追求农村居民收入、基础设施和公共服务向城市看齐。地方政府如果以此为导向制定实施乡村振兴战略的政策措施，容易导致经济社会运行效率的下降，与以推进供给侧结构性改革为主线的要求相悖。实施乡村振兴战略，要解决城乡收入、基础设施和公共服务差距过大的问题，促进城乡差距的合理化，通过推进城乡规划、基础设施和公共服务一体化，统筹城乡基础设施网络和信息网络建设，推进城乡基本公共服务均等化。但在今后相当长的时期内，工农差距、城乡差距的适度存在，仍是推进新型工业化和新型城镇化的基本动力。努力消除过大的、不合理的城乡差距，与消灭城乡差距不是一回事。

实施乡村振兴战略，要通过强化农业农村的生产功能，激活其生活功能、生态功能，增加农业农村的人文魅力、乡土文化、田园风光、生态宜居功能和完善乡村治理，疏通适合农村特点和乡村振兴要求的产业、企业、人才、资源、要素流入农业农村并参与乡村振兴的通道，改变优质人才、资源、要素主要从农业农村单向流失到城市的格局。随着乡村振兴的推进，虽然城乡之间仍然可能存在一定的收入差距，但通过综合、协调推进农业农村产业兴旺、生态宜居、乡风文明、治理有效和生活富裕，结合激发市民的"三农"情怀和人文关怀，仍能重塑城乡之间人才、资源、要素、产权的双向流动和良性循环、融合互促机制，形成乡村振兴支撑中华民族伟大复兴新格局。

在实施乡村振兴战略的过程中，要注意引导部分适合农村特点、在农村发展具有比较优势的产业或企业转移到农村；要改变人才和优质资源、高级要素过度向城市单向流动的格局，引导更多适合农村特点的人才和优质资源、高级要素参与乡村振兴。但如果矫枉过正，简单认为实施乡村振兴战略的过程，就是要不加区分、不顾条件地推动城市产业、企业、人才、要素向农村转移扩散的过程。这不仅违背新型工业化、新型城镇化的发展规律，也不利于推动中国经济向高质量发展阶段转变。从建设现代化经济体系和推动中国经济发展质量变革、效率变革和动力变革的要求出发，哪些产业、企业、人才、资源和要素适宜在农村，也有个优化选择和合理布局的问题。否则，不仅会导致经济运行质量和效益的下降，还会形成对资源环境甚至社会发展的负面影响。在今后相当长的时期内，新型工业化、新型城镇化仍是中国经济社会发展的引擎和建设现代化经济体系的"火车头"。产业和优质资源、优质要素向城镇或产业园区适度集聚，实现集聚集群集约发展；人口向城镇或中心镇、中心村适度集中，仍是推进新型工业化、新型城镇化的大趋势。实施乡村振兴战略要基于推进新型工业化、新型城镇化这个大背景，也正是有了这个大背景，才增加了实施乡村振兴战略的重要性和紧迫性。统筹考虑提高全要素生产率和产业发展的资源环境与社会影响，部分向农村转移的产业、企业、人才和要素，也不宜过分分散布局，向中心镇、中心村或各具特色的产业园区、发展功能区适度集中也是趋势。

3.规避方式单一化和"一刀切"倾向

实施乡村振兴战略旨在实现乡村的全面振兴和有机振兴。全面振兴较易理解。有机振兴即在对各参与要素、参与主体有机整合基础上的振兴，在不损坏各要素、各主体基本活力的前提下，对乡村振兴过程实行弹性治理，并将利益相关者的矛盾有效控制在富有活力和竞争力的秩序之内。2017年中央农村工作会议强调，实施乡村振兴战略"要以完善产权制度和要素市场化配置为重点，激活主体、激活要素、激活市场，着力增强改革的系统性、整体性、协同性"，就是这个道理。这种全面振兴和有机振兴是涵盖农村经济建设、政治建设、文化建设、社会建设、生态文明建设和党的建设诸方面的综合振兴，是农村产业兴旺、生态宜居、乡风文明、治理有效、生活富裕的有机结合，而非其中任一个方面的"孤军独进"，更要防止乡村振兴方式单一化。

从以往相关经验教训来看，乡村振兴方式单一化，较为突出的表现是乡村振兴村建化，即把实施乡村振兴战略的过程简单等同于推进村庄建设的过程，热衷于房屋、道路和设施建设，轻视推进产业兴旺对实现乡村振兴的关键性作用及其对农民就业增收的影响，轻视社区治理、文明乡风和公共服务能力建设，导致乡村振兴的过程难以有效体现"以人为本"和可持续发展。如有的盲目追求村庄美化、道路硬化或村庄建设标准化，要求村庄建设凸显"异国风情"或"城市品位"，冲击乡村本真和整体风貌风格，淡化农村的人文特色和乡土记忆；甚至不惜搞"大拆促大建"，破坏农村自然风貌和田园生态、历史文脉。

乡村振兴作为全面和有机振兴，也是农业转型升级、农村转型发展、农民转型提升等的协调和融合，但不等于地域空间意义上所有乡、所有村"一刀切"的振兴。随着工业化、信息化和城镇化的深入推进，人口和经济布局的适度集中化是难以避免的趋势。部分村庄的萎缩或消亡，可以为另一部分村庄更好、更可持续地振兴创造条件。对此拔苗助长、盲目提速可能得不偿失，但如无视甚至刻意否认这种趋势，简单化、"一刀切"地要求所有乡村都能实现振兴，也可能事与愿违，甚至对经济社会的可持续发展带来严重的负面影响。

乡村振兴方式单一化与"一刀切"结合起来，不仅容易弱化农民和农村新型经营主体参与乡村振兴的积极性与获得感，还容易淡化农业农村对工商资本和人才、要素的吸引力，妨碍农业农村活力、魅力的再造和乡村振兴的可持续性。如有的为节省农村居民点建设用地，不注意示范引导，不尊重农户意愿，强力实施村庄搬迁撤并，"一刀切"地要求农民由分散居住改为集中上楼居住，加速撤村并居进程，容易遭遇农民抵制。有的片面追求土地向工商资本集中、农户向城镇（或中心村、中心镇、新型社区）集中，人为增加农民就地就业增收的难度，导致农民被迫异地转移就业，形成"漂泊感"和"失落感"，容易导致农民反感。

近年来，农村人口和经济布局的集中化明显提速，各具特色的中心镇、中心村迅速涌现；与此同时，风格各异的空心村甚至空心镇加快形成，并与农村经济农业化、农村人口老龄化、农村劳动力老弱化并行发生，由此带来的部分乡村衰败现象增加了实施乡村振兴战略的紧迫性。随着乡村分化重组进程的加快，随着人民日益增长的美好生活需要的分化，随着城乡、工农之间相互联系、影响、作用的增强和城乡、工农融合关系的深化，实现乡村振兴多样化、特色化发展的紧迫性也在明显增加。推动乡村振兴的多样化、特色化发展，有利于更好地统筹城乡生产、生活、生态空间，将扎实推进美丽宜居乡村建设与更好满足城乡居民日益增长的美好生活需要结合起来，推动农村建成人与人、人与自然和谐共处和人民安居乐业的美丽家园。

4.规避改革工程化、政策盆景化倾向

从以往经验教训来看，在实施乡村振兴战略的过程中，很容易出现体制机制改革工程化、政策支持盆景化倾向。所谓体制机制改革工程化，即用发展举措替代改革举措，将推进体制机制改革的过程，异化为实施一系列发展举措的过程；不愿触动现行利益分配格局和国民收入分配格局，轻视推进体制机制改革的必要性、紧迫性及其对推进乡村振兴的基石作用；甚至为绕开体制机制改革的困难和风险，蓄意增加要素和技术投入，力求用短期的快增长掩盖体制机制改革滞后对未来发展的透支效应。所谓政策支持盆景化，即政策支持普惠不足、特惠有余且强度过大，通过短期高强度的政策支持和公共资源配置，人为营造政策"高地"和政策"孤岛"，导致支持对象对政府投入过度依赖甚至丧失自我发展能力，相关试点示范缺乏复制和推广价值。政策支持盆景化，不仅容易导致乡村振兴对象缺乏内源发展、自主发展能力，还容易限制乡村振兴惠及范围的广泛性，导致乡村振兴过程难以有效转化为广大农民在共商共建共治共享中有更多获得感的过程。规避体制机制改革工程化倾向，要从根本上把推进体制机制改革作为实施乡村振兴战略的基石，重视体制机制改革对乡村振兴的动力作用和连锁影响。规避政策支持盆景化倾向，要注意政策创新的可持续性和政策倾斜的机制化，尤其是在加强财税金融支持方面"宜用温火"，"忌用猛药"，防止政策的"大上快下"带来乡村振兴的"大起大落"。

实施乡村振兴战略，关键是要按照"必须始终把解决好'三农'问题作为全党工作重中之重"的要求，将"坚持农业农村优先发展，按照产业兴旺、生态宜居、乡风文明、治理有效、生活富裕的总要求，建立健全城乡融合发展体制机制和政策体系，加快推进农业农村现代化"落到实处，并通过创新体制机制来保障。实施乡村振兴战略作为建设现代化经济体系的主要任务之一，必须"以供给侧结构性改革为主线"，因此应在更大程度上更好地通过深化体制机制改革和政策创新，增加有效供给，减少无效供给，促进无效供给向有效供给转化；增加公共产品和公共服务供给，并按新发展理念要求促进广大农民在共商共建共治共享中有更多获得感。因此，实施乡村振兴战略的过程，首先是创新体制机制、强化乡村振兴制度性供给的过程。

要通过创新体制机制，按照坚持新发展理念的要求，第一，以促进市场在资源配置中起决定性作用为导向，以完善产权制度和要素市场化配置为重点，以激发参与主体活力和人才潜能为依托，激活农业农村发展活力和农村资源、要素、新产业新业态新模式的发展潜能，培育"三农"发展的兴奋点和新增长点。如创新农民闲置宅基地和闲置农房政策，创造条件促进农村生态资源、文化资源资产化，破除束缚农民手脚的不合理限制和歧视。第二，以更好发挥政府作用为导向，优先改变"三农"发展环境的相对不平等状况，优先加强"三农"政策的兜底和"保基本"公共服务功能，优化国民收入分配格局和公共资源配置格局，优先加强对农业农村发展的支持和促进，推进公共政策导向和公共资源配置向农业农村适度倾斜；并在优先改变乡村规划"短板效应"的基础上，加强城乡一体化发展规划，推进城乡产业布局、基础设施建设、公共服务一体化。刚刚闭幕的中央农村工作会议要求，"把农业农村优先发展的要求落到实处，在干部配备上优先考虑，在要素配置上优先满足，在公共财政投入上优先保障，在公共服务上优先安排"，说的就是这个道理。第三，以建立健全城乡融合发展的体制机制和政策体系为导向，将使市场在资源配置中起决定性作用和更好发挥政府作用有机结合起来，矫正发展机会、发展权利过分向城市倾斜的问题，促进城乡发展权利、发展机会的平等化，为此破除妨碍城市产业、企业、人才和要素进入农业农村的体制机制障碍，防范市场失灵导致农民权利被边缘化的风险，并完善相关引导和激励机制。如引导城市服务业更好地发挥对农村服务业转型升级的引领带动作用，辐射带动农村一二三产业融合发展；积极搭建鼓励志愿者参与"三农"发展的平台。

通过上述三个方面，完善乡村振兴可持续发展机制，不仅有利于实现由对

"三农"发展的消极保护向积极促进转型，由主要关注城乡差距向更多关注"三农"实现有活力的成长转型，还有利于将乡村振兴过程有效转化为广大农民在共商共建共治共享中有更多获得感的过程。近年来，随着工业化、信息化、城镇化的深入推进，在农村优质资源、优质要素大量外流的同时，农村经济农业化、农业经济副业化、农村人口老龄化、农业劳动力老弱化和村庄空心化迅速发展，导致农村经济社会的自我发展、自我保护能力迅速弱化。随着农村、农民分化和农民流动空间的扩大，评价"三农"发展的参照系迅速扩大，城乡发展失衡和农村经济社会发展失序更容易显性化，对农村社会进行协调整合的难度明显增加。在此背景下，主要依靠对"三农"发展的消极保护，难以根本扭转农业农村萧条衰败的趋势。实施乡村振兴战略将"治理有效"作为其总要求的重要内容，要求加快推进乡村治理体系和治理能力现代化，一个重要原因就在这里。

5.规避错乱化和配角化倾向

实施乡村振兴战略，必须坚持农民主体地位，这是毫无疑问的。但是，何为坚持农民主体地位？按照坚持以人民为中心的发展思想的要求，坚持农民主体地位，基本要求是保障农民平等参与、平等发展、平等受益的权利，充分调动广大农民的积极性、主动性和创造性，让农民成为实施乡村振兴战略的主要依靠者和受益者。进一步来看，既然农业农村农民问题是关系国计民生的根本性问题，坚持农业农村优先发展，加快推进农业农村现代化，还应把农民优先提升作为坚持农民主体地位的本质要求，将提升农民素质和精神风貌、增加农民发展机会和促进农民致富有机结合起来，致力于促进农民全面发展。离开了农民增收致富，离开了农民全面发展，实施乡村振兴战略的必要性就会受到动摇。

但是，在实施乡村振兴战略的过程中，坚持农民主体地位，并不意味着可以否认农民发挥主体作用的局限性，也不排除调动一切积极因素鼓励其他主体发挥作用的必要性和可能性。要看到由于视野、理念、实力、人脉、资源动员能力的局限性，主要依靠农民来推进乡村振兴虽然容易"接地气"，但往往见效较慢、面临的制约和困难较多。因此，要结合实施乡村振兴战略，努力实现"三管齐下"，打通人才振兴与乡村振兴的良性循环。一是实施农民素质优先提升工程，加快建立职业农民制度，推进农民培训提升行动，引导支持农民在发挥主体作用的过程中增强发挥主体作用的能力。二是统筹推进事业引人、感情引人、文化引人、环境引人，广纳社会人才和社会资本到农业农村创新创业，或吸引在智、技、德、官、富等方面各具优势的新乡贤或志愿者为乡村振兴出谋出力，支持企业、行业和社会组织组织城乡对口帮扶。三是内外兼修，推进乡村振兴的组织创新，鼓励实施乡村振兴战略的带头人脱颖而出并建功立业。如引导工商资本和城市居民参与乡村振兴，积极培育新型经营主体、新型服务主体带头人，优化文明乡风、乡村治理建设等乡村振兴带头人的成长环境。

实施乡村振兴战略，关键靠人。支持乡村振兴带头人成长和创新创业，优化其发挥作用的环境至关重要。从以往经验来看，在实施乡村振兴战略的过程中，要注意有效辨识乡村振兴的引领者和参与者。近年来，各地大量涌现的新型农业经营主体和新型农业服务主体，可望成为实施乡村振兴战略的带头人。许多有志于推动乡村振兴的城乡企业家，甚至农村创新创业带头人，也可望成为实施乡村振兴战略的带头人。部分富有现代经营理念、怀抱创业梦想、了解新消费需求的新农人，也程度不同地具有成为实施乡村振兴战略带头人的潜质。但是，他们能否真正成为实施乡村振兴战略的带头人，仅有"高大上"的理念和梦想还是远远不够的，关键要看其能否"让梦想照进现实"，是否具有示范带动农户参与乡村振兴的业绩和能力。否则，充其量只能成为实施乡村振兴战略的参与者或贡献者。有些组织基于特定理念推进农业模式"创新"，自身都惨淡经营、"朝不保夕"，缺乏商业可持续性。有关政府部门如将其作为实施乡村振兴战略的带头人或"农业未来发展的方向"给予重点支持，忽视广大农户特别是小农户的参与和受益，很可能是支持重点错乱。这样的带头人充其量只能算"花瓶"，靠这样的带头人带动乡村振兴，难免"越振越衰"。

坚持农民主体地位，还要有效屏蔽乡村振兴的侵蚀者。有些经营主体参与乡村振兴，力图代替"三农"而非依靠"三农"，很可能导致农民由乡村振兴的"主角"变成"配角"。这不仅会导致农民主体地位"缺位"，还会侵蚀"三农"自我发展能力和农民共商共建共享乡村振兴的可能性，甚至导致"三农"成为工商资本谋取利益的"装饰品"。如推进农村一二三产业融合发展，是农业发展方式的一场深刻革命，近年来已日益引起各级政府的重视。但是，有人以推进农村一二三产业融合发展之名，推进"农业+房地产""农业+健康产业"等所谓的商业模式创新，发展农业只是挂挂牌子、当当点缀，被当作争取优惠政策的"装饰"，真正的用意在于发展房地产。实际上，这是本末倒置，换来的很可能不是农业脱胎换骨的改造，而是农业沦落为房地产业的附庸或随从。

三、乡村振兴战略的基点

习近平总书记在党的十九大报告中提出，"党政军民学，东西南北中，党是领导一切的"，要"坚持党对一切工作的领导"。2018年中央一号文件专门用第十二大部分六条内容就坚持和完善党对"三农"工作的领导进行了决策部署，其力度之大、措施之实、覆盖之广泛前所未有。该文件在实施乡村振兴战略的基本原则中，将坚持党管农村工作，作为实施乡村振兴战略的首要原则；要求"确保党在农村工作中始终总揽全局、协调各方，为乡村振兴提供坚强有力的政治保障"。该文件关于健全党委统一领导、政府负责、党委农村工作部门统筹协调的农村工作领导体制，关于建立实施乡村振兴战略领导责任制等专门部署，更是为把实施乡村振兴战略摆在优先位置、把党管农村工作的要求落到实处，提供了坚强的政治保障。因此，加强和改善党对"三农"工作的领导，应该是推进乡村振兴过程中必须高度重视的基点。当然，加强党对"三农"工作的领导，要同习近平总书记在党的十九大报告提出的"不断提高党的执政能力和领导水平"有机结合起来，创新党对"三农"工作和乡村振兴的领导方式，提升党对"三农"工作的领导水平。

第二章 特色小镇建设概念、背景、意义及政策分析

第一节 特色小镇的概念分析

一、特色小镇相关概念

在中国的城镇化进程中，"镇"扮演着极为重要和特殊的角色，无论是宋朝之前的"军事重镇"，还是南宋之后的"商贸镇"，以及今天的"经济重镇"，从某种意义上说，中国的城镇化道路与西方的城镇化道路最大的差别就在于"镇"的区别。

从历史维度看，"镇"最初的功能是军事功能，唐朝初期在边境驻兵戍守称为"镇"，镇将管理军务，有的也兼理民政，宋以后称县以下的小商业都市为镇，"镇"由此演变为具备政治、经济和社会等功能的综合空间聚落，其本身一直处于动态变化之中。

在今天的城镇建设与管理过程中，不同的话语体系、不同的管理系统有不同的表述，如从行政与政策维度看，有建制镇、集镇、中心镇、新市镇、城关镇、重点镇等叫法；从产业与特色维度看，有专业镇、文化名镇、特色小城镇、景观镇等称谓；从空间区位特征看，有市郊镇、市中镇、园中镇、镇中镇等不同名称；等等。这些各形各色的概念在不同时期、不同语境、不同部门有不同的内涵和外延，有不同的界定标准和发展重点。下面重点辨析几个比较常见的城镇概念。

（一）建制镇

"建制镇"是行政区划概念，建镇的条件在不同国家和地区各有不同。在同一国家，对不同地区和在不同发展阶段也都有相应规定。中国建制镇自北魏开始逐步形成，到宋代商品经济发达，镇成为商业和手工业较集中、县以下的市镇地方行政建制。1909年清政府颁布的《城镇乡地方自治章程》和《城镇乡地方自治选法章程》，首次规定在5万人口以上的村庄、屯集地建镇，设自治组织，议决及办理地方自治事宜，这是明确规定镇建制的首部法规。

新中国成立以来设镇标准变动过多次。1954年颁布的《中华人民共和国宪

法》规定："县、自治县分为乡、民族乡、镇"，镇作为中国县辖基层政权建制被确定下来。1955 年 6 月，国务院颁发了《中华人民共和国关于设置市镇建制的决定和标准》，建制镇被规定为"经省自治区直辖市批准的镇，其常住人口在2000 人以上，其中非农业人口占 50%"。1958 年 8 月，中共中央发布了《关于在农村建立公社问题的决议》，实行"政社合一"的体制，一些建制镇被撤销而成立人民公社。1984 年 11 月，国务院转发民政部《关于调整建制镇标准的报告》，进一步促进了广大农村地区、少数民族居住地区、人口稀少的边远地区、山区和小型矿区、小港口、风景旅游区、边境口岸等地建制镇的发展。

今天我们所说的建制镇，一般是指"经省（自治区、直辖市）人民政府批准设立的镇，是县和县级市以下的行政区划基层单位"，它与乡、街道、苏木、区公所等同级，但是又跟这些称谓的建制在内涵和外延上有差别，如镇与乡在中国行政科层体系中同属于乡科级。镇和乡的区别在于，镇的区域面积大，人口规模大，经济发展较好，以非农业人口为主，并有一定的工业区域。县（县级市）政府驻地如果在一个镇，那么这个镇通常被称为城关镇。

（二）集镇

集镇不同于建制镇，它是一个基于商品贸易的自组织经济空间概念，一般是对建制镇以外的自发形成的地方农产品集散和服务中心的统称。集镇产生于商品交换开始发展的奴隶社会，《周易·系辞》记载"列廛于国，日中为市，致天下之民，聚天下之货，交易而退，各得其所"。中国历史上集镇的形成和发展多与集市有关，宋代以后集市普遍发展，集镇也随之增多。乡间集市最初往往依托利于物资集散的地点，进行定期的商品交换，继而在这些地方渐次建立经常性商业服务设施，逐渐成长为集镇。集镇形成后，大都保留着传统的定期集市，继续成为集镇发展的重要因素。

从地理学角度看，集镇属于乡村聚落的一种。通常指乡村中拥有少量非农业人口，并进行一定商业贸易活动的居民点。集镇的形态和经济职能兼有乡村和城市两种特点，是介于乡村和城市间的过渡型居民点，其形成和发展多与集市场所有关。因其具有一定的腹地，有利的交通位置，通过定期的集市和商品交换，逐步发展并建立一些经常性的商业服务设施，在此基础上发展而成。在中国，县城以下的多数区、乡行政中心，均具有层次较低的商业服务和文教卫生等公共设施，并联系着周围一定范围的乡村，除设镇建制的以外，习惯上均称为集镇。

集镇因为无行政上的含义，所以也无确定的人口标准，1993 年发布的《村庄和集镇规划建设管理条例》对集镇的界定为：集镇是指乡、民族乡人民政府所在地和经县级人民政府确认由集市发展而成的作为农村一定区域经济、文化和生活服务中心的非建制镇。因而集镇是农村中工农结合、城乡结合，有利生产、方便生活的社会和生产活动中心，是今后我国农村城市化的重点。

（三）中心镇

"中心镇"首先是基于建制镇基础上，因为城镇发展定位的需要，相对于重点镇、一般镇而言的一个城镇体系规划的常用规划概念。一般是指城镇体系中介于城市与一般小城镇之间，且区间较优、实力较强、潜力较大，既能有效承接周围城市的辐射，又对周边地区有一定辐射和带动能力的区域重点镇。

"中心镇"同时也是一个地理概念，它是县（市）域内一片地区中周围若干个乡镇的中心，地理位置相对居中，一般是自然形成、客观存在的，在一个较长的时期内具有相对的稳定性，在周围一片地区中相比较而言其经济实力较强。如在有些曾设置过"管理区"的地方，"中心镇"的地位、作用及区位选择与县的派出机构——"区工委"、"区公所"所在地的乡镇类似。

在城镇体系规划中明确中心镇，目的是在县以下层次选择上能带动其腹地范围发展的增长极。中心镇的确定需要考虑一定的地域平衡因素，因此其分布一般来说是相对均衡的，如一个县可以选择围绕县城周边不同方向的四个至五个中心镇，地域上兼顾东、南、西、北各个片区。

中心镇与重点镇有可能重叠（既是中心镇同时也是重点镇），但二者之间并没有必然的联系，中心镇不一定是重点镇，重点镇也不一定是中心镇。中心镇与重点镇各有不同的作用。在某个地区中，如果用同一个标准（比如考虑在近期内有可能"建成"）来确定重点镇，因地域条件不同，可能有的县（市）重点镇就会多些，有的县（市）就会少些或没有。而确定中心镇在一定程度上就可以弥补这种因地域经济发展不均衡而带来的弊病，具有促进区域平衡的作用。中心镇的确定可以促进相对欠发达地区的增长中心的发展。

（四）专业镇

"专业镇"是基于产业集群的经济空间概念，理论上源自产业集群理论，实践上源于广东省专业镇的实践，是我国行政区域特有的一种经济发展模式。其特点是在我国农业结构调整和乡村城镇化过程中，多以乡镇为基本单位来重点发展名、优、特、新产业和产品，通过开发一两个产业或产品，带动多数农户从事这些产业或产品的生产经营活动，其收入成为农民和乡镇收入的主要来源。

在概念界定上，学术界从不同角度有不同的认识。学者们认为专业镇经济是基于一种或几种产品的专业化生产的乡镇经济，是发展农村经济，解决"三农"问题的一种模式，是实现农业产业化和农村城镇化战略目标的依托载体。

王琚从产业经济学的角度提出专业镇经济实质上是建立在一种或两种产品的专业化生产优势基础上的乡镇经济，类似于日本在 20 世纪 60 年代出现的"一村一品""一镇一品"的专业化区域生产组织形式。并总结出专业镇的四个突出特征：以个体、私营企业为主体；以中小企业为主；以专业市场为依托；以适用、简单技术的应用为主。李新春认为"专业镇作为一种建立在地区竞争优势基础之上的产品制造和服务企业网络，其经济集聚效应吸引大量中小企业围绕特定产业而创业，由此可以认为，专业镇同时也是一种企业创新网络"。余国扬提出专业镇一般要求"双 60%"，即指产业或产品能带动 60% 以上农户参与生产，专业化的产业或产品收入占全镇农民人均纯收入的 60% 以上，并成为镇财政收入主要来源的乡镇。专业镇一般是指城乡地域中经济规模较大、产业相对集中且分工程度或市场占有率较高、地域特色明显、以民营经济为主要成分的建制镇。

随着专业镇的不断发展，专业镇的含义由单纯追求繁荣农村经济、提高农村人口生活水平、实现农村城镇化而发展专业镇，开始向通过企业在镇域内的聚集、协同，从而形成地域品牌优势，直接参与国内外市场竞争并且承担一定的国际分工来发展专业镇。这种变化是一种观念的转变，无论是从理论上还是实践方面都产生了重大的影响。

广东省科技厅将专业镇定义为"是以镇（街道）为行政区域单元，以特色产业集群化发展为主要特征，特色产业集聚度高、专业化分工协作程度高、技术创新活跃、产业辐射带动效应明显的镇域经济发展形式；是鼓励产业链相关联企业、研发和服务机构在特定区域集聚，通过分工合作和协同创新，形成具有跨行业跨区域带动作用和国际竞争力的产业组织形态"。

产业集聚与新型城镇化的联动发展是提高中国城镇化质量、促进经济社会发展的重要途径，专业镇与产业结构转型升级、城镇化建设之间存在密切关系。在我国科技部门的推动下，我国专业镇逐渐发展成为在国内外具有一定影响力的区域品牌，其作用不仅仅体现在带动当地经济增长，更多地体现在区域品牌的战略意义上，如广东中山古镇灯饰、佛山顺德乐从家居、东莞大朗毛织、虎门的服装等……这些专业镇通过比较优势、资源禀赋形成了以某一具有竞争优势的主导产业为依托的专业化产业区，使相同或相关联产业的众多企业集中于特定的区域空间内，并获取深度分工与专业化协作效益，从而提高了区域经济整体实力和竞争力。

（五）产业园区

"产业园区"（Industrial Park）是一个推动产业集聚发展的政策区域概念，

是指以为促进某一产业发展为目标而创立的特殊区域，是区域经济发展、产业调整升级的重要空间聚集形式，担负着聚集创新资源、培育新兴产业、推动城市化建设等一系列的重要使命。产业园区能够有效地创造聚集力，通过共享资源、克服外部负效应，带动关联产业的发展，从而有效地推动产业集群的形成。在地方实践中，产业园区一般由政府集中统一规划设定区域，并给予进驻的企业一定的优惠政策，区域内规定特定行业、形态的企业进驻，并由产业园管委会或产业园开发商进行统一管理，向园区内企业提供多方面的软硬件服务。

联合国环境规划署（UNEP）认为，产业园区是在一大片的土地上聚集若干个企业的区域。它具有如下特征：开发较大面积的土地；大面积的土地上有多个建筑物、工厂以及各种公共设施和娱乐设施；对常驻公司、土地利用率和建筑物类型实施限制；详细的区域规划对园区环境规定了执行标准和限制条件；为履行合同与协议、控制与适应公司进入园区、制定园区长期发展政策与计划等提供必要的管理条件。

按照产业园区的功能，最常见的类型有物流园区、科技园区、文化创意园区、总部基地、生态农业园区等。按照政策的导向，有发改部门、工信部门主导的工业园区，发改部门主导的经济技术开发区、产业集聚区，科技部门主导的高新技术产业园区，海关及交通部门主导的出口加工区、保税物流园区等。

产业园区不仅承接国内产业转移，也是加快经济结构转型、提高生产效率的重要载体。另外城镇化的发展要由工业化带动，新型城镇化应有新型工业化配套。中国城镇化道路中，产业和城市要融合发展，城镇化、工业化要同步推进，实现产城融合。产业化是城镇化的依托，产业园区则是产业发展的平台。

产业园区和产业集聚区是国内外很多特色小镇的空间本源载体，如浙江云栖小镇，实际上是一个依托阿里巴巴云公司和转塘科技经济园区两大平台的一个以云生态为主导的产业集聚区。

（六）小城镇

"小城镇"是相对于城市和乡村而言的一个经济和空间规模概念，在空间上是指规模介于城市和乡村之间的一种聚落组织形态。20世纪80年代以来，我国的小城镇一直是多门学科竞相参与的研究领域，尤其以社会学、地理学、城市规划学和经济学等学科的研究为最。从20世纪80年代费孝通提出"小城镇大问题"到国家层面提出"小城镇大战略"，指明了镇域经济是壮大县区域经济，建设社会主义新农村，推动工业化、信息化、城镇化、农业现代化同步发展的重要力量。

对小城镇概念的覆盖范围，无论是理论工作者，还是实际工作者，往往存在许多不同的看法。费孝通提出小城镇是"新型的正从乡村的社区变成多种产业并存的向着现代化城市社区转变中的过渡性社区，它基本上已脱离了乡村社区的性质，但还没有完成城市化的过程"。赵燕菁从土地流转制度入手，提出小城镇是中国城镇化过程中实现城乡一体化的重要政策载体。在小城镇的范畴上，目前主要存在以下四种观点：（1）小城镇=建制镇。这一小城镇概念属于城镇范畴，是建制镇（包括县城镇）在城镇体系中的同义词。（2）小城镇=建制镇+集镇。这一小城镇概念属于城与乡两个范畴，包括小于城市从属于县的县城镇、县城以外的建制镇和尚未设镇建制但相对发达的农村集镇。（3）小城镇=小城市+建制镇。这一小城镇概念指城镇范畴中规模较小、人口少于20万的小城市（县级市）和建制镇。（4）小城镇=小城市+建制镇+集镇，这一小城镇概念分属城与乡两个范畴，是涵括范畴最广的一个界定。

以上观点概括起来，对小城镇的空间范畴可以有狭义和广义两种理解。狭义上的小城镇是指除设市以外的建制镇，包括城关镇。广义上的小城镇，除了狭义概念中所指的县城和建制镇外，还包括作为非建制的集镇。广义的小城镇概念强调了小城镇发展的动态性和乡村性，是我国目前小城镇研究领域更为普遍的观点，也是特色小镇政策出台与实施的一个重要背景和前提。

（七）特色乡镇

"特色乡镇"是一个基于历史或者产业的文化概念，对乡镇的规模并不注重。特色与创新是镇域经济可持续发展的核心动力。特色乡镇的特色可以从经济、社会治理、历史文化、生态环境等维度得到体现。

从经济维度来看，外向经济特色乡镇依托外贸、加工、出口等服务型产业发展；专业特色镇则依托某一主导产业，利用专业化分工提升生产效率，利用规模经济增加经济产出；商贸流通特色镇则依托良好的交通条件，大力发展物流产业，为商贸活动提供服务；科技信息特色镇则依托高新技术产业发展；旅游休闲特色镇则依托旅游资源大力发展休闲旅游，并进一步衍生商务会议功能，作为当地的经济支柱。

从社会维度来看，特色乡镇在治理形式、社会服务形式和政治力量等方面较为独特。党建创新特色镇是以基层党的建设为目标，通过党建活动、党建服务打造的小镇。社会管理创新特色镇则是通过创新社会管理模式而闻名。合作服务特色镇通过引入第三方服务提供组织完善的小镇服务系统。科学规划特色镇则是新兴科学规划的实验地，为日后特色镇的发展起到启示、带动作用。

从文化维度来看，一些特色乡镇在历史文化传承、文化创意等方面较为突出。历史文化特色镇和少数民族特色镇依托当地特有的民俗文化，以传统民居、具有历史文化的古城为载体，向游人宣传历史文化与特色传统。品牌特产特色镇以产品、品牌为依托，创造经济价值，如茅台镇以茅台酒闻名。文化创意特色镇是文化的新兴形态，以创意的形式传递文化底蕴，以体验的方式吸引艺术家、摄影爱好者等人群。

从生态维度来看，特色乡镇则是指以生态为发展理念的乡镇。生态环保特色镇以绿化、生态保护为发展理念，积极维护特色镇的市容市貌，为人们提供优美的居住环境。

二、特色小镇的概念与内涵

（一）特色小镇的定义

特色小镇是基于上述相关概念的基础上，中央政府为推进有条件的小城镇突出其发展特色，有针对性地进行政策引导的一个政策概念。特色小镇在理论上源自产业集群理论，在实践上是在县域经济基础上发展而来的创新经济模式，是在供给侧改革的浙江实践上基于浙江省特色小镇建设的先行经验，由政府主导下有意识、有目标、有计划推动展开的城镇化进程的一种政策空间组织模式。对于特色小镇的定义与概念，目前社会各界众说纷纭，还没有一个准确的学术定义。

特色小镇的概念首先是由浙江省人民政府于 2015 年提出的，认为特色小镇是相对独立于市区，具有明确产业定位、文化内涵、旅游和一定社区功能的发展空间平台，区别于行政区划单元和产业园区。这是一个在国家出台特色小镇培育政策之前，地方政府对特色小镇的概念和空间范畴的一个基本界定。

国家发改委颁布的《关于加快美丽特色小（城）镇建设的指导意见》给出了特色小镇的官方定义：特色小镇包括特色小镇、特色小城镇两种形态。特色小镇主要指聚焦特色产业和新兴产业，集聚发展要素，不同于行政建制镇和产业园区的创新创业平台；而特色小城镇是指以传统行政区划为单元，特色产业鲜明、具有一定人口和经济规模的建制镇。特色小镇和小城镇相得益彰、互为支撑，有利于促进大中小城市和小城镇协调发展。

国家三部委出台指导意见后，学术界对于特色小镇的概念与定义进行了很多深化与拓展。如张鸿雁提出特色小镇是社会发展到一定历史阶段的一种区域性空间与要素集聚的发展模式，其成长和发展过程是需要以社会与经济发展为前提的，这个前提不仅包括区位条件、产业基础、区域社会经济发展水平、区域性产业集聚方式，还包括社区生活环境、日常生活方式、创业与创新土壤及人才机制、政策导向及地方的历史文化基因等要素。

总的来说，我们认为特色小镇是指依赖特色产业或特色资源，打造具有明确产业定位、文化内涵、旅游产品和特色社区功能的综合开发区域，是产业区、消费区、旅游区、生活区四区合一，产城乡一体化的新型城镇化区域，是按照创新、协调、绿色、开放、共享的发展理念，结合资源禀赋，基于准确的产业定位，在科学合理规划基础上，挖掘产业特色、人文底蕴和生态禀赋，形成产业、文化、环境、人居有机融合和生产、生活、生态协调发展的重要功能平台，是我国供给侧结构性改革的积极探索之一，也是我国城镇化发展战略中重要的空间载体之一。

（二）特色小镇的内涵

特色小镇与其他几个相关概念在内涵上有明显差别。在培育目标上，参考住房和城乡建设部、国家发展改革委、财政部《关于开展特色小镇培育工作的通知》，特色小镇要求具备四个特征：产业上要"特而强"，小镇的建设不能"百镇一面"、同质竞争，必须紧扣产业升级趋势，锁定产业主攻方向，构筑产业创新高地；功能上要"聚而合"，小镇围绕特色产业聚合产业、文化、旅游和社区四大功能，突出强镇的产业聚合黏性；形成宜居宜业宜游的特色小镇，形态上要"小而美"，凸显的是在空间内涵上的空间限制，特色小镇不同于卫星城、建制镇和工业园区，是在充分应用产业集群理论的基础上，为解决浙江"块状经济"层次低、结构散、创新弱等问题而提出的，原则上依托建镇制；机制上要"新而活"，这是从制度供给方面给出了特色小镇的特征，即与小镇相关的政策须突出"个性"，服务突出"定制"，运营机制实行"政府引导+市场运作+企业主体"。还要符合"三生（生产、生态、生活）融合"和生产、文化、旅游与社区功能"四位一体"的要求。

特色小镇的"特"，主要是产业、历史、环境等诸多因素的独特之处，要求特色小镇本身具有某种文化特质，呈现某种价值追求，从而成为某种产业集中、相应就业者云集的"特色"工作生活区域，也应当是汇集某类资源与技术在此创新创业的"孵化器"和"创客空间"。具体内涵上，一是功能定位的"特"。特色小镇以推进供给侧结构性改革为基本功能定位，是着力打造的地方经济转型升级的试验田，是创新驱动发展的新平台。二是产业业态的"特"。特色小镇所承载的产业业态应该是现代服务业或历史经典产业或者其中的某一业态。三是空间区位的"特"。特色小镇在选址上一般位于城镇周边、景区周边、高铁站周边或交通轴沿线，适宜集聚产业和人口的空间地域。四是聚集人口的"特"。基于特色小镇的产业特征，特色小镇的从业人口要求高学历和高技能者占据一定的比例。

特色小镇的"小"，是指在空间范畴上相对独立于市区，区别于行政区划单元和产业园区，具有明确产业定位、文化内涵、旅游和一定社区功能的发展空间平台。小镇要求突出节约集约，合理界定人口、资源、环境承载力，严格划定小镇边界，规划面积一般控制在 3 平方公里左右，建设面积一般控制在 1 平方公里左右，聚集人口 1 万至 3 万人，且不受原有行政区划局限的"小"地方。

特色小镇的"镇"，不是传统意义上简单的行政区划概念，也非园区的概念，而是一个具有明确产业定位和生活功能项目组合的"非镇非区"概念，是打破了传统行政区划概念的某种特色产业集聚区，它可能是仅包含一个镇的特定区域，也可能是覆盖多个镇的多个区域，但是这些区域在产业上、特色上是有密切的内在关联的。

（三）特色小镇的本质

从大尺度的历史维度来看，特色小（城）镇实际上不是新生事物，在历史时空一直存在，农耕时代的因军事目的而兴起的镇，由此诞生镇，进而集聚人口，再催生商贸和经济，形成空间聚落；计划经济时代因行政目的而催生的小城镇；市场经济时代因经济目的而孕育的特色小镇等。它们的最终形态要么成为城市，甚至大都市，典型如深圳、浦东，从传统的渔民小村成长为一个国家级的大都市；要么逐渐衰败，甚至消失，典型如京杭大运河边上的诸多古镇，随着大运河的衰落而逐渐泯灭众生；要么不温不火，缓步发展，大多数城镇都是这种情况；最后一种就是小而精，特色化、集约化发展，典型如格林威治对冲基金小镇、浙江云栖小镇等。因此，特色小（城）镇本质上是一种产业空间组织形式，是新的发展主体、新的产业平台、新的和谐家园、新的制度探索和新的理念引领。

从空间角度看，特色小镇是连接大中城市与农村的重要枢纽，是有效分流农村富余人口的"蓄水池"；又能承担对农业农村的辐射带动功能，是促进农民就地就近城镇化和农业现代化的"发动机"。因此，特色小镇是城市和乡村双向渗透、双向发力且最具活力的"社会单元"。

从经济角度看，特色小镇借力现代交通、通信、云计算、大数据、物联网等技术，能够作为一个相对独立的承载空间在更大范围聚集高端创新要素，形成新的经济增长极，为重塑城乡空间和经济地理创造新的机遇。

从劳动力角度看，当前以"90 后"为代表的年轻劳动力在选择就业与生活环境时，已出现将生活环境放在首要位置的倾向，特色小镇要求的宜居生态环境、独特的文化特色、完善的公共服务正好可以满足他们的需求。

对特色小（城）镇的认识，要从城、镇（行政区划中的小城镇）、村之间的差别来分析，同时又要区别于飞地经济、产业集群、产业集聚区、产业新城，之前有类似的类属，比如旅游景区、主题公园；且需要分析与美丽乡村、田园综合体之间的关系。

总之，特色小镇是以特定的产业、环境、文化资源为基础；以创新的体制机制和投融资机制为依托和保障；以产业培育带动人口聚集为推动力；以旅游消费为引擎，实现消费聚集；以产城综合开发运营及架构利用为手段；以城乡结合区域的新型城镇化发展为目标的"产、城、人、文"四位一体的产业、城镇、居民和文化的高度综合体。

第二节　特色小镇建设的背景分析

特色小镇建设的主要背景是我国城镇化及小城镇发展，相比于大中城市和乡村地区，小城镇作为一种过渡型的聚落形态，其本身处于不断的发展变化之中，在经济上既可能极具活力，但又因为规模所限极具不确定性。纵观新中国成立以来我国城镇化发展的历程，小城镇在其中起着举足轻重的作用，但是在我国城镇化发展的政策上，小城镇究竟应该在城镇化中充当何种角色，国家和地方的定位并不清晰连贯。由改革开放之前的严格控制人口向城镇迁移，到改革开放之后大力发展乡镇经济，再到城乡统筹时期的大中小城市和小城镇协调发展，国家对小城镇的定位一直在摇摆和改进。

特色小镇是我国新型城镇化在新时期、新常态下的"新举措、新模式"，在形态上包括了特色小城镇和特色小镇两种形态，这些小（城）镇的规划定位与发展和当前城镇化发展背景、政策关系及发展前景如何，是当前特色小（城）镇研究和规划编制的核心问题。"读史可以明鉴，知古可以鉴今"，为更好地理解特色小镇建设的政策背景和政策目标，了解特色小镇的形成发展过程，本节通过历史文献分析法，系统追溯新中国成立以来我国城镇化发展的政策演变过程以及特色小镇政策出台的具体过程，通过再现城镇化以及与小城镇相关的重大政策的具体历史和时代背景及其对当时小城镇建设的影响，总结我国特色小镇政策出台的历史脉络。

新中国成立以来，我国城镇化进程在不断"摸着石头过河"的探索中向前发展，总体上经历了恢复起步建设、波动徘徊、停滞发展、恢复发展、快速发展、城乡统筹和创新发展等阶段；存在城镇人口数量不断增长、城镇人口比重不断提高、城镇用地规模不断扩张和城镇不断向高层次发展的总体趋势，但也存在长期滞后于工业化和非农化、波动性较大、政府主导色彩较浓和二元结构性特点比较突出等显著特点。在这个过程中，乡镇级别（含建制镇、乡和街道）

行政区划单元的数量受政策影响波动极大，对我国城镇化不同发展阶段小城镇的定位、规模、发展特点的归纳总结和分析判断，有助于促进小城镇健康发展规划的编制。

一、阶段 I：恢复起步阶段（1949—1957 年）

新中国成立后，经过短暂而全面的土地改革，中国成为最大的小农经济体，随着遭受战争严重破坏的国民经济逐渐得到恢复（1949~1952 年）以及其后"一五"计划的顺利完成（1953~1957 年），我国经济建设取得了较大进展，城镇化水平得到稳步提高。城镇化水平由 10.64010 提高到 15.39%。

这个阶段我国城镇化的重心是恢复生产，尤其是"一五"时期的苏联援建项目基本集中在我国传统的工业城市，对城镇化人口的管理重心也是通过户口管理制度并集中体现在城镇地区，1951 年颁布了《城市户口管理条例》，1953 年进行了第一次全国人口普查，并将户口登记和迁移管理正式扩展到农村。1954 年《中华人民共和国宪法》规定中华人民共和国公民拥有居住和迁徙的自由。总体上，这一时期自由迁徙的城镇化政策，加上经济快速恢复和"一五"计划"大跃进"的全面展开，中国的城镇人口迅速膨胀。

二、阶段 II："虚假"城镇化阶段（1958—1965 年）

1958 年《户口登记管理条例》正式颁布，登记办法区分了城市和乡村，依据是否吃商品粮将户口类别划分为农业户口和非农业户口，影响我国几十年的城乡二元体制逐步形成，粮食供给、就业、教育、社会保障、婚姻等全面以城镇为导向。

受"大跃进"思想的影响，我国经济发展在此后开始盲目追求"超英赶美"，经济发展起伏波动大，城镇化发展也表现出大起大落。其中 1958~1960 年三年"大跃进"时期，由于受急于求成和主观随意性强的经济建设指导思想影响，我国工业化和社会经济建设政策方针违背了经济发展的基本规律，一大批工业项目在无视农业发展基础和市场需求的情况下盲目上马，致使农村人口大规模涌入城镇，年均约新增城市 8 座，城镇化水平迅速提高。到 1960 年城镇人口比重达到历史高峰，几乎是新中国成立初期的两倍，给城市就业、居住和社会治安等公共服务带来极大的压力。

这种由"跃进"式国民经济建设所导致的超越经济社会发展的"虚假城镇化"并不能持续。1960 年起我国国民经济进入困难时期，1961 年中央对整个经济实行"调整、巩固、充实、提高"方针，我国城镇化进入"三年调整时期"，其间停建和缓建了一大批工业项目，在这一过程中，面对快速增长的人口，城市无法提供充分就业和相应的公共服务，政府动员大量城镇人口"上山下乡"

返回农村。

城乡户籍政策对城镇人口的限制抑制了城镇化水平，但也在一定程度上避免了中国的"拉美化"现象的出现。在城市与城镇规模上，一部分新设市恢复到县级建制而一部分地级市则降级为县级市，3 年间城市总数合计减少 25 座，1963 年一年就撤销城市 24 座，城镇化水平也骤降 2.46 个百分点为 16.84%，出现了极不正常的"逆"城市化现象。

三、阶段Ⅲ：徘徊停滞阶段（1966~1978 年）

经过三年调整后，我国的城镇化经历了一个短暂的发展期，但是随着国家政治经济社会领域出现一系列重大失误，我国城镇化发展进入了徘徊停滞阶段。

此阶段全国有 3000 多万名城镇青年学生、知识分子到农村去安家落户和"接受贫下中农再教育"，而且以备战为目的的"三线建设"使得基建投资在很大程度上与原有城镇脱节从而导致城镇建设大大滞后，加上三线地区社会经济落后，导致建设起来的企事业单位在之后很长一段时期内经营发展都极为困难，许多小城镇日益衰败。

总体上，此阶段全国城镇化水平基本保持不变，城市和城镇数量也基本停滞。虽然建制镇人口有较大增长，这些大幅度的变化并不是人口流动和自然增长造成的，更多的是与行政区划调整相关，因为这一时期更多的建制镇转变为县级政府驻地和县辖区公所，造成人口身份上的变化，但城镇数量和规模实质性变化不大。

四、阶段Ⅳ：恢复增长阶段（1979~1984 年）

1978 年后，农村土地制度改革带动了沿海发达地区乡镇企业的迅速转型和崛起。这些发达地区的乡镇企业延续了人民公社时期的社队企业，包括地方"五小工业"。但由于社队企业"三就地"的限制（就地取材、就地加工、就地销售），以及不允许社员个人联户办和户办等限制，社队企业更多是在地化的"自给自足"，作为农业附属产业，并没有释放更多的发展空间。

党的十一届三中全会后，中央要求"社队企业要有一个大发展"，国务院在 1979 年和 1981 年相继颁发了《关于发展社队企业若干问题的规定（试行草案）》和《关于社队企业贯彻国民经济调整方针的若干决定》，鼓励农村地区大力发展加工业、建筑业、运输业和各种服务业。1979 年 9 月，中共十一届四中全会通过了《中共中央关于加快农村发展若干意见的决定》，第一次提出了农村城镇化思想和加强小城镇建设的问题。

在中央一系列鼓励支持乡镇企业的政策和地方主创性的互动下，乡镇企业的生产力得到了极大释放，农村出现大量剩余劳动力，极大地促进了我国的城镇化进程。这个阶段的政策导向以增加城镇数量、鼓励城镇人口上升为主，国家放宽建镇制的标准，小城镇数量迅速增加，城镇化发展恢复增长，城市化水平也得到极大的提升。小城镇的就业居住人口也得到迅速提升。农村工业化得到实践检验，费孝通"小城镇、大战略"的构想也得到初步实践。

1980 年 10 月，全国城市规划工作会议召开，会议提出了"控制大城市规模，合理发展中等城市，积极发展小城市"的总方针，为我国城镇化道路的发展给出了大体方向。1983 年 10 月，中共中央发布《关于实行政社分开建立乡政府的通知》，提出建立乡镇政府作为基层政权组织，城镇化得到中央政策支持。1984 年国务院转发民政部《关于调整建制镇标准的报告》，报告放宽了建镇的标准，为今天我国建制镇的总体格局奠定了基础。

五、阶段 V：加速发展阶段（1985~2000 年）

1985 年后，随着改革开放不断向纵深发展，城镇化问题、城乡二元问题以及大中小城市与小城镇的结构关系问题等逐渐显现。1985 年中共中央提出应当根据我国的实际情况，对城市发展的结构和布局进行合理规划，坚决防止大城市过度膨胀，重点发展中小城市和小城镇。1987 年，国务院发布了《关于加强城市建设工作的通知》，提出要着重发展中等城市和小城镇，加强各项基础设施和公共服务的建设，要求各级政府要搞好城镇建设的规划、建设和管理。1989 年《中华人民共和国城市规划法》颁布，提出我国实行"严格控制大城市规模，合理发展中等城市和小城镇"的方针，促进生产力和人口的合理布局，城镇规模在此阶段得到了快速的增长。1990 年 6 月，国务院颁布实施《中华人民共和国乡村集体所有制企业条例》，从法规上保障乡镇企业发展，表明中央对乡镇企业的方针、政策没有变，具有一贯性、坚定性和稳定性。

1992 年的邓小平南方谈话以及 1994 年党的十四大确定了市场经济改革的总体方向，此阶段的政策导向以经济制度继续向市场经济转轨为主，城市相关改革进一步深入，重点发展中小城市，此后一系列的"城市倾向"的政策直接导致了小城镇和乡镇企业发展的衰退。一方面，1994 年推行的分税制改革，使得中央与地方财政的关系从"分灶吃饭"恢复为"中央主导"，这导致了财力分配在乡镇和县级以上的不均、财权和事权的高度分化、地方土地财政的兴起等。另一方面，从 20 世纪 90 年代后期开始，所有制结构发生了巨大变化，城市中的国有企业大规模改制，乡镇集体企业大多数实行产权制度改革，这使得大量的农民转移到县级以上城市就业生活。在这一系列变革中，小城镇和中小城市的发展缓慢甚至收缩，资本、劳动力开始向大城市和特大城市集中。

2000 年，国家出台《中共中央、国务院关于促进小城镇健康发展的若干意见》，提出"发展小城镇，可以加快农业富余劳动力的转移；可以有效带动农村基础设施建设和房地产业的发展；发展小城镇，可以吸纳众多的农村人口，降低农村人口盲目涌入大中城市的风险和成本，缓解现有大中城市的就业压力，走出一条适合我国国情的大中小城市和小城镇协调发展的城镇化道路；是实现我国农村现代化的必由之路"，首次对小城镇在我国城镇化发展中的作用进行了官方的定性，为小城镇的发展指出了方向，提供了政策保障。此后城镇人口继续以超过全国总人口增速的态势在不断增加，城镇化水平一路攀升，城市数量 1993—1996 年年均增加 37 座，仅 1993 年新设市就达到 53 座，建制镇的数量增加到 2002 年的 20601 座，其后开始逐步稳定在 20000 座左右。

六、阶段Ⅵ：城乡统筹发展阶段（2001—2011 年）

21 世纪以来，随着城镇化建设取得新的成效以及面对新的机遇，城镇化也面临不同的政策诉求。随着国际国内发展环境的变化，为解决此前城镇化过程中产生的土地资源和土地管理等方面的矛盾以及城乡发展水平不断扩大的差距，此阶段我国城镇化发展的主旋律是在科学发展观指导下的城乡统筹发展。在科学发展观的执政理念下，设立了"国家城乡统筹发展综合改革试验区"，并顺利培育了类似成都"五朵金花"、上海九大欧陆风情小镇等示范项目。

从政策的颁布看，2001 年中国加入 WTO，正式参与国际经济大循环，珠三角和长三角相继成为外向型经济的集中地，资本、劳动力进一步向成熟的城市群区域集中。乡镇企业虽然凭借之前的积累仍在增长，但势头已大幅放缓。随后，"三农"问题全面凸显，成为中央不得不重视的问题，乡镇企业主要有"两个引导"，即引导乡镇企业在建设新农村和现代农业中发挥作用，加快发展方式转变；引导农民能人、外出务工人员和外来投资者在农村创办乡镇企业。同时坚持发展农产品加工业，努力形成产业集群。

2002 年，党的十六大首次提出中国特色的城镇化道路的概念，并提出走中国特色的城镇化道路。2005 年，党的十六届五中全会通过了《中共中央关于制定国民经济和社会发展第十一个五年规划的建议》，继续强调坚持大中城市和小城镇协调发展，提高城镇综合承载能力。

此后中央开始新一轮城乡统筹发展的战略部署，全力推进新农村建设、城乡统筹发展、取消农业税、农村土地增加挂钩等，开始逐步扭转 20 世纪 90 年代对"三农"和小城镇发展的欠账，小城镇的发展得到了一定程度的提高。

七、阶段Ⅶ：新型城镇化阶段（2012 年至今）

2012 年 11 月，党的十八大报告将中国特色新型城镇化作为"新四化"重要内容之一，并明确指出新型城镇化是大中小城市和小城镇协调发展、互促共进，以统筹城乡为主，推动城乡共同发展。2012 年 12 月，李克强总理在中央经济工作会议上首次提出"新型城镇化"。2013 年 11 月，党的十八届三中全会通过了《中共中央关于全面深化改革若干重大问题的决议》，决议提出推进"以人为核心"的城镇化，推动大中小城市和小城镇协调发展、产业和城镇融合发展，促进城镇化和新农村建设协调推进。

2013 年 12 月，中央城镇化工作会议指出，要促进大中小城市和小城镇合理分工、功能互补、协同发展。要传承文化，发展有历史记忆、地域特色、民族特点的美丽城镇，并提出城镇化工作的六大任务。2014 年 3 月，国家印发《国家新型城镇化规划（2014~2020 年）》，提出了推进新型城镇化的主要任务和路径。2016 年 2 月 6 日，国务院印发《关于深入推进新型城镇化建设的若干意见》，全面部署深入推进新型城镇化建设。

党的十八届三中全会后，我国小城镇又迎来了新一轮的发展机遇。2015 年底，习近平、李克强等党和国家领导人对特色小镇和特色小城镇建设做出批示，要求各地学习浙江经验，重视特色小镇和小城镇建设发展，着眼供给侧结构性改革培育小镇经济，以特色小镇带动小城镇全面发展，走出新型的小城镇之路。

总之，中国城镇化发展过程中，小城镇发挥着重要的城一乡矛盾的调节阀的作用，是城市化人口的蓄水池、城乡沟通的桥梁、新型城镇化建设的关键载体、"三农"政策落地的支点，同时也是缓解农村"三留"问题的突破口。以特色小镇政策出台为起点的新一轮小城镇建设为整个供给侧改革释放了庞大内需和势能，是继改革开放之后新一轮制度改革的起点。

第三节　特色小镇建设的战略意义

从国家和地方针对特色小镇发布的文件之多、支持之大，可以看出国家和地方对特色小镇建设的重视之高。特色小镇能够受到国家和地方的高度重视，是因为它的建设具有重要意义，而明确它的建设意义对于政府、企业、就业人员甚至农民都具有重要的意义。因此本文思考总结了特色小镇的建设意义，以期在特色小镇建设过程中各方面群体能够始终明确意义，更好地谋划落实工作。特色小镇的建设意义可以体现为八大方面。

一、推动新型城镇化的发展

2013 年 12 月召开的中央城镇化工作会议提出了走中国特色、科学发展的新型城镇化道路，坚持因地制宜，探索各具特色的城镇化发展模式。

二、缩小城乡差距

长期以来城市作为人口、经济、信息、科技等的集聚空间，一直是现代、先进、方便、快捷、高效、卫生等的代名词，而农村虽然随着科技和农业的发展有了较高的发展，但是与城市相比，其发展速度慢，发展水平落后，农村居民享受的基础设施和公共服务也远落后于城市居民。

三、促进产业转型和升级，提高产业发展水平

有些镇依托其资源或区位优势发展了特色产业，具有一定的产业基础，但是存在着技术水平落后、产业规模较小、资源浪费严重、产业布局分散等问题。

四、带动农村和农业发展

我国除县城城关镇以外的建制镇有 18000 多个，这些镇下面又有许多的村庄，虽然在概念上特色小镇强调非镇非区，但是大部分特色小镇是位于农村地区的，住建部公布的全国第一批和第二批特色小镇名单也都是建制镇，因此特色小镇的建设对于带动农村和农业发展具有重要意义，比如农旅小镇的发展，既能促进小镇基础设施和村民生活条件的改善，又能促进农业产业化、现代化发展。

五、促进农民思想意识转变

无论是小镇特色产业的发展、还是旅游业的发展，特色小镇的建设必定使生活在其中的居民受到经济快速发展带来的冲击，不断认识新事物，接收到的信息、技术越来越多，接触到的人越来越多，他们的思想意识在这个过程中会发生一定的变化，有利于素质的提高和一些落后行为方式的改正。

六、促进旅游业的发展

特色小镇的建设也助推了旅游业的发展，为旅游业又开拓出一片新天地。通过建设类型多样、特色鲜明的特色小镇使游客在出游时有了更多的选择，满足游客多样需求，也促使旅游产品开发者在设计开发旅游产品时转变思想，不断推陈出新。

七、有助于生态环境保护

特色小镇强调生活、生产、生态三生融合，打造宜居宜业宜游的空间，良好的生态环境是特色小镇所必备的，这就要求特色小镇建设过程中必须重视对生态环境的保护，小镇规划要与地形地貌有机结合，融入山水林田湖等自然要素，彰显优美的山水格局和高低错落的天际线。因此特色小镇对于推进生态环境保护也具有重要的意义。

第四节　特色小镇的政策分析

特色小镇从浙江起步，成为从中央到地方都热衷填充概念并积极背书的热词，有其特定的历史背景。从中央的角度看，旨在通过特色小镇的建设，一方面促进供给侧结构性改革；另一方面通过示范，为更大范围的小城镇发展提供样板。从地方来看，在宏观经济进入新常态，GDP 增速以及实体经济进入下行通道的背景下，寻求中心城市以外的新的增长极，大力推进体验经济，是推进地方供给侧结构性改革、发展地方经济的重要选择。

一、政策出台的历史背景

任何一项政策的出台，都有其特定的时代和历史背景。特色小镇建设是一种新的新型城镇化模式，对于出台培育特色小镇的政策，主要基于如下几个方面的背景。

（一）中国宏观经济进入新常态

我国经济之所以四十年保持两位数的快速发展，是因为存在着快速发展的特定内外条件，如发展基础一穷二白、充分发挥后发优势、信息产业与网络经济的刺激、环境与人口的红利等。目前，中国经济的规模位列世界第二，面临着新的历史任务，既有的经济发展方式的历史使命已经完成。我国经济进入到一个新的历史时期，即人们所讲的"新常态"。新常态下的经济增长是由创新推动的，我国当前阶段的主要任务是通过创新调结构，追求经济增长的结构效应，即通过经济结构、产业结构、产品结构的提升带动经济发展。特色小镇在产业特色、文化特色以及体制机制创新等方面的目标，正是新常态下经济发展的重要路径。

（二）新型城镇化战略进入攻坚期

党的十九大报告指出，我国社会的主要矛盾已转化为"人民日益增长的美好生活需要和不平衡不充分的发展之间的矛盾"。中国城镇化格局区域差异显著，在"让一部分地区先富起来"战略的指导下，地区之间发展极不平衡，城镇化过程中的资本、人才等资源都向大城市、超大城市集中，如果放任这种趋势发展必将出现中小城市的弱化、小镇功能的退化以及乡村的凋敝。所以无论是从区域均衡产业布局，还是从振兴乡村角度，特色小镇都是一个承上启下的战略支点，是连接大中城市与农村的重要枢纽，能够承接中心城区人口和功能疏解，是有效分流农村富余人口的"蓄水池"；又能承担对农业农村的辐射带动功能，是促进农民就地就近城镇化和农业现代化的"发动机"。因此，特色小镇是城市和农村的双向渗透、双向发力且最具活力的"社会细胞"，也是新型城镇化战略进入攻坚期的"新样本"。

（三）央地财税改革进入深水区

新时代中国特色社会主义理论明确提出，要深入推进财税体制改革，加快建立现代财政制度。推动中央与地方财政事权和支出责任划分改革，加快制订中央与地方收入划分总体方案。例如作为税制改革中的一条主线索，"营改增"直接牵涉地方主体财源结构的重大变化。这种变化，当然要以央地财政关系的同步调整为前提。

针对当前中央与地方财政事权和支出责任划分不尽合理，通过减少并规范中央与地方共同的财政事权，保障和督促地方履行财政事权，并各自承担与事权相应的支出责任等举措，来合理划分中央与地方的财政事权和支出责任。特色小镇的建设，一方面是中央财政转移支付的一种政策手段；另一方面也是央地财税改革在新的产业领域的试水，通过模式的试点支持特色小镇建设，能发现并对未来央地财税改革的深层次问题进行有效的预警和制度完善。

（四）产业业态创新谋求新动能

著名美国未来学家阿尔文·托夫勒在《未来的冲击》一书中指出：未来经济将是一种体验经济，未来的生产者将是制造体验的人，体验制造商将成为经济的基本支柱之一。当前，随着智能技术的广泛应用，消费从传统的生存型、物质型开始走向发展型、服务型、体验型的消费阶段，娱乐、通信、教育、医疗、保健等领域的消费出现了裂变性增长，社会对物质文化生活提出了更高要求，"体验经济"已经成为重要的生产力，特色小镇已成为"体验经济"发展的重要平台之一。中国体验经济总量占 GDP 的比重超过 5%，参照 2016 年中国 GDP 总量，体验经济总值估计近 4 万亿元人民币，这说明体验经济具备庞大的市场空间。特色小镇的发展自然成为消费升级的重要载体之一，这恰好顺应了中国经济发展的时代"脉搏"。

（五）乡村传统文化传承面临危机

多年快速城镇化以及市场经济的高速发展，城市文化、现代文化、西方文化对我国乡村地区传统文化的冲击历史罕见。由于农村劳动力均向大中城市集中，农村地区普遍留下留守老人和儿童，生产力严重下降，导致我国乡村地区的各种古村落、古建筑得不到有效的保护，民俗民风、非物质文化遗产等面临凋敝之危。通过特色小镇尤其是旅游特色小镇的建设，能够在一定程度上截流或者回流部分投资与劳动力，农村地区的民俗民风也有其发挥的空间，实现传统文化的被动保护为主动保护。

二、政策出台的发展脉络

特色小镇的政策体系，总体上可以划分为政策的酝酿与准备期、中央政策出台期和地方政府的响应期三个阶段。

（一）政策酝酿与准备期

2003 年，习近平在浙江工作期间，便提出要抓好一批全面建设小康示范村镇。2005 年，习近平在浙江乌镇调研期间，提出要着力发展浙江省的一些具有地方特色的村镇。这些工作为今后特色小镇的发展奠定了实践经验基础。

"特色小镇"的概念是在 2014 年 10 月由时任浙江省省长的李强在参观云栖小镇时首次提出。2015 年，浙江省在召开"两会"期间，正式提出了特色小镇的概念，并将打造一批特色小镇作为全省的重点工作。同年 4 月，浙江省政府出台《关于加快特色小镇规划建设的指导意见》，明确了特色小镇规划建设的总体要求、创建程序、政策措施、组织领导等内容，并提出将在全省重点培育和规划建设 100 个左右的特色小镇。

2015 年 5 月，习近平总书记前往浙江进行调研，要求抓住"特色小镇"，总结一些可供全国推广的经验。2015 年 12 月，习近平总书记在中央财办《浙江特色小镇调研报告》上作出批示，强调抓特色小镇、小城镇建设大有可为，对经济转型升级、新型城镇化建设，都具有重要意义。

2016 年 2 月，党中央、国务院在《关于深入推进新型城镇化建设的若干意见》中，提出要发展特色县域经济，加快培育中小城市和特色小城镇，发展具有特色优势的魅力小镇。为特色小镇培育的文件出台奠定了基调。

2016 年 3 月，《中华人民共和国国民经济和社会发展第十三个五年规划纲要》明确提出要发展特色小城镇，"发展具有特色资源、区位优势和文化底蕴的小城镇，通过扩权增能、加大投入和扶持力度，培育成为休闲旅游、商贸物流、信息产业、智能制造、科技教育、民俗文化传承等专业特色镇"。

（二）中央政策的出台期

经过前期充分的酝酿与浙江多年的实践，国家正式出台关于培育特色小镇的相关政策，并迅速出台了第一批国家级特色小镇名单。此后，中国农业银行、国家开发银行、中国光大银行、中国建设银行等金融机构纷纷与住建部联合发声，积极提供特色小镇的金融支持。

2016 年 7 月，住建部、国家发改委、财政部联合发布《关于开展特色小镇培育工作的通知》，提出在全国范围内开展特色小城镇培育工作，到 2020 年要培育 1000 个左右各具特色、富有活力的特色小镇，并对特色小镇的产业、环境、文化、设施服务和体制机制提出了五大培育要求。

2016年10月14日，住建部公布了第一批127个中国特色小镇名单。同一天，住建部、中国农业发展银行联合发布《关于推进政策性金融支持小城镇建设的通知》。通知指出，中国农业发展银行各分行要积极运用政府购买服务和采购、政府和社会资本合作等融资模式，为小城镇建设提供综合性金融服务，并联合其他银行、保险公司等金融机构以银团贷款、委托贷款等方式，努力拓宽小城镇建设的融资渠道，进一步明确了农业发展银行对于特色小镇的融资支持办法。建立贷款项目库，申请政策性金融支持小城镇时，编制小城镇近期建设规划和建设项目实施方案且经政府批准后，可向银行提出建设项目和资金需求。

2016年12月12日，国家发改委、国家开发银行、中国光大银行等6个单位联合下发了《关于实施"千企千镇工程"，推进美丽特色小镇建设的通知》，要求各地发展改革部门强化对特色小（城）镇建设工作的指导和推进力度。要求国家发展银行、中国光大银行各地分行要以特色小（城）镇建设作为推进新型城镇化建设的突破口。号召企业事业单位与地方政府开展合作，积极进行特色小镇建设，强调要发挥市场的导向作用，鼓励社会组织和资本有效地参与到特色小镇建设上来。

2017年《政府工作报告》首次提出，要扎实推进新型城镇化，支持中小城市和特色小城镇发展。特色小镇建设由此上升为国家战略。

2017年2月，住建部、国家开发银行发布《关于推进开发性金融支持小城镇建设的通知》，重点支持以农村人口就地城镇化、提升小城镇公共服务水平和提高承载能力为目的的设施建设；支持促进小城镇产业发展的配套设施建设；支持促进小城镇宜居环境塑造和传统文化传承的工程建设。

2017年4月，住建部、中国建行共同发布《关于推进商业金融支持小城镇建设的通知》，表示中国建行将推出至少1000亿元意向融资额度，用来支持特色小镇、重点镇和一般镇建设。主要包括基础设施建设、工程建设和运营管理融资，以充分发挥中国建设银行的综合金融服务优势。

（三）地方政府的响应期

经过前期浙江的成功实践和国家的政策引导，特色小镇建设已成为现阶段新型城镇化建设中最为突出的载体和模式，是新一轮城镇化的"综合实验区"。随着国家对特色小镇的支持力度愈来愈大，地方政府纷纷响应，结合本地实际情况出台了一系列加快促进地方省市特色小镇建设的政策文件，大力推进特色小镇的建设，各地特色小镇建设进入高峰期。

河北省于2016年8月率先作为省级单位出台《关于建设特色小镇的指导意见》，提出要培育建设100个产业特色鲜明、人文气息浓厚、生态环境优美、多功能叠加融合、体制机制灵活的特色小镇，并明确要坚持高强度投入和高效益产出，每个小镇要谋划一批建设项目，原则上3年内要完成固定资产投资20亿元以上；广东省出台《广东省示范性特色小镇认定办法》，提出到2020年广东将建成约100个省级特色小镇，特色小镇的产业发展水平、创新发展能力、吸纳就业能力和辐射带动能力显著提高，成为新的经济增长点；甘肃省政府办公厅印发《关于推进特色小镇建设的指导意见》，明确重点建设18个特色小镇；福建省政府印发《关于开展特色小镇规划建设的指导意见》，要求建成一批产业特色鲜明、体制机制灵活、人文气息浓厚、创业创新活力迸发、生态环境优美、多种功能融合的特色小镇；贵州省委省政府提出建设100个示范小城镇的战略，建设一批旅游小镇、白酒小镇、茶叶小镇等各具特色的小城镇；2017年12月29日，浙江省质监局批准发布了全国首个"特色小镇"评定省级地方标准《特色小镇评定规范》，该标准提出了特色小镇的评定指标体系，由共性指标和特色指标组成，其中共性指标由功能"聚而合"、形态"小而美"、体制"新而活"3个一级指标构成；特色指标由产业"特而强"和开放性创新特色工作两个一级指标构成等等。在各省区市党委和省区市政府的支持下，各地市政府也相应作出响应，制定了一系列的落实措施、办法和标准，从规划、评定到运营，从产业项目招商到建设资金落实，确保特色小镇建设取得实效。

第三章　乡村振兴战略下特色小镇建设理论基础

第一节　产业集群理论

　　"产业集群"（Industrial Cluster）理论是 20 世纪 80 年代出现的一种西方经济理论，由美国哈佛商学院的竞争战略和国际竞争领域权威学者迈克尔·波特创立。其理论的核心是：在一个特定区域的特别领域，集聚着一组相互关联的公司、供应商、产业和专门化的制度和协会，这种区域集聚形成有效的市场竞争，构建专业化生产要素优化集聚洼地，从而使企业共享区域公共设施、市场环境和外部经济，降低信息交流和物流成本，形成区域集聚效应、规模效应、外部效应和区域竞争力。

　　集群作为一种经济现象在西方出现得比较早，最早可以追溯到亚当-斯密和马克思的分工协作理论，马歇尔（Alfred Marshall）的规模经济理论，韦伯（Alfred Weber）的产业区位理论和新产业区位理论，熊彼特（Schumpeter）的技术创新理论等。用"产业集群"一词对集群现象进行分析，首先出现于波特的《国家竞争优势》一书中。波特把产业集群定义为在某一特定领域内互相联系的、在地理位置上集中的公司和机构的集合，它包括一批对竞争起着重要作用的、相互联系的产业和其他实体经常向下延伸至销售渠道和客户，并侧面扩展到辅助性产品的制造商，以及与技能技术或投入相关的产业公司，还包括进行专业化培训、教育、信息研究和技术支持的政府和其他机构。产业集群是工业化过程中的普遍现象，所有发达经济体中都明显存在各种产业集群。国家竞争优势的获得关键在于产业的竞争，而产业发展往往体现为国内形成的有竞争力的产业集群。为此，波特从组织变革、价值链、经济效率和柔性方面所创造的竞争优势角度重新审视产业集群的形成机制和价值。波特认为产业在地理上的集中主要是竞争的结果，并提出了钻石模型。钻石模型的构架主要由四个基本的因素（要素条件；需求条件；相关及支撑产业；企业的战略、结构与竞争）和两个附加要素（机遇和政府）组成。

　　国内对产业集群的研究主要集中在对其机制、技术创新、组织创新、社会资本以及经济增长与产业集群的关系、基于产业集群的产业政策和实证研究等方面。值得注意的是，产业集群的缘起可以回溯到该地在特定历史情景下，产业集群一旦形成，就会出现连锁反应，因果关系也很快变得模糊。整个流程大量仰赖钻石体系中各个箭头的效能，或回馈功能的表现。在一个健全的产业集群中，企业数目达到最初的关键多数时，就会触发自我强化的过程。这种自我强化的效应出现是在产业集群的发展具备一定的深度和广度后，通常需要10年甚至更长的时间。因此，政府不能试图创造全新的产业集群，新的产业集群最好是从既有的集群中萌芽，这也为特色小镇的产业发展提供了一个理论思维，即特色小镇不是凭空造出来的，一定是基于一定的资源禀赋或者市场偏向，在市场的不断发育过程中孕育出来的，过分强调政府的培育，可能并不能达到政策的预期。

产业集群作为一种组织形式，其发展与产业结构调整、技术创新以及国家和地方经济发展关系十分密切。我国已经进入产业集群与产业竞争力密切关联的阶段，这种关联将随着时间的推移而逐步加强。随着我国产业结构的调整和升级、较高技术含量和附加价值高的制造业的发展，装备产业将迎来重要的发展机遇，特色小镇能否抓住这个历史机遇取决于地方政府能否通过改革、市场发育、技术创新，形成新的专业化分工体系，实现由传统工业区向市场经济意义上的产业集群的转变，因此在对特色小镇进行产业规划时，一定要考虑产业集群效果，在区域经济发展上要从产业集群创新方面探寻新思路。

从特色小镇的特点来看，正是基于某一特色产业的优势才得以推进实施，它的理论基石是产业集群理论。从本质上说，产业集聚理论为特色小镇对区域经济的推动作用提供了规范的理论基础和科学的解释。特色小镇与传统的行政区块划分或者单独设立产业园区不同，它强调的是以产业集聚区或者产业集群作为空间边界。产业集群是特色小镇建设的核心概念之一，产业集群理论是特色小镇建设的核心理论之一。特色小镇的特色是产业特色。特色小镇的建设，应该依托当地的产业资源以及当地的特色产业，升级传统的产业集群。特色小镇的核心仍是企业竞争，根据波特提出的钻石模型，政府应扮演好优化企业环境的角色，可以通过招商引资，合理引导具有一定规模的企业、组织等加入特色小镇建设，也需要做好特色小镇宜居环境的建设，引入大学等研究机构，吸引创新人才的进入，为产业营造更好的创新环境，从而促进产业创新，突破发展的瓶颈。此外，政府要赋予企业、组织足够的自由度，破除企业在发展过程中的各种制度性障碍，保障组织发展的科学性。

第二节　增长极理论

"增长极"（Growth Pole）理论也与产业集群的形成紧密相关。增长极概念及其理论是由法国经济学家朗索瓦·佩鲁（F. Perroux）在 20 世纪 50 年代提出来的。佩鲁在其 1950 年的《经济空间：理论的应用》和 1955 年的《略论发展极的概念》等著述中，提出以"增长极"为标志的不平衡增长理论。他指出"增长并非同时出现在所有地方，它以不同的强度首先出现在一些增长点或增长极上，然后通过不同的渠道进行扩散，并对整个经济产生不同的最终影响"。

在这一理论里，佩鲁引入了"推动性单位"和"增长极"的概念。所谓"推动性单位"就是一种起支配作用的经济单位，当它发展或创新时，能诱导其他经济单位增长。推动性单位可能是一个工厂或者是同部门内的一组工厂，或者是有共同合同关系的某些工厂的集合。佩鲁认为推动性单位具有三个特点：（1）新兴的、技术水平较高的、有发展前景的产业；（2）具有广泛市场需求直至国际市场需求的产业；（3）对其他产业有较强的带动作用的产业。而所谓"增长极"是集中了推动性单位的特定区域。增长极本身具有较强的创新能力和增长能力，并通过外部经济和产业关联的乘数扩张效应，推动其他产业的增长，从而形成经济区域和经济网络。增长极的形成至少应该具备三方面的条件：一是在一个地区内存在具有创新能力的企业群体和企业家群体。因为经济发展的重要动力是少数有冒险精神、勇于革新的企业家的创新活动。二是必须具有规模经济效益。增长极地区除了有创新能力及其主体外，还需要有相当规模的资本、技术和人才存量，通过不断投资扩大经济规模，提高技术水平和经济效益，形成规模经济效益。三是要有适宜经济发展的外部环境。外部环境主要包括完善的基础设施条件、良好的市场环境和适当的政策引导。只有良好的投资和生产环境，才能集聚资本、人才和技术。在此基础上形成生产要素的合理配置，使经济得到快速增长进而成为起带动作用的增长极。

佩鲁的增长极理论将增长极构筑在抽象的经济空间基础上，忽视了增长的地理空间；同时只强调增长极的正面效应，而忽视了它的负面效应。在佩鲁之后，布代维尔、赫希曼、缪尔达尔以及弗里德曼等人对增长极理论做了修正与完善。1972 年，布代维尔把佩鲁增长极概念的内涵从经济空间拓展到地理空间，并从经济理论延伸到经济政策。布代维尔认为，经济空间既包括经济变量之间的结构关系，也涵盖经济现象的地域结构或区位关系；增长极可以是部门的，也可以是区域的，并正式提出"区域增长极"概念。

1958 年，赫希曼提出了区域非均衡增长的"核心区—边缘区"理论。赫希曼指出，经济进步并不同时在每一处出现，而一旦出现，巨大的动力将会使得经济增长围绕最初出发点集中，使该地区的经济增长加速，最终形成具有较高收入水平的核心区，与核心区相对应的周边的欠发达地区称为边缘区。赫希曼认为核心区对边缘区同时具有正面和负面的影响，即增长极对周围欠发达地区发展具有推动和促进作用，称为"涓流效应"；而增长极对周围欠发达地区发展的阻碍作用或不利影响，称为"极化效应"。1944 年，缪尔达尔指出，经济发展在地域上并非同时产生和均匀扩散，而是通过回波效应和扩散效应以平衡的形式实现。回波效应指劳动力、资本、技术等要素因报酬差异由欠发达地区向发达地区流动；扩散效应体现在前向、后向、旁侧经济关联效应以及产业外迁、资金、科技、文化、信息等"外溢"对周围地区的带动和示范效应上。

特色小镇建设是经济新常态下加快区域创新发展的战略抉择，也是推进新型城镇化和供给侧结构性改革的创新载体，特色小镇应被打造成区域的增长极。特色小镇的打造应尊重其经济基础，利用好资源优势，政府应高起点规划，要努力将特色小镇打造成区域的增长极，避免被其他增长极边缘化。为此，政府要提供全方位的保障，充分发挥政策的集成效应和激励导向，加大土地、资金、人才等方面的政策扶持力度，在资源有限的情况下，将人才、资金等资源要素吸引到特色小镇里。同时，特色小镇应发挥其扩散效应和涓流效应，促进周边地区的发展。

第三节　中心地理论

中心地理论产生于 20 世纪 30 年代初西欧工业化和城市化迅速发展时期，是 1933 年由德国地理学家克里斯泰勒在《德国南部的中心地》一书中提出的，是通过对南部德国的城市区域空间分布的实际状况进行概括和提炼而提出的。该理论的核心思想是：中心地的等级层级结构，即城市是其腹地的服务中心，根据所提供服务的不同档次，各城市之间形成有规则的等级均匀分布关系。

克里斯泰勒创建中心地理论是建立在"理想地表"之上，这一地表为均质区域，一点与其他任一点的相对通达性只与距离成正比，而不管方向如何，均有一个统一的交通面；同时生产者和消费者都属于经济行为合理的人，即生产者为谋取最大利润，寻求掌握尽可能大的市场区，致使生产者之间的间隔距离尽可能地大；消费者为尽可能减少旅行费用，都自觉地到最近的中心地购买货物或取得服务。基于这一假设，克里斯泰勒认为城市体系在空间上构成一个正六边形的关系，上一等级的中心地处于下一等级的中心地的中心，与下一等级的中心地构成一个蜂窝状的空间关系，而各级中心地的数目亦有所不同，高等级的中心地数量多于次级中心地。

中心地可以表述为向居住在它周围地域（尤指农村地域）的居民提供各种货物和服务的地方。中心地提供的商品和服务的种类有高低等级之分。根据中心商品服务范围的大小可分为高档消费品、名牌服装、宝石等高级中心商品和小百货、副食品、蔬菜等低级中心商品。提供高级中心商品的中心地为高级中心地，反之为低级中心地。克里斯泰勒提出：（1）中心地的等级由中心地所提供的商品和服务的级别所决定。（2）中心地的等级决定了中心地的数量、分布和服务范围。（3）中心地的数量和分布与中心地的等级高低成反比，中心地的服务范围与等级高低成正比。（4）一定等级的中心地不仅提供相应级别的商品和服务，还提供所有低于这一级别的商品和服务。（5）中心地的等级性表现在每个高级中心地都附属几个中级中心地和更多的低级中心地，形成中心地体系。

克里斯泰勒还提出了支配中心地体系形成的三个原则，分别是市场原则、交通原则和行政原则。在不同的原则支配下，中心地网络呈现不同的结构，而且中心地和市场服务区大小的等级顺序有着严格的规定，即按照所谓 K 值排列成有规则的、严密的系列。按照市场原则，高一级的中心地应位于低一级的三个中心地所形成的等边三角形的中央，从而最有利于低一级的中心地与高一级的中心地展开竞争，由此形成 K=3 的系统。按照交通原则，次一级中心地会位于联结两个高一级中心地的道路干线上的中点位置。行政原则这种布局方式与上述两种布局方式相比最大的不同点在于：各中心地的服务地范围具有明确界线，互不补充，经济区和行政区保持一致。各级行政区都由位于六边形中心点的行政中心管理，基层行政中心位于六边形的各角。在三原则中市场原则是基础，而交通原则和行政原则可看作是在市场原则基础上形成的修改。

中心地理论的另一个开创者是廖什。1940 年，德国经济学家廖什发表了《经济空间秩序》一书，提出了与克里斯泰勒中心地理论极其相似的中心地模型。两个理论虽然有许多相同之处，但也存在差别。假设方面，克里斯泰勒只强调人口有规律地分布，但廖什的模型中市场区六边形结构具有经济理论基础，同时考虑了人口和需求因素，通过商品的显性成本和需求曲线来界定市场区，从而获得每个部门的空间均衡。廖什的模型属于非等级系统，并且高级中心地不一定具有低级中心地所有的职能，即使是同一等级的中心地供给的商品也可能不同。故商品的流向并不一定全是从高级中心地流向低级中心地，也有可能从低级中心地向高级中心地供给商品，并且同一等级的中心地由于中心职能的专业化，可以互相供给商品。

我国在城市化发展的过程中也出现城市人口密集、空气污染、交通不便、物价高等现象。同时还存在乡村发展停滞、农村人口大量流入城市、土地闲置、村庄荒芜、城乡差距增大等问题，这些问题也亟待解决。我国城镇体系是在传统城市基础上发展起来的，而传统城镇兴起是符合中心地体系的，为此特色小镇的发展将是连接城乡均衡发展的重要节点。特色小镇可以结合城乡的优点，发挥城市、乡村各自的吸引力，以较小的规模，集中所有的土地，以特色的产业、优美的环境，为各阶层人民打造健康舒适的生活。特色小镇要建设完成配套的饮食、住宿、娱乐、交通等基础设施满足小镇居民食、住、行、乐的生活要求，同时应提供高效、快速的互联网等配套公共服务设施，便于特色小镇与周边区域的联系。

第四节　复杂适应系统理论

复杂适应系统（Complex Adaptive Systems，CAS）理论，也被称为复杂性科学（Complexity Science），是 20 世纪末兴起的前沿科学之一。它由比利时科学家普利戈津首先把"复杂性科学"作为经典科学的对立物和超越者提出来的，"在经典物理学中，基本的过程被认为是决定论的和可逆的"。"复杂性科学"的概念对复杂适应系统的定义也是"复杂"的，至今尚无统一的公认定义。对复杂适应系统的研究将实现人类在了解自然和自身的过程中认知上的飞跃。其基本思想是：CAS 的复杂性起源于其中的个体的适应性，正是这些个体与环境以及与其他个体间的相互作用，不断改变着它们的自身，同时也改变着环境。CAS 最重要的特征是适应性，即系统中的个体能够与环境以及其他个体进行交流，在这种交流的过程中"学习"或"积累经验"，不断进行着演化学习，并且根据学到的经验改变自身的结构和行为方式。各底层个体通过相互间的交互、交流，可以在上一层次，在整体层次上凸显新的结构、现象和更复杂的行为，如新层次的产生、分化和多样性的出现，新聚合的形成，更大的个体的出现等。

复杂适应系统是由适应性主体相互作用、共同演化并层层涌现出来的系统。霍兰围绕适应性主体这个最核心的概念提出了复杂适应系统模型应具备的七个基本特性，分别是聚集、非线性、流、多样性、标志、内部模型以及积木。其中前四个是复杂适应系统的通用特性，它们将在适应和进化中发挥作用；后三个则是个体与环境进行交流时的机制和有关概念。

复杂适应系统理论是现代复杂系统科学的一个新的研究方向，为第三代系统观，突破了把系统元素看成"死"的、被动的对象的观念，引进具有适应能力的主体概念，从主体和环境的互动作用去认识和描述复杂系统行为，开辟了复杂系统研究的新视野。20世纪70年代，第一代系统观被提出，这一时期所说的"系统"，是以机器为背景的，部分是完全被动的、"死"的个体，其作用仅限于接受中央控制指令，完成指定的工作。任何其他动作或行为都被看作只起破坏作用的消极因素（噪声），在应当尽量排除之列。这保证了它在工程领域的成功应用，但也使得它在生物、生态、经济、社会这类以"活的"个体为部分的系统中的应用遭遇瓶颈。20世纪90年代以来，人们认为个体的运动不是随机的布朗运动，而个体是有自己的目的、取向，会学习和积累经验，会改进自己的行为模式的"活的"主体，由此形成第三代系统思想。1984年在美国新墨西哥州成立了以研究复杂性为宗旨的圣塔菲研究所，研究人员把社会经济、生态、神经及计算机网络等的系统称为"复杂适应系统"，认为在这些进化系统中存在一般性的规律控制系统的行为和演化。

1994年在圣塔菲研究所成立十周年之时，霍兰在多年复杂系统研究的基础上，提出了以进化的观点认识复杂系统，形成了复杂适应系统比较完整的理论。其基本思想可以这样来概括：把系统中的成员称为具有适应能力的主体，简称为主体；所谓具有适应性，就是指它能够与环境以及其他主体进行交互，在这种持续不断的交互过程中，不断地"学习"或"积累经验"，并根据学到的经验改变自身的结构和行为方式，整个宏观系统的演化，包括新层次的产生、分化和多样性的出现等，都是在这个基础上逐步产生出来的。他认为复杂适应系统都有通用的个四特性和三个机制。四个特性是聚集、非线性、流、多样性；三个机制是标识机制、内部模型机制、积木机制。通过这七个基本点的适当组合可以派生出复杂系统的其他性质和特征。聚集指个体可以相互粘住，形成更大的多个体的聚集体，新聚集体如同个体般运动，如在市场经济条件下消费习惯与消费群体的形成。非线性指个体以及它们的特性在变化时，不完全遵循线性关系，涉及非线性因素。流指个体之间在信息、能量和物质交换过程中以及市场主体的经济交换过程中出现的信息流、能量流、物流、货币流等。多样性指个体之间存在差异性，而且有不断分化和扩大的趋势。标识指帮助进行信息识别和选择的指示。内部模型指复杂系统内部可分为多个层次，由低级层次组合产生高级层次，每个层次都可视为一个内部模型。积木指形成复杂系统的基本构件和简单个体。

复杂适应系统理论认为系统演化的动力本质上来源于系统内部，微观主体的相互作用生成宏观的复杂性现象，其研究思路着眼于系统内在要素的相互作用，所以它采取"自下而上"的研究路线；其研究深度不限于对客观事物的描述，而是更着重于揭示客观事物构成的原因及其演化的历程。复杂适应系统建模方法的核心是通过局部细节模型与全局模型的循环反馈和校正，来研究局部细节变化如何凸显整体的全局行为，其模型组成一般是基于大量参数的适应性主体，其主要手段和思路是正反馈和适应，其认为环境是演化的，主体应主动从环境中学习。正是由于以上这些特征，CAS 理论具有了其他理论所没有的、更具特色的新功能，提供了模拟生态、社会、经济、管理、军事等复杂系统的巨大潜力。

复杂适应系统理论的核心是主体。在特色小镇这个系统中，主体就是人。特色小镇能够脱颖而出，优于其他城市模式，是小镇的人和外部环境共同作用的结果。在特色小镇中，各种各样的异质主体之间存在非线性作用，甚至是无序的互动，因而会产生各种"隐秩序"，从而形成"特色"，这一过程充满"不确定性"。浙江省所有的特色小镇都不是政府规划出来的，而是涌现出来的，它也有一些能够"确定"的东西，即它们必定存在"差异"，必定有"创新"，必定是"绿色"的，必定是能够"协同互补"，必定是"能体验"的。

根据复杂适应理论，经济组织的各种复杂性是因为它们是由不同的异质主体的变异性、主动的适应性和相互作用共同产生涌现形成的。在特色小镇里，产业和空间的活力源于其个体的自适应性所形成的自组织性，因此政府管理小镇，是要激励企业去创立小镇，而不是取代，更不能取代企业家的功能。仇保兴根据复杂适应理论，提出了评价特色小镇的自组织、共生性、多样化、强连接、产业集群、开放性、超规模效应、微循环、自适应、协同十大标准，这十大标准的提出，对各地特色小镇的创建具有重要的指导意义。

第四章 特色小镇发展历程及现状分析

第一节 特色小镇发展历程

一、工业化初期：农业特色镇阶段

（一）时代背景

"一村一品"运动起源于日本大分县，由大分县前知事平松守彦先生于1979年倡导发起，后来逐渐成为许多发展中国家振兴农村经济的重要途径。"一村一品"是指在一定区域范围内，以村为基本单位，按照国内外市场需求，充分发挥本地资源优势，通过大力推进规模化、标准化、品牌化和市场化建设，使一个村（或几个村）拥有一个（或几个）市场潜力大、区域特色明显、附加值高的主导产品和产业。1983年8月，平松守彦先生在上海进行关于"一村一品"的演讲，后来，"一村一品"概念逐渐渗透到我国的经济发展过程。

20世纪80年代中期，在家庭联产承包责任制全面实施背景下，各地出现大量种养业、农产品加工专业户，进而出现了许多农业专业村和农业专业乡镇。80年代后期，一些省份通过借鉴日本的"一村一品"经验，结合当地资源优势、农业优势和生产优势大力发展生产、庭院经济，此时，一大批农业特色镇逐渐成长起来。

20世纪90年代，随着农村经济结构调整和农产品流通机制改革的深化，农业开始由单纯的生产向加工、营销等领域延伸，东部地区出现了大量的第二、第三产业外向型农业以及多种经营的专业村镇，中西部地区紧随而行，专业化和规模化程度逐渐达到较高的水平。一些合作社、龙头企业逐渐将其生产基地设立于专业村、专业镇中。

21世纪初，各级政府和农业部门紧紧围绕农业增效、农民增收目标，积极推进优势农产品区域布局，加快优势农产品产业带建设，提高农产品竞争力，为"一村一品"的发展带来了重大机遇。2007年开始，各地按照中共中央、国务院《关于积极发展现代农业扎实推进社会主义新农村建设的若干意见》中关于支持"一村一品"发展的要求，积极实施发展现代农业"十大行动"。各省份把"一村一品"纳入当地农村经济发展规划，将粮食直补、良种补贴、农资综合补贴、农机具购置补贴、生猪补贴等资金向"一村一品"专业村倾斜；各省份出台指导性文件，陕西、江西、广东、安徽等省还安排了"一村一品"专项资金，绝大多数省份开展了产品展示、品牌推介、典型宣传等活动，营造"一村一品"发展的良好氛围。陕西省制定了《实施"一村一品"千村示范万村推进工程规划》，明确了总体目标，成立了领导机构，出台了扶持措施。江西省设立农业产业化"一村一品"担保资金，出台了《江西省"一村一品"示范点融资担保试点方案》等。

在中央和各地政府的积极推动下，我国"一村一品"农业特色专业镇进入快速发展阶段。专业镇数量以较高的增长率快速增长，农村的整体经济实力逐步增强，各地主导产业基地规模随之扩大，为当地提供了大量的就业机会，参与专业镇建设农民的收入明显增长。

"一村一品"的快速发展培育了一大批各具特色的专业村镇，许多村镇主导产业逐渐壮大，有效带动了自身及周边农产品加工、储藏、包装、运输等相关产业发展。一些专业村镇抢抓市场机遇，充分发掘农业的休闲观光、文化传承、生态保护等功能，积极发展乡村旅游、民俗文化产业、生态特色农业；还有一些村镇敏锐察觉到市场新变化，顺应市场销售模式的改变，将先进要素及时引入，积极发展电子商务、网络营销等新兴业态，促进了农村一、二、三产融合发展。实践证明，"一村一品"作为一种有效的农业农村经济发展模式，在推动特色现代农业建设、加快农村经济繁荣、推进脱贫致富、发展县域经济、促进农民就业增收等方面发挥了独特而重要的作用。

（二）阶段特征

1.产业领域不断拓宽，总体规模稳中有增

以种植业为主的"一村一品"正逐步向种植业、养殖业、休闲观光农业、农产品加工等农业服务业及非农产业转变，产业领域覆盖面逐渐拓展。全国近5万个专业村中的主导产业除了种植业，还包括农产品加工运销、休闲农业等涉农服务专业村，以及各类非农产业专业村。各地各级部门通过引入多方资金，有效壮大主导产业生产基地，实现了规模化生产。

2.地域特色日益明显，产业优势突出

农业特色镇依托各地资源禀赋，开发出极具地方特色的产品并不断发展壮大。如陕西省已基本形成了以奶畜、秦川牛、强筋小麦、特色蔬菜为主的关中农业产业带，以苹果、奶山羊、特色蔬菜为主的渭北农业产业带，以名优杂粮、白绒山羊、大红枣为主的陕北农业产业带，以中药材、瘦肉型猪、桑蚕、茶叶、食用菌、"双底"油菜为主的陕南特色产业带。以"一村一品"的发展模式，各村相互合作、协同，在空间上联通产业链，形成多条具有地域特色的农业特色产业带，产业优势更加突出。

3.龙头企业带动作用显著，不断创新协作模式

充分发挥农民主体作用，积极培育和壮大龙头企业、农民专业合作社等市场主体，激发多层级主体的生产活力。21世纪初，通过龙头企业、专业市场及农民专业合作经济组织渠道的产品销售额已经占主导产品销售总收入的70%以上，并且保持着逐年增大的趋势。龙头企业的带动作用显著，提升了产业组织化程度，进而形成"龙头企业+"的协作模式，如以山东诸城外贸集团公司为代表的肉鸡加工龙头企业，通过"公司+农户""公司+养殖场+农户"等形式，带动15万户农民从事肉鸡养殖。

二、工业化中期：工业专业镇阶段

（一）时代背景

自20世纪80年代开始，工业专业镇先后诞生于浙江省和广东省，是当地专业镇经济腾飞的重要战略平台。专业镇的崛起既加快了农村工业化步伐，又提高了居民的收入水平。浙江省工业专业镇的形成为浙江经济带的崛起奠定了基础。《广东省专业镇技术创新试点实施方案》印发文件在分析了广东镇区经济情况的基础上，提出了专业镇的概念和具体内涵。乡镇企业的发展使广东省镇区工业体系基本建立。在传统制造业优势的支持下发展起来的专业镇在广东专业镇总数中占有较大的比重，这种类型的专业镇本身具有某种产业的生产基础和优势。顺德、东莞、南海等城镇集聚了一批较具规模的乡镇企业，形成了繁荣的专业性产品和生产要素市场，并带动了运输、信息、商业服务等第三产业的发展，成为当地经济的集聚中心和辐射中心。广州召开全省专业镇转型升级工作部署会，并就汪洋书记提出的"一镇一策"转型升级政策进行工作部署，力争通过"一镇一策"的制定和实施加快促进专业镇的产业结构优化升级。

21世纪初，安徽省政府做出建设产业集群专业镇的决策部署，分四批认定了189个省级产业集群专业镇，2017年全省新认定24个产业集群专业镇，省级产业集群专业镇的数量达到213个。经过多年努力，通过产业集群专业镇的建设与发展，开辟了工业化的新途径，开创了经济发展的新天地，找到了对外开放的新载体和城镇化发展的新动力，发展取得了明显成效。

（二）阶段特征

1.产业主导型突出，产业结构待升级

大多数工业专业镇以起点较低的制造业为主导产业，行业的技术门槛不高，市场需求变化快，产品生命周期短。单一或类似产业的集聚具有规模效应但是产品同质性较强，产业结构单一，产业链过于集中，存在某一环节市场占有率

较高的情况。单一的产业结构具有较低的抗风险能力，无法快速对市场变化做出应对。由于对产业链上其他环节存在需求，工业专业镇往往依靠其他区域的服务供给满足自身需求，购买过程中存在交易、交通、人力等费用，间接提高了成本，因此产业链需要拓展，产业结构需要升级。

2.具有较为明显的网络组织特征

集聚了众多企业的专业镇是一种生产网络、销售网络和社交网络。其中，生产网络包括企业之间的水平合作与垂直合作。例如分包联系是工业专业镇内各企业之间比较普遍的一种生产联系。专业镇中的中小企业网络帮助减少企业之间、人员之间的非正规交易费用，减少学习成本，有利于形成区域产业优势和协同效应，基于信任逐渐形成的社交网络促使专业镇发展成为交易密集区域，构筑起多层次的营销网络。

3.历史和文化传承色彩浓厚

无论是生产加工型专业镇，还是商贸流通型专业镇，无不具有强烈的历史和文化的传承性。手工业的历史发展，为专业镇的形成提供了技术、设备和人力资本积累，并培育出一支庞大的企业家和劳工队伍。具有百工技艺的民间企业家的创业精神和示范效应，以及拥有精明灵活、重利务实、注重市场、勇于创新、善于竞争、自强不息等经营素质和经商传统的营销队伍，是专业镇形成的重要内在条件。而地方政府、中介组织、技术信息服务机构等多层次服务体系的构建，则成为专业镇成长的外部支撑条件。

三、工业化后期：服务业特色镇阶段

（一）时代背景

20世纪末开始兴起"小镇+服务业"的模式，旅游休闲、历史文化等特色产业与小镇实现快速融合发展。与工业特色镇类似，服务业特色镇的实质是服务产业集聚区，主要依托当地旅游文化资源，大力发展旅游业、文化创意产业等服务业。"小镇+服务业"是乡村旅游的产业化成果，通过整合当地自然景观、劳动力等资源，以产业化体系为框架、以小镇为地域范围，完善了当地旅游服务的系统化建设。云南省人民政府下发了《关于加快旅游小镇开发建设的指导意见》，要求以各种资源和要素的有效集聚，促进小城镇建设。旅游小镇是以旅游服务业为主导产业的特色镇，是工业化后期阶段服务业特色镇的主要形式。

随着时代的变迁，服务产业体系越发庞大，信息软件、科技金融等现代服务业成为服务业体系的主力军，各地争相出台政策打造以服务业为主导产业的特色镇。山东省印发的《山东省现代服务业集聚示范区认定培育办法（试行）》

指出将重点培育以旅游休闲、文化创意、信息软件、科技创业、金融等为主要内容的现代服务业集聚示范区，优先支持生产性服务业特色产业集群转型升级示范。

党的十九大提出，贫穷落后中的山清水秀不是美丽中国，强大富裕而环境污染同样不是美丽中国。只有实现经济、政治、文化、社会、生态的和谐发展、持续发展，才能真正实现美丽中国的建设目标。要实现美丽中国的目标，美丽乡村建设是不可或缺的部分。以乡村旅游为主的服务业特色镇是美丽乡村建设的重要任务，现代服务业特色镇的建设则能弥补新时代新兴产业的发展空间以及城市服务供给的不足。大力推动服务业特色小镇建设，培育一批产业特色鲜明、文化底蕴浓厚、生态环境优美、富有生机活力、示范效应明显的服务业特色镇，可以为服务业特色发展、集聚发展、创新发展探索经验，并发挥示范引领作用。

（二）阶段特征

1.以乡村旅游为主导产业，以服务业为新兴产业

旅游业一般是由美丽乡村衍生出的基础产业。秀美的自然风光吸引游客游玩、居住于此，引起服务需求，服务业人驻当地，以旅游服务业为主导产业的特色镇被称为"服务特色镇"。服务特色镇依托当地旅游资源和历史文化，衍生出现代服务业，形成以乡村旅游为核心，以多样服务为辅助的放射型环状产业结构。服务产业属于第三产业，其增加值远高于农业，因此服务特色镇是乡村经济发展的有力推手。

2.以服务业为主导产业，兼顾自身发展和服务职能

从产业维度来看，服务业特色镇以服务业为主导产业，是服务业的产业集聚区，着重发展与旅游相关的服务产业，如住宿、餐饮、大健康服务等。从城市维度来看，服务业特色镇还承担为周围城市、区域提供各类服务的功能，主要提供生活性服务，包括餐饮、休闲娱乐等服务内容。

四、后工业化时期：特色小镇阶段

（一）时代背景

1.省级战略萌生

2015年1月，浙江省正式提出创建特色小镇，并初步界定了特色小镇的含义——相对独立于市区，具有明确产业定位、文化内涵、旅游和一定社区功能的发展空间平台，区别于行政区划单元和产业园区。2016年1月，浙江省共有79个特色小镇列入省级创建名单。

2.国家战略初定

2016 年，特色小镇受到国家高度重视，被赋予特殊的战略意义，在推动新型城镇化、促进产业结构调整、带动农村发展等方面起着重要作用。

2016 年 3 月，"十三五"规划纲要提出"因地制宜发展特色鲜明、产城融合、充满魅力的小城镇"；2016 年 7 月，住建部、国家发改委、财政部联合发布《关于开展特色小镇培育工作的通知》，指出 2020 年打造 1000 个左右各具特色、富有活力的特色小镇，带动小城镇全面发展；2017 年政府工作报告也明确提出支持中小城市和特色小城镇发展。特色小镇成为推进新型城镇化，促进大中小城市和小城镇协调发展的纽带，各省份纷纷出台政策，推进特色小镇的建设发展。2016 年 10 月，国家发改委发布特色小镇建设指导意见，明确强调防止照搬照抄，要突出小镇之"特"。

3.国家战略深化

党的十九大报告提出"乡村振兴"战略，强调农业农村农民问题是关系国计民生的根本性问题，提出"产业兴旺、生态宜居、乡风文明、治理有效、生活富裕"的总要求，提出建立健全城乡融合发展体制机制和政策体系。虽然没有明文提出特色小镇建设任务，但是不可否认的是，美丽乡村特色小镇建设是实现十九大乡村振兴战略的有力推手。

随着国家战略赋予特色小镇使命的深化，特色小镇的内涵有所拓展。现阶段的特色小镇是"小镇+新经济体"的组合。特色小镇以形态、产业构成、运行模式等方面的创新，成为城市修补、生态修复、产业修缮的重要手段。小镇内部的新产品、新结构、新创业生态取决于城市的创新环境以及城市所提供的公共服务。目前特色小镇的打造模式可分为三种：一是将原来没有特色的小镇改造成新奇的特色小镇；二是在原有的单一功能区、空城里面植入特色小镇，弥补其原有的不足；三是将特色不足的小镇，升级改造成为有新奇产业、新奇特色的小镇。

（二）阶段特征

1.空间集中连片，统一规划、统一建设

在规模上，特色小镇要求规划空间要集中连片，规划面积控制在 3~5 平方公里（不大于 10 平方公里），建设面积控制在 1 平方公里左右，建设面积不能超出规划面积的 50010，居住人口控制在 3 万~5 万人。这是特色小镇的共性要求，但是很多特色小镇，尤其是旅游型和旅游+产业型的特色小镇，因其地形地势结构或者发展旅游特色，往往需要更多的面积支撑其发展，包括纳入风景区、产业园区、田园综合体等较大规模项目。空间的连续性要求以宏观的角度完成小镇的统一规划、统一建设，以达到融合、协调的效果。

2.产业主体特色明显，服务配套要求较高

特色小镇的实质是一个产业的空间载体，因此特色小镇的建设必须与支撑其发展的特色产业的规划统筹相结合。特色小镇在产业发展方向上，更多地以新兴产业、第三产业或是多产业融合为导向，强调创新、绿色、协调发展，而非追求单一规模经济效应。

3.突出以人为本建设理念，以产城融合为导向

特色小镇以居民为主体，强调特色产业与新型城镇化、城乡统筹的结合，是一种产业与城镇建设有机互动的发展模式；追求综合产业建设、社区居住和生活服务等空间上的功能，要求特色小镇整体上协调、和谐，营造浓郁的生活氛围。

第二节　特色小镇发展现状

一、国家特色小镇发展环境分析

特色小镇的发展与环境之间是双向互动关系，其发展既受限于周围的环境，又影响周围的环境。本节进一步探讨特色小镇所处的经济社会环境。

（一）区位条件

1.与所在区县的距离

与特色小镇经济社会往来最密切的一般是小镇所在的区县。小镇与区县的交往是双向的，根据我国城市规划的特征，公共服务设施往往是分级设置的，居于小镇的人会到县城就医、购物，接受教育、培训、医疗等服务；居于县城的人会到小镇旅游观光（大多数小镇发展了旅游业）。同时对于企业来说，区县有企业需要的各项服务如会计服务、法律服务等。因此距离区县近的小镇"可进入性较强"，包括游客、企业和小镇发展所需的人才。

利用"百度地图"的测距功能测量了特色小镇的镇政府所在地到区县政府所在地的距离。第一批特色小镇中，大多数小镇到区县的距离在50公里以内，国道开放区的限速为70公里／小时，考虑到道路情况和地势情况，大多数小镇到区县的时间在1个小时以内。距离在10公里以内的有26个小镇，占比为20%；30公里以内的有99个小镇，占比为78%；有3个小镇到区县的距离超过80公里，是由于新疆和内蒙古两省份地域辽阔，县域范围较大。第二批特色小镇中，大多数小镇到区县的距离仍在50公里以内，距离在10公里以内的有61个小镇，占比为22%；30公里以内的有99个小镇，占比为36%；有4个小镇到区县的

距离超过 80 公里。总体来看，第二批特色小镇到区县的距离相对较近，区位优势较明显。

2.与重要交通节点的距离

重要的交通节点包括火车站和机场，两者均具备客运和货运的功能，是衡量特色小镇对外开放性和便捷性的一个指标。在首批特色小镇中，一些制造业小镇其产业在国内市场占有很高的份额，还远销海外，需要通过交通节点向外运输货物；另外一些小镇主要发展旅游业，其市场腹地是面向全国的，游客到达小镇也需要经过这两个交通节点。到火车站和机场的距离越近，小镇在发展过程中可开拓的市场范围越广。

利用"百度地图"的测距功能测量了小镇政府所在地到地级市火车站的距离（一些县级市也有火车站，但级别较低，可到达的区域有限）和民航机场的距离，火车站和机场根据最近原则选取，可能位于其他市。第一批特色小镇到火车站的距离均值为 53.51 公里；在 30 公里以内的有 42 个，占比为 33.1%；60 公里以内的有 92 个，占比为 72.4%；有 5 个小镇到火车站的距离在 150 公里以上，主要位于新疆、内蒙古、青海、云南等火车线路密度较低的城市。第一批特色小镇到机场距离的均值为 60.17 公里；在 40 公里以内的有 35 个，占比为 27.6%；80 公里以内的有 89 个，占比为 70%；有 6 个小镇到机场的距离在 150 公里以上，主要是位于内蒙古、湖南、青海、重庆、新疆和云南的小镇。

第二批特色小镇到火车站距离的均值为 63.65 公里；在 30 公里以内的有 77 个，占比为 27.9%；60 公里以内的有 178 个，占比为 64.5%；有 13 个小镇到火车站的距离在 150 公里以上，主要是位于黑龙江、内蒙古、新疆、西藏、云南的边境地区。第二批特色小镇到机场距离的均值为 68.83 公里；在 40 公里以内的有 79 个，占比为 28.6%；80 公里以内的有 181 个，占比为 65.6%；有 13 个小镇到机场的距离在 150 公里以上，主要是位于西部地区的小镇。对于边境山脉、丘陵较多的地区，其铁路线稀疏，机场的建设为其对内对外开放提供了很大的便利。总的来看，第一批特色小镇的交通条件整体优于第二批，尤其是西部省份，相较于第一批，第二批特色小镇获批数量较多，如何加强与其他地区的沟通和联系，成为小镇发展的重要问题之一。

（二）县市环境

1.所在区县情况

经统计，在首批 127 个特色小镇中，有 42 个小镇位于市辖区；29 个小镇位于县级市；56 个小镇位于一般县。对比发现位于一般县的特色小镇多为旅游小镇、农业小镇等，制造业发展水平相对较低。从人均纯收入来看，位于县级市的小镇最高为 3.01 万元；位于市辖区的小镇次之，为 2-8 万元；位于一般县的小镇为 2.17 万元。从地区生产总值来看，位于县级市的小镇 GDP 均值为 82.76 亿元；位于市辖区的小镇 GDP 均值为 53.36 亿元；位于一般县的小镇 GDP 均值为 20.61 亿元。通常来看，县级市和市辖区的经济实力和资本、技术、人才等要素要优于一般县，上述数据也反映了这一点。从贫困县和百强县来看，位于贫困县的小镇有 20 个，位于百强县的小镇有 17 个。后者 GDP 的平均规模是前者的 6.4 倍，进一步说明了小镇所在区县经济实力对其发展的影响。但贫困县中特色小镇的培育有利于推进我国的精准扶贫工作。

2.所在地级市情况

在比较了所在区县对特色小镇经济发展影响之后，接下来将环境范围扩大到地级市。由于主要考虑地级市的经济实力的影响，选取地级市人均 GDP 作为自变量，特色小镇 GDP 作为因变量，两个指标均采用 2015 年的数据，并取对数。剔除缺少数据的样本后，共有 108 个小镇进入模型。通过建立一元线性回归模型发现，自变量人均 GDP 通过了检验（P 值为 0），且相关系数为正值。经济发展水平较高的地级市能够在产业和环境改善上促进特色小镇的发展。

（三）人口条件

1.常住人口

从 127 个特色小镇（2 个小镇数据不全，未统计）的人口分布来看，山东半岛与长三角城市群的小镇相对集中且人口规模相对较大，陆地边疆地区的特色小镇人口规模相对较小。西藏吞巴乡小镇人口数量最少，只有 1152 人；浙江柳市镇人口数量最多，有 16 万人。小镇人口平均值为 27802 人；常住人口在 1 万人以下的特色小镇有 38 个；4 万人以下的小镇有 101 个，占到了 80.8%；人口数在 10 万人以上的小镇有 5 个，位于浙江、江苏、广东三省。从东、中、西、东北四大区域来看，东北区域的特色小镇平均人口规模最小，平均为 17870 人，西部区域平均为 20338 人，中部区域平均为 23788 人，东部区域平均为 38807 人，是东北区域的 2.17 倍。从小镇类型来看，文旅型和商贸流通型小镇的人口数量较少，制造型小镇人口数量较多。

2.流动人口

流动人口的走向和规模反映了小镇的吸引力和经济社会综合发展能力。首批 127 个特色小镇有 86 个小镇人口流动表现为正向流入，贵州省茅台镇镇区人口流入量最大，达 18 万余人；35 个特色小镇镇区人口流动表现为负向流出，福建省湖头镇镇区人口流出量最大，为 5 万余人；4 个特色小镇人口无显著变化（其中有 2 个镇数据不全，未纳入统计）。大城市近郊区特色小镇有 36 个，人口流入量最多，79%的位于大城市近郊区的特色小镇表现为人口流入，表明特色小镇可以建设成为大城市的"反磁力中心"，获得中心城区的资源要素外溢的同时承担了部分人口流入的压力。位于农业地区的特色小镇有 58 个，人口流出量较多，33%的位于农业地区的特色小镇表现为人口流出。农村地区人口外流的主要原因是城市可以获得的就业机会更多、工资收入更高，但往往受户籍限制，不能像城市人一样享受公共服务。特色小镇在产业发展过程中会产生新的就业岗位，相应地也提高了人均收入，能留住当地人，减轻人口外流。

3.人口结构

从人口的年龄结构来看，首批 127 个特色小镇中 16 周岁以上的常住人口占19%，16~60 周岁的常住人口占 63%，60 周岁以上的常住人口占 18%（其中有25 个镇数据不全，未纳入统计）。国际上通常把 60 周岁以上人口占总人口的比例达到 10%作为国家或地区进入老龄化的标准。特色小镇中有 109 个小镇出现人口老龄化现象。在我国人口整体呈现老龄化的趋势下，乡镇地区由于年轻劳动力多外出打工，留在村中的多为老人和儿童，老龄化现象更为明显。特色小镇的老龄化趋势为产业发展带来了一定挑战，年轻人的减少意味着当地的人力资源在减少。同时这也是特色小镇培育的目标之一，通过吸引年轻人回到家乡就业，可以缓解乡镇地区的孤寡老人无人照看和留守儿童等社会问题。

从人口的城乡结构来看，特色小镇的平均城镇化率为 46.02%，低于全国平均水平，目前有 37 个小镇城镇化水平高于全国整体水平。城镇化水平反映了区域城乡发展情况，对比分析特色小镇的城镇化水平和小镇所在省份的城镇化水平发现，67%的小镇城镇化水平低于所在省份的省域城镇化水平，城镇化发展空间较大。通过特色小镇建设可以补足小镇的产业、基础设施和公共服务短板，提高小城镇建设水平，促进新型城镇化建设。

（四）经济条件

1.产业类型

在首批特色小镇中，以旅游业作为主导产业的小镇有 58 个，占比达到了45.7%。在这 58 个以旅游业为主导产业的特色小镇中，古村镇游、健康养生、生态观光这三类旅游占比超过了 80%。旅游类小镇主要聚焦于现有资源开发和文化挖掘，由于资源的独特性，这对于其他地区的小镇建设可复制性相对较低。第二批特色小镇推荐工作中指出，以旅游文化产业为主导的特色小镇占比将不超过 1/3。另外 13 个为现代农业小镇，其典型特色是发展设施农业，还有的是发展都市型观光农业。制造业类的小镇总计有 37 个，乡镇经济活跃，在发展单向产业上具有一定影响力。文化创意产业和商贸服务类小镇分别有 5 个和 4 个，文化创意类小镇多与创新创业和旅游业发展相结合，商贸服务类小镇多为区域性的交易中心。

2.经济规模

在全国首批 127 个特色小镇中（由于数据不全，5 个小镇未包括），东部沿海地区的小镇 GDP 普遍较高，区域之间的差异较为明显。2015 年地区生产总值最低的是西藏的桑耶镇，只有 0.52 亿元，最高的是广东的北洛镇，达到 493 亿元。小镇 GDP 的平均值为 45.61 亿元，1 亿元以下的小镇有 5 个，分布于西藏、新疆、青海和福建四省份；10 亿元以下的有 39 个小镇，主要为旅游小镇；40 亿元以下的有 87 个，占比约为 70%；100 亿元以上的有 16 个，产业类型包含制造业、旅游、文创和农业等，其中东部占了 13 个。从四大区域来看，东北区域各小镇平均 GDP 为 21.5 亿元；西部区域为 25.4 亿元；中部区域为 30.2 亿元；东部区域为 78.5 亿元，是东北区域的 3.65 倍，这与东部区域块状经济发达，乡镇企业实力较强，而东北大型国企居多有一定关系。

3.人均收入

首批特色小镇的人均纯收入在全国分布比较均匀。在数据统计较全的 120 个特色小镇中，人均纯收入最低的是湖北的边城镇，为 0.35 万元，最高的是黑龙江的兴十四镇，为 7.6 万元。人均纯收入的平均值为 2.57 万元；收入在 2 万元以下的有 34 个；3 万元以下的有 89 个，占比达到 74%；4 万元及以上的有 9 个，其中 8 个分布在东部区域，主要为制造类小镇。从各区域具体来看，西部区域的人均纯收入为 2.12 万元；中部区域为 2.29 万元；东北区域为 2.85 万元；东部区域最高为 3.13 万元，是西部区域的 1.5 倍。

二、国家特色小镇的整体特征

全国有 19522 个建制镇，为什么是这 403 个特色小镇能进入创建名单，是由于它们独特的产业，还是优美的环境，还是优秀的文化？这些小镇究竟"特"在哪里？在前两批特色小镇培育工作的通知中均提到了对推荐小镇的五点要求：一是要有特色鲜明的产业形态，产业定位精准，特色鲜明，战略新兴产业、传统产业、现代农业等发展良好、前景可观。二是要有和谐宜居的美丽环境，空间布局与周边自然环境相协调，整体格局和风貌具有典型特征，路网合理，建设高度和密度适宜。三是要彰显特色的传统文化，传统文化得到充分挖掘、整理、记录，历史文化遗存得到良好保护和利用，非物质文化遗产活态传承。四是有便捷完善的设施服务，基础设施完善，自来水符合卫生标准，生活污水全面收集并达标排放，垃圾无害化处理，道路交通停车设施完善便捷，绿化覆盖率较高，防洪、防涝、消防等各类防灾设施符合标准。五是有充满活力的体制机制，发展理念有创新，经济发展模式有创新。下面将根据以上五点分析前两批特色小镇与众不同之处。

（一）产业特色

产业可以说是特色小镇的灵魂，也是特色小镇培育的首要要求。整体来看产业特色体现为以下几点：

1.人无我有

一些特色小镇发展基础较好，且具有良好的区位，率先集聚技术、资本、人才等要素，发展新兴产业，从而在众多小镇中脱颖而出。位于北京市房山区的长沟镇被评为"基金小镇"，其注重打造国家级基金产业创新试验区，吸引各类基金及相关机构入驻，形成基金产业集聚区，培育孵化成熟的基金管理和资产管理公司，构建基金行业生态圈。长沟镇基金行业的发展与北京市金融业总部汇聚，拥有大量金融人才有密切关系。上海市金山区枫泾镇被誉为"水乡科创小镇"，不仅拥有良好的生态环境，还形成了以智能制造装备、新能源及新能源汽车等产业为主导的特色产业体系。上述产业均为战略性新兴产业，发展前景较好，枫泾镇可以说站在了产业发展的"制高点"，这与上海市科技实力较强有一定关系。与枫泾镇类似的小镇还有山东的崮山镇、江苏的安丰镇、四川的德源镇等。综合来看，这些小镇都是凭借地理区位优势，吸引周围大城市的资源外溢，才得以迅速发展。

2.人有我优

一些获批特色小镇的产业类型和环境资源缺少独特性，但通过融合发展和延长产业链提升了竞争力。全国大多数小镇都是农业小镇，然而一些小镇的农业却与众不同。北京的小汤山镇以会展农业为载体，把娱乐体验、园艺观光、博览展销、创意设计等元素融入农业，成为首都都市型现代农业的新样板。黑龙江的兴十四镇依托现代农业科技示范区，对标中高端优质农产品发展设施农业，推动农业产品由初级加工向生物医药等高新技术产业转型。类似的小镇还有吉林的辽河源镇、广西的中渡镇、贵州的郎岱镇、陕西的五泉镇等。除了农业小镇还有红色旅游小镇，凡是经历过抗战或红军长征走过的地区等都有红色足迹，可以说拥有红色资源的小镇众多，如何丰富旅游资源成为关键。安徽安庆市的温泉镇将红色旅游、禅宗文化、民俗文化相融合，使休闲、观光、养生等产业融合发展。福建龙岩市的古田镇被评为"红色圣地"，其以红色旅游为主导，融教育培训、文化创意、生态休闲、养生养老等板块于一体协同发展，形成了"红+N"的产业体系。类似的小镇还有河南的竹沟镇、山西的大寨镇、海南的云龙镇、四川的安仁镇和陕西的照金镇等。

3.人优我强

获批特色小镇的产业普遍具有较高的知名度，其产品在全国乃至全球有一定的市场占有率。在第一批特色小镇中不乏有一些特色小镇的产业为生产方便面、圆珠笔、袜子、白酒等产品。然而这些小镇却在小地方搞出了大名堂，河北邢台市的莲子镇是"方便面小镇"，是世界上最大的方便面生产基地和中国知名的食品包装生产基地。天津滨海新区的中塘镇以汽车橡塑产业为主导，形成了全国最大的集科研、开发、生产于一体的汽车胶管研发生产基地，国内市场占有率高达 63%。浙江诸暨市的大唐镇以袜业为主导产业，被称为"中国袜业之乡""国际袜都"等，袜业的装备、配套设备和关键技术已达到国际先进水平。广东中山市的古镇镇以灯饰为主导产业，古镇灯饰产品已占全国灯饰照明行业市场 70%的份额，出口远销海外多个国家和地区。还有其他小镇在产业发展过程中培育了销量在全国、全球领先的企业和知名的品牌。这些小镇都表明作为全球生产网络当中的一个小环节，将某一个小产业做出品牌和影响力，是小镇培育的重要目标和努力方向。

（二）环境特色

人是小镇活力的核心要素，发展产业需要吸引人才，发展旅游才能吸引游客。无论哪一种类型的小镇，只有能对人产生吸引力，才能有持久的竞争力，良好的生态环境、人文环境必不可少。第一批特色小镇中有数目众多的文化旅游小镇，即使不是旅游小镇，也将旅游业作为发展方向之一，小镇的环境往往成为一大亮点，不仅品质高，而且具有独特性。

1.生态环境的独特性

在已经获批的特色小镇中，内蒙古呼伦贝尔的莫尔道嘎镇拥有我国保存最完好、集中连片、面积最大且未开发的原始森林，森林覆盖率达到 95%，林中有城、城中有绿、绿中有景。吉林通化市的金川镇坐落在国家级保护区、AAAA级景区的吉林龙湾群森林公园内，有全国最大的火山口湖群。江苏泰州市的溱潼镇被誉为"湿地古镇"，小镇四面环水、河网纵横、风光秀美。广西柳州市的中渡镇境内有以香桥岩国家地质公园为中心的九龙洞、响水瀑布、鹰山、洛江古榕等自然风光，《刘三姐》、《流氓大学》、《龙城风云》等均在此取景。

2.人文环境的独特性

特色小镇中有多个小镇以"古镇"著称，拥有大量保存完好的古建筑。山西晋城市的润城镇一直是阳县最繁华的城镇之一，富商巨贾辈出。明末时，由于当地较为富庶，经常遭到流寇的侵扰，于是修了三座城堡，其中的砥洎城基本保留了下来，也成为润城镇发展的底气。甘肃兰州的青城镇北靠黄河，各路客商云集，在长期的营造过程中杂糅融合了中国北方各地的建筑风格，迄今为止仍保存了清朝及民国时代风貌，是甘肃古民居、古建筑保存较为完整的古镇。安徽黄山市宏村镇境内散落着众多拥有千年历史和文化积淀的徽派民居古村落。特别是宏村古村落建村有 860 余年历史，现存明清古民居 158 幢，俗称"牛形古村"。

（三）文化特色

第一批特色小镇中涌现了许多活态的非物质文化遗产，如中华诗词、太极、道教等。这些特色小镇拥有的文化未必是独一无二的，但却世代传承、经久不衰。如贵州的青岩镇是"中华诗词之乡"，青岩镇有周渔璜、赵以炯等文化名贤、大诗人，镇内现有青岩菊林书院、诗词学会等民间文化群体。以诗词为主导，书法、绘画、摄影、歌舞、戏剧、电影以及其他民间艺术活动联袂开展，具有历史的传承性。河南焦作市的赵堡镇被誉为"太极圣地"，在该镇的陈家沟村，全村 80%以上的人会打太极拳，至今尚有"喝了陈沟水，都会跷跷腿""会不会，金刚大捣碓"的说法。赵堡镇先后建成了太极拳祖祠、祖林、太极文化园、中国太极拳博物馆等景点。同时，还围绕太极拳文化展示、太极拳培训、休闲疗养、传统村落体验等四个主题，打造了集旅游、健康养生和传统村落于一体的特色小镇。

（四）设施服务水平

特色小镇的建设首先要让当地人民获得更多的就业机会，收入得到提高，生活环境得到改善。尤其是当下许多省份提出按 3A 级及以上旅游景区标准创建特色小镇，对设施服务提出了更高的要求。小镇的服务设施包括基本公共设施如垃圾处理厂、道路、桥梁等；公用设施如学校、医院、超市、银行等。据住建部统计，90%以上小镇的自来水普及率高于 90%，80%的小镇的生活垃圾处理率高于 90%，基本达到县城平均水平。平均每个小镇配有 6 个银行或信用社网点、5 个大型连锁超市或商业中心、9 个快递网点以及 15 个文化活动场所或中心。其中吉林的辽河源镇将基础设施建设纳入所属地级市的辽源市主城区的城市建设。

（五）体制机制特色

对比特色小镇而言，小镇的核心特色主要体现在产业、环境和文化方面，体制机制方面的创新能够促进小镇加快培育。纵观 127 个特色小镇的体制机制创新，主要体现在扩权强镇、政企联动、投融资管理和运作模式上。

1.扩权强镇，综合办公

许多特色小镇在体制机制创新上采取了这一举措，将县级政府机构的部分权力下放到镇一级，使企业能够就近办事，同时合并职能机构，为企业提供综合服务。山东羊口镇共承接市级下放权限 91 项，全部纳入镇便民服务中心集中办理，按照精简、高效的原则，对原有机构进行了优化整合。辽宁孤山镇实行大局制，将职能相近的部门合并为一个局。江苏丁蜀镇组建了 2 办、7 局、1 中心，有效整合原有职能部门，政府行政更加高效，提升了社会管理和公共服务能力。

2.政企联动，企业主体

特色小镇的产业发展离不开企业，尤其是以旅游开发为主导的小镇往往只有一家大企业进行投资运营，政府则为企业提供相关的支撑和服务。北京古北口镇是多方注资，共担风险和收益，政企合作，责权划分清晰。浙江上蝉镇以青瓷为特色，是浙江省目前唯一一个采用"政府+大型运营商"模式建设的特色小镇。陕西照金小镇是陕文投集团、陕煤化集团和铜川市三方合作"资源+技术+资金"的优化组合，共同成立陕西照金文化旅游投资开发有限公司，负责景区的规划、建设、运营管理。

3.投融资模式创新

特色小镇的投融资既包括政府层面的城镇建设也包括企业层面的产业发展。政府层面较为常见的是镇政府成立城镇投资建设有限公司，进行筹措资金和项目建设，也包括采用 PPP、BOT 等模式进行融资。企业层面主要通过金融机构间接融资或进行直接融资。安徽温泉镇成立了温泉镇城镇建设投融资公司，鼓励民间资本参与小镇建设。宁夏泾河源镇投融资机制采取开放政策，积极探索和尝试项目 BOT 和 PPP 模式，进行项目间接融资。浙江大唐镇政府设立了1000 万元专项扶持基金，并在金融方面帮助企业解决融资难、融资贵等问题。福建汀溪镇利用厦门市人民银行编制的《关于金融支持汀溪、新圩镇综合改革建设试点的实施方案》与多家银行对接，争取融资配套支持。厦门市成立了厦门首家村镇银行，为汀溪小城镇建设服务。

4.运作模式多样

特色小镇的运作模式主要是指政府如何参与管理和如何处理小镇内村民与开发商的关系。一些以古村落为特色的小镇会采用封闭管理方式，收取门票，同时向村民分红。湖南热水镇采取了政府与景区合并工作的方式，景镇合一。江苏角直镇旅游业发展采用镇集体经济公司统一规划建设，向各村分红的模式。

第五章　乡村振兴战略下特色小镇规划及开发运营分析

第一节　特色小镇的规划意义、原则、目标及方法

一、特色小镇规划的意义与原则

（一）特色小镇规划的意义

1.特色小镇开发建设的行动纲领

"凡事预则立，不预则废。"习近平总书记指出，城市规划在城市发展中起着重要引领作用，考察一个城市首先看规划，规划科学是最大的效益，规划失误是最大的浪费，规划折腾是最大的忌讳。作为顶层设计，规划直接关系小镇核心竞争力的形成以及发展动力的持续。特色小镇规划明确小镇的发展定位、产业方向、空间布局、文化特色以及体制机制等，是特色小镇开发建设的顶层设计，是指导特色小镇开发建设的行动纲领。作为行动纲领，特色小镇规划一方面为小镇的发展指明方向；另一方面也能引领小镇的发展，提升小镇的价值。

2.特色小镇建设共识的形成手段

规划过程是一个利益协调的过程，特色小镇规划过程实际上也是利益相关者不断参与的过程。特色小镇规划需要经历一个自上而下的政策落地与自下而上的公众参与相结合的过程，在这个规划协调过程中，既要确保上位规划的控制要求，又要体现基层各界利益群体的发展诉求，这种经由公众参与制定和实施特色小镇规划的过程，实际上是一个公共政策过程，这种决策过程有利于以规划为手段，形成小镇建设过程中的共识。

3.特色小镇项目落地的实施工具

从本质上讲，特色小镇规划是小镇未来发展的政策表述，表明政府对小镇开发建设和发展在未来时段所要采取的行动，具有对社会团体与公众开发建设导向的功能。特色小镇规划通过政策引导和信息传输，帮助相关部门在面对未来发展决策时，克服未来发展的不确定性可能带来的损害，提高决策的质量。特色小镇规划可以把不同类型、不同性质、不同层次的规划决策相互协调并统一到与小镇发展的总体目标相一致的方向上来。

4.特色小镇空间结构的构建途径

特色小镇的空间系统是特色小镇规划的重要内容，以及小镇社会、经济、文化和体制机制关系的形态化和作为这种表象载体的土地利用系统。特色小镇规划以土地利用配置为核心，建立起特色小镇未来发展的空间结构。小镇规划限定了小镇中各项未来建设的空间区位和建设强度，在具体的建设过程中担当了监督者的角色，使各类建设活动都成为实现既定目标的实施环节，特色小镇未来发展空间架构的实现过程，就是在预设的价值判断下来制约空间未来演变的过程。

（二）特色小镇规划的原则

《住房和城乡建设部国家发展改革委财政部关于开展特色小镇培育工作的通知》（建村[2016]147号）（以下简称"建村[2016]147号文"）指出，特色小镇的创建需要坚持突出特色、市场主导和深化改革三大原则。在贯彻落实上述三大原则的过程中，根据规划工作的特点，特色小镇规划在内容、特色、环境、技术路线以及工作方法上需要坚持如下几个原则：

1.在内容上坚持"产业为先"原则

重空间、轻产业是传统规划的诟病，建设特色小镇的核心是因地制宜，培养特色和富有活力的产业。产业是特色小镇的基石，特色小镇的发展离不开适合小镇发展的产业。薄弱的产业基础难以形成人口的聚集，难以创造稳定的现金流，从而无法保证稳定的资金流入。在小镇发展过程中，特色小镇应始终坚持"产业为先，内容为王"，产业向做特、做精、做强发展，新兴产业成长快，传统产业改造升级效果明显，充分利用"互联网+"等新兴手段，推动产业链向研发、营销延伸，将加工制造业、文化产业、未来新兴产业等与旅游结合起来，完善小镇产业链条，实现多产融合发展，在新兴产业、文化旅游乃至金融信息等多个发展热点中找到依托，从而形成自己的优势产业与特色风格。

2.在特色上坚持"文化为魂"原则

文化是软实力，深深熔铸在民族的生命力、创造力和凝聚力之中，没有文化生产力的发展作为支撑，经济发展就不可能获得质的提升。《住房和城乡建设部国家发展改革委财政部关于开展特色小镇培育工作的通知》明确提出，特色小镇的培育要彰显特色的传统文化，小镇传统文化得到充分挖掘、整理、记录，历史文化遗存得到良好保护和利用，非物质文化遗产活态传承。小镇能够形成独特的文化标识，与产业融合发展。小镇的优秀传统文化在经济发展和社会管理中得到充分弘扬。小镇公共文化传播方式方法丰富有效，小镇居民思想道德和文化素质较高。因此，文化必须是发展特色小镇的灵魂，没有文化的小镇是空洞的，文化为魂还必须坚持文化的传承发展，彰显特色小镇内涵。

3.在环境上坚持"以人为本"原则

特色小镇要发挥"小而精"的特点，规划确保小镇环境"以人为本"，优美宜居。小镇空间布局与周边自然环境相协调，整体格局和风貌具有典型特征，路网合理，建设高度和密度适宜；小镇居住区开放融合，提倡街坊式布局，住房舒适美观；建筑彰显传统文化和地域特色。公园绿地贴近生活、贴近工作；店铺布局有管控，镇区环境优美，干净整洁。

4.在技术上坚持"多规合一"原则

特色小镇规划的内容除了传统空间规划内容外，还包括定位策划、产业规划、社区规划、旅游规划、交通规划等，同时需突出生态、文化等功能。因此，特色小镇规划必须坚持多规合一，突出规划的前瞻性和协调性，融合小镇所在城镇的社会经济发展规划、城乡总体规划、土地利用规划、环境保护规划、交通综合规划、文物保护规划等相关规划，"一张蓝图干到底"，推进产业、空间、设施等方面协调有序发展，引导项目与产业落地。

5.在方法上坚持"共同缔造"的原则

伴随中国城镇化的推进，城市规划模式也在转变，特色小镇规划需要坚持"共同缔造"的原则，发动组织群众改善人居环境、促进社会和谐，最终构建完整社区，把社区规划与发展作为实现社会治理的途径，在公众参与中把市民的积极性调动和组织起来。这一过程需要专业的城乡规划师发挥作用，规划师的角色必须转变，规划的方法也必须转变，构建"纵向到底、横向到边、协商共治"的治理体系，由政府部门牵头，邀请城乡规划、社会治理等诸多方面富有经验的专业人士组成团队，运用专业知识和技能，以社区为单位，发动与组织当地群众参与，共同建设特色小镇美好环境和和谐社会，实现特色小镇的"共谋、共建、共管、共评、共享"。

二、特色小镇规划的目标

根据建村[2016]147号文的精神，特色小镇培育的要求包括特色鲜明的产业形态、和谐宜居的美丽环境、彰显特色的传统文化、便捷完善的设施服务和充满活力的体制机制五个方面。特色小镇规划需要围绕这五个方面的要求，完成如下规划目标。

（一）策划确定小镇的战略定位

战略定位是小镇发展的基本方向，是否有一个精准的发展定位，是特色小镇能否创建培育成功的关键。根据小镇的区位条件、资源禀赋等要素进行综合分析，找出小镇自身特色，精准定位。对小镇名称、规划、建设、运营、管理、融资模式、投资主体等内容进行明确定位和策划。

（二）精选特色产业与业态

特色小镇规划要以产业为重点，特别要突出产业选择。产业选择主要是结合小镇传统产业，发展适合小城镇的产业业态。小城镇适合的产业可以是传统农业、加工业、高新技术产业、农产品加工业、文旅产业等，不发展不适合选址小城镇的大规模制造业或者产能过剩的落后产业等，在产业和业态选择上还要考虑聚集人气的项目，注重项目落地。尽量找到有基础的产业项目，在空间上落地并做精做强。

（三）营造美丽宜居环境

特色小镇规划既要考虑环境打造，重视城镇风貌，还要考虑环境特色，既要考虑空间的精准，又要注重美的营造，要注重打造有特色的人居环境，避免千镇一面。通过特色风貌，体现更高层次的追求。

有条件的地方可以编制特色小镇城市设计或城镇风貌专项设计，对镇区的外部环境、整体格局、居住街坊、商业服务、街道空间、建筑风貌、绿地广场等风貌要素提出升级改造方案。注重对传统文化元素符号、材质的提炼和应用。

（四）规划配套服务设施

传统规划注重基础设施的完善，解决有无问题，忽视服务水平的高低；特色小镇规划需要强调高质量的、复合的公共服务设施和基础设施的规划，要加强市政与服务设施的建设，按照城乡一体化、城乡公共服务均等化的目标提升小镇服务水平。基础设施基于中心地理论的理论配置，要小而综，适合小城镇特点，达到国家相关标准，并辐射周围乡村和地区。

（五）传承小镇特色文化

特色小镇不仅要有特色还要有文化，文化是特色小镇的灵魂，要建设有品质、有内涵、有吸引力的小镇，要将其建设成让人流连忘返的地方，而不是一个空壳。挖掘、传承、发展文化变得尤为重要。文化要有历史、有人物、有故事，要鲜活。挖掘和整理后的传统小城镇文化要在空间上予以体现，要提供文化场所，要在建筑、雕塑、小品、题匾、园林上予以反映，形成新的城镇"八景"。还要不断结合当前的形势归纳和总结，传承并形成当前的文化。

（六）创新小镇体制机制

特色小镇规划需要集聚人气和创造活力，加大体制机制改革力度，创新发展理念，创新发展模式，创新规划建设管理，创新社会服务管理。推动传统产业改造升级，培育壮大新兴产业，打造创业创新新平台，发展新经济。创新镇村融合发展机制，促进小镇健康发展，激发内生动力。

三、特色小镇规划的内容

特色小镇的开发建设是一项正在探索的各种元素高度关联的综合性、系统性工程，因此，规划任务一般无标准的任务书，因此不能照搬现有某个单一领域的规划方式和方法，应在"多规合一"的视域下，针对特色小镇特点开展创新性实践。总体上，特色小镇规划是一项综合性规划，在充分提炼当地特色的基础上，需要叠加产业规划、历史文化及自然资源特点挖掘、基础设施规划、人居环境及景观设计、体制机制创新、小镇运营管理等诸多内容。在编制框架上，可围绕"战略定位""空间营造""产业特色""文化特色""体制创新"和"资金规划"等主要内容开展，并在此基础上汇总形成小镇创建期的各项规划目标，并根据规划对象的实际，突出某个与规划对象契合的方面或者专项。

（一）特色小镇建设基础研判

中国幅员辽阔，有2万多个镇、1.5万多个乡，各个小镇在区位条件、资源禀赋、经济环境等方面都不尽相同，各自的发展基础也千差万别。"知己知彼，才能百战百胜"，特色小镇的创建一方面要面对周边小镇的竞争；另一方面要审视自身的资源禀赋和发展基础。总结起来，特色小镇建设的基础研判工作包括发展环境的分析与自身发展条件的研判两个方面。

1.特色小镇发展环境分析

任何一个小镇的发展都离不开一定的社会经济环境，特定的环境既可以创造成功的机会，也可能制约小镇的发展。在规划过程中可以利用各种成熟的分析模型分析小镇的发展环境，如可以利用成熟的PEST分析模型，分析小镇所处的政策（Policies）环境、经济（Economy）环境、社会（Society）环境和技术（Technology）环境。

（1）政策（Policies）环境分析

系统分析从宏观到微观的相关政策体系，对本小镇的创建有哪些利好或不利的方面。对于特色小镇建设而言，国家各相关部委出台的各种政策文件、省份地方政府的扶持与指引政策或实施细则等，都是政策环境分析的重点内容。需要强调的是政策环境分析切忌政策名录与条文的罗列，而是要对政策本身结合小镇的实际进行深入的解读与研判。

（2）经济（Economy）环境分析

经济环境分析主要是指分析小镇所处区域的国民经济发展的总体概况，包括对国际和国内经济形势及经济发展趋势的研判，特色小镇所面临的产业环境和竞争环境等。经济环境主要组成因素包括区域社会经济结构如产业结构、分配结构、交换结构、消费结构和技术结构；经济发展水平如国内生产总值、国民收入、人均国民收入和经济增长速度等；宏观经济政策，包括综合性的全国发展战略和产业政策、国民收入分配政策、价格政策、物资流通政策等。

（3）社会（Society）环境分析

特色小镇的社会环境主要包括区域人口变动趋势、文化传统、社会结构等。各区域的社会与文化对于小镇建设的影响不尽相同，社会与文化要素主要包括人口因素（包括当地居民的地理分布及密度、年龄、教育水平等）、社会流动性、消费心理、生活方式、文化传统、价值观等。

（4）技术（Technology）环境分析

特色小镇的技术环境分析是指社会技术总水平及变化趋势，技术变迁、技术突破对小镇开发建设的影响，以及技术与政策、经济社会环境之间相互作用的表现等。科技不仅是全球化的驱动力，也是小镇产业选择与建设的优势所在，新兴技术以及技术所衍生的产业，是特色小镇重点挖掘的方向。

2.自身发展条件研判

除了分析发展环境，还需要对小镇自身的条件进行系统审视，明确自己的优劣势，并根据自身条件，制定相应策略，做到扬长避短。常用的分析方法是SWOT分析法即态势分析法，将与小镇密切相关的各种主要内部优势、劣势和外部的机会和威胁等，通过调查列举出来，并依照矩阵形式排列，然后用系统分析的思想，把各种因素相互匹配起来加以分析，从中得出一系列相应的结论，而结论通常带有一定的决策性。运用这种方法，可以对特色小镇所处的情景进行全面、系统、准确的研究，从而根据研究结果制定相应的发展战略、计划以及对策等。SWOT分析法常常被用于制定发展战略和分析竞争对手情况，在战略分析中，它是最常用的方法之一。

（1）优势（strengths）分析

针对的是特色小镇的内部因素，具体包括：良好的区位优势、资源禀赋、有利的竞争态势、充足的财政来源、良好的小镇形象、小镇的产业技术、规模经济、产品质量、市场份额、成本优势等。

（2）劣势（weaknesses）分析

针对的也是特色小镇的内部因素，具体包括：产业基础薄弱、交通条件落后、企业设备老化、缺少新兴技术、研究开发落后、资金短缺、经营不善、产品积压、竞争力差等。

（3）机会（opportunities）分析

针对的是特色小镇的外部因素，具体包括：新产品、新市场、新需求、外部市场壁垒的解除、竞争对手失误等。

（4）挑战（threats）分析

针对的也是特色小镇的外部因素，具体包括：新的竞争对手、小镇主导产业替代产品增多、行业市场紧缩、行业政策变化、经济衰退、市场偏好改变、突发事件等。

（二）特色小镇战略定位与目标

特色小镇规划需要在"知己知彼"的前提下，明确小镇的发展定位与目标，只有精准的定位才能决定小镇的发展方向和目标，才能指导小镇开发所有环节和细节。从国外的小城镇发展经验来看，国外小镇建设大多定位于个性化发展，往往一所大学，就是一个小镇；一家跨国公司，就是一个小镇；一个文化品牌，就是一个小镇……国外小城镇建设基本都是从本国、本地区及小城镇建设现实需要的角度，对小城镇的建设和发展进行规划，因此不同的小城镇都有着各自鲜明的特点，每个特色小镇建设都需要"量身定制"，需要实施"一镇一策"予以支持和保障。

1.策划确定小镇战略定位

所谓特色小镇的战略定位是从国际、国家和区域层面，明确特色小镇在经济全球化、生态文明建设、实现现代化和城乡一体化目标中的作用，确定特色小镇在产业经济分工合作、推进区域协调发展、加快新型城镇化进程、全面深化体制机制改革中的功能。战略定位决定了小镇想做一个什么样的小镇，一般而言，特色小镇定位决策的依据或者影响因素主要有以下几点。

（1）自身的资源禀赋

虽然存在不少"无中生有"的案例，但是小镇自身资源的禀赋对小镇战略定位的制定有至关重要的影响。如文化资源分为无形的文化底蕴和有形的文化产业，不同的资源就有不同的定位思考。旅游资源也分为观光游乐资源和适宜度假的资源，资源不同，其定位思路也会有很大不同。如游乐观光资源其定位思路以快节奏的观光游玩为主，而度假资源应考虑慢节奏的旅居生活的需求。

（2）依托的市场特色

无论什么样的小镇，没有市场就不能存活和发展。因此，不同的小镇必然面对不同的市场。如本身小镇的资源完全可以面对全国甚至全球市场，但定位在区域，其规模配套设施等都不会太大，那么大的市场将被流失。

（3）面对的消费者层次

要切实厘清小镇未来的消费者是谁，不同层次消费者的消费偏好差异显著，只有充分了解消费者的消费预期、需求及偏好，才能更好地提升小镇定位的合理性。

2.制定小镇发展目标

特色小镇打造的目标千差万别，需要根据小镇的条件进行个性化定制，避免千镇一面。由于各地区的资源、环境和主导产业不同，小镇发展的路径不可能是一个模式，必须走各具特色、错位竞争的发展之路。对照创建要求，各地区可以具体提出小镇在产业发展、城镇化、资源与生态环境保护和利用等方面的指标体系，包括定性、定量指标，其中定量指标须可量化，并作为考核指标。

从全域角度看，特色小镇须制定 GDP、上缴税收、就业贡献、固定资产投资、高新技术企业、省级以上研发机构数量、高端人才和创新创业团队规模、项目环保准入标准、污染物控制水平等方面的目标。

从镇（区）发展角度看，特色小镇须达到成为所在镇经济转型升级重要动力、实施创新驱动发展战略重要平台、建设和美宜居健康城镇重要载体的规划目标。

（三）特色小镇产业规划

1.产业定位与目标

产业是小镇能否持续健康发展的基础和条件，是小镇保持永续动力的前提。在进行小镇产业规划时，不能局限于眼前的繁荣，也不能盲从市场热点，而是要对小镇的资源进行深度挖掘和提炼，并形成可进入更广阔市场的产品和商品，而且能迅速建立强大的品牌优势。

每个小镇都有自己的农业、加工制造、文化和旅游资源，但要发现和开发出具有商品属性的产业，并以此产业为核心进行小镇的产业定位，需要一定的智慧进行研判和设计。如薰衣草、玫瑰、郁金香等花卉，如果作为花海进行开发，是一种旅游资源，而提取出花卉食用油、精油，就是一种产品。水稻是一种农作物，既可以是观光旅游的重要组成部分，但利用高新技术制作成面膜或者其他东西就是一种可进入市场的工业产品。

特色小镇的"特色"首先体现在产业上。从我国产业结构演进的基本规律来看，新常态下，特色小镇的产业发展趋势呈现两个方向：一是产业转型升级驱动下的高加工度化、技术集约化、知识化和服务化，特别是在经济发展水平达到一定阶段以后；二是历史经典产业的回归，这是我国经济向消费主导转变以及人们对消费品质需求增强的必然结果。

2.主导产业遴选

主导产业的遴选是特色小镇规划的一个具有决定性意义的工作，主导产业选择科学合理与否，直接影响着小镇的产业发展方向、产业体系以及业态项目的策划等工作，也是整个特色小镇创建能否成功的关键。

103

特色产业的选择需要立足当地资源禀赋、区位环境以及产业发展历史等基础条件，向新兴产业、传统产业升级、历史经典产业回归三个方向发展；旅游产业具有消费聚集、产业聚集、人口就业带动、生态优化、幸福价值提升作用，也是引领特色小镇发展的主要动力。以产业为依托的"生产"或"服务"是特色小镇的核心功能，没有生产与服务就无法形成大量人口的聚集；文化是特色小镇的内核，形成了每个小镇独有的印象标识。

在遴选方法上，对传统的小镇而言，需要选用一定的遴选办法如区位熵模型、比较劳动生产率等，根据实际情况构建适合小镇评价的指标体系，科学合理遴选适合小镇实际的主导产业，一个选定的产业形成小镇的主导产业，关键在于创新以及品牌的力量。

对于一些新建的新兴小镇，则需要跳出传统的产业甄选模型，从区域发展价值定位、小镇发展的理想与追求等角度，将外部机遇与发展前景、基础优势与产业适宜性以及价值定位目标匹配度三者进行复合归巢，甄选适合新开发小镇发展的主导产业。

3.业态体系构建

在主导产业遴选的基础上，还要构建完善的产业业态体系，形成完整的产业链条或者实现多产业融合，不断培育主导产业上下游的具体项目。对于一个小镇而言，单一的产业容易受到市场波动的影响，即便是这个行业的"单打冠军"，一旦市场发生波动，产业产值下降也在所难免。培育多个产业主体项目，形成完整的产业链，可以最大限度地发挥产业的规模效益，而这恰好是小镇抵御市场风险、推动自身发展的有力武器。

特色小镇的业态体系除了关注主导产业的上下游外，还需要注重对"旅游+"的挖掘，虽然特色小镇不能只以旅游为核心功能，但旅游的"搬运"功能，可以激发小镇内在系统与外部系统的交换融合。有特色产业，有旅游，有居住人口，有外来游客，就必然要形成满足这些人口生活与居住的社区功能，否则特色小镇就只是一个"产业园"。

4.产业项目策划

根据产业业态体系的方向，结合当前及未来市场的发展趋势，合理谋划适合小镇业态体系的落地项目。特色小镇的具体落地项目可以分为事业导入项目、产业开发项目以及配套基础设施项目三个层次。事业导入项目主要是由国家行政拨款的公益性或者半公益性的项目，大致可以分为"科"，如产业科研基地；"教"，如教育培训园区；"文"，如产业博物馆；其他如康复疗养医院等。产业开发项目则是完全市场化的项目，包括产业本身，如科技产业园、产业孵化园、双创中心、创想园等。产业应用项目如应用示范园等；产业服务项目如产业+贸易、产业+会议、产业+康养、产业+运动、产业+休闲旅游等。配套项目则是为了确保上述两大类项目的正常开发与运营所需要配套的道路交通、基础设施等工程项目。

5.产业空间布局

将上述产业策划项目按照小镇的土地利用规划的要求，结合项目对用地的需求特点，在小镇的建设用地空间上进行功能分区和项目落地，确保产业上下游业态的项目之间的无缝衔接和无干扰，实现特色小镇土地利用效率和价值的最大化。"空间布局"是塑造特色小镇特色主题和功能定位的空间组织手段，目的是实现小镇建筑形态"精而美"的要求。

确定特色小镇的用地基本方案应将特色小镇划分为不同类型的功能区，如产业功能区、配套服务功能区、生态控制区、预留发展区等。根据不同功能区的特点，提出各功能区的发展方向、建设规模及空间范围与管制要求。产业规划是对重要区域的战略规划和布局引导，必须有效整合提升已有的各类项目和载体，将其发展成为适宜产业、项目、企业集聚的平台。

在特色小镇产业布局过程中，还需要重点注意以下几个问题：一是统筹安排用地指标和空间布局。从县域层面统筹安排产业用地指标和空间布局，引导布局适度集聚；有条件发展产业的镇要预留发展空间和用地指标，避免进驻企业无地可用。二是要注重提高产业用地建设强度，不宜将产业园区作为小城镇现代化标志进行打造；设定产业用地建筑密度和容积率下限，绿地率不宜过高，小镇内部道路红线宽度不宜过宽；整理闲置企业用地，适度引导企业集中。

（四）特色小镇宜居空间营造

建村[2016]147号文指出，特色小镇要营造"和谐宜居的美丽环境"。营造宜居的美丽城镇空间，支撑内容包括整体空间布局、绿色交通、公共服务设施以及市政工程设施等支撑体系。

1.打造绿色高效的交通体系

倡导低碳生活方式，落实公交优先，完善小镇生产、生活综合交通体系。注重人车分流设计，强化游步道、绿道系统的规划设计。

2.完善高效的公共服务设施

按照"多规合一"的规划原则，统筹城镇各个专项规划，完善城镇教育、医疗卫生、体育文化以及公园绿地等共享空间。

3.构筑绿色市政工程系统

融入海绵城市等先进理念，因地制宜合理规划小镇生态环境和卫生工程设施，建立生活垃圾处理体系，倡导公共建筑和新建小区建设绿色屋顶、雨水花园、透水铺装、凹陷式滞水广场、生态停车场等低影响开发设施。

（五）特色小镇风貌特色规划

特色小镇的培育除了传统的居住环境、公共服务设施及市政设施外，还包括小镇的整体格局、景观风貌、建筑风貌等内容，在规划语境中，更多的是指小镇的景观风貌特色。在空间布局整个过程中，需要对小镇的景观风貌按照"打造和谐宜居的美丽环境"的要求，遵循"风貌控制、功能组合、场地拟合、形体设计"四个步骤，进行专项的规划与设计，具体工作内容包括以下几个方面。

1.整体风貌设计

特色小镇的整体格局设计要在小镇土地利用规划方案的基础上，按照项目空间选址和布局的要求，将小镇项目的建筑在小镇模型上进行空间建模，模拟小镇的空间尺度和整体风貌，明确特色小镇的天际线，这些属于城市设计的工作范畴。整体格局设计以特色小镇的实体安排与居民社会心理健康的相互关系为重点，通过对物质空间及景观标志的处理，创造一种物质环境，既能使居民感到愉快，又能激励其社区（community）精神，并且能够带来整个小镇的良性发展，为小镇景观设计或建筑设计提供指导、参考架构。

2.风貌节点设计

风貌特色是特色小镇形象的重要体现，它使特色小镇得以延续、发展并发挥其传播文化的基本功能。做好特色小镇的景观风貌设计，保护小镇历史风貌特色，挖掘有个性化的风貌特质，是特色小镇开发建设和发展的关键。

在景观风貌设计的方法上，首先，要对小镇现有的物质空间环境要素进行全面整理，创造生态环境优美的高质量的实体环境。其次，要突出小镇自然空间特色，引入适合特色小镇的设计理念，使自然空间和城镇空间相互交融发展，提高整体环境质量。再次，要延续小镇和重点区域、地段的文脉和空间肌理，利用土地区位价值，突出现代城镇建筑景观，发掘特色小镇的场所个性和特点。复次，要形成合理的建筑高度控制和引导分区，使特色小镇的建设满足城镇道路、景观视线的要求。最后，有条件的小镇还要对若干重要景观节点进行详细设计。

3.建筑风貌指引

建筑是小镇实体存在物的主要组成部分，对一个城镇的建筑风貌进行表述时所提到的色彩、风格、体量等都是对建筑物共有特征的表达。建筑风貌是小镇建筑物的综合印象，是一个多侧面、多层次的系统。对建筑风貌的控制指引可以包括三个层面：建筑风格指引、建筑色彩指引和建筑照明指引。

建筑风格指引是根据建筑物传递信息方式和细节阈值的不同，选择建筑屋顶方式、建筑主体、建筑体量、建筑底部和细部构建等作为控制和指引的对象元素，通过对这些元素提出控制要求和指引，达到对建筑风格进行控制的目的。

建筑色彩指引一般采用色调控制，规定某一特定建筑风貌区的建筑采用某一对应系列的色彩，条件成熟的小镇可以开展单独的色彩规划，对特色小镇的色彩元素进行深入提取和研究，在对全镇的建筑色彩进行分区的基础上，进行色调的控制和指引。

建筑照明指引主要是指建筑的里面照明指引，按照小镇不同建筑物的不同特征，采用适宜的照明光源和电器，以适宜的亮度和色彩，突出重点，通过灯光造景、衬景来提升小镇的品位，确保小镇照明符合节能低碳原则，在满足功能和美观需要的基础上，合理控制照明亮度和照明时间等指标，合理划分照明等级分区，避免出现光污染等。

（六）特色小镇文化传承规划

传统文化是乡镇的血脉，传统文化的理念、智慧、气度、神韵，强化了特色小镇培育的内在精神动力。无论是农业类特色小镇，还是制造业类特色小镇，抑或是服务业类特色小镇，它们的发展都离不开文化的传承，特色小镇的开发建设一定要提升到文化和历史层面，让小镇更有传承感。特色小镇的历史文化传承应该在生产、生态、生活深度融合和产、城、人、文一体建设的过程中加以统筹实施，不可无中生有、生搬硬套、有名无实。将区域特色文化元素、符号与现代生产生活需求相结合，塑造小镇特色建筑风貌。

具体工作路径上，要围绕适于产业化开发的特色文化资源，发挥市场主体作用开发文化创意产品，推动有价值的传统民俗和文化习俗与节庆、演艺、赛事经济相结合。文化资源和要素特别丰富的小镇还可以依托产业链条和平台渠道打造特色文化品牌。此外，还应借助特色小镇公共文化服务体系建设，提升小镇居民文化素养，丰富特色小镇文化生活。

（七）特色小镇体制机制创新规划

目前我国大部分特色小镇在环境和文化上都具有较为鲜明的特色，各地政府也不断重视产业形态的培育，但在设施和服务、体制与机制的创新上，还存在明显不足。体制机制是否有创新，决定了特色小镇能否获得持续的发展动力和制度保障，因此，体制机制的创新，是特色小镇规划的又一重要工作。在创新的内容上，大致包含以下几个方面。

一是建立以市场配置资源为主的小镇管理体制，充分发挥市场配置资源的作用，这是提高市场化程度的主要内容。土地、资金、资产、劳动力、技术、人才等资源，主要依靠市场来配置，劳动力、技术人才要逐步提高市场化程度。

二是建立特色小镇合理的所有制结构体制。现在很多小镇所有制单一，国有资产比重太大，要大力推进调整，坚持有所为有所不为，促进一般竞争性的待业国有资产尽快退出，让市场去选择投资者，优胜劣汰，积极推选投资主体多元化。

三是营造小镇非公有经济发展的良好环境。在市场准入、审批办照、待遇、服务等方面，要创造宽松、良好的发展环境，加快非公有经济的发展。

四是转变特色小镇政府职能，减少小镇项目的审批，简化项目审批程序，把政府经济管理职能转到主要为各类市场主体服务和建立健全与市场经济相适应的体制、政策、法律环境上来，完善市场体系，规范市场法规，改善市场环境，加强市场硬件建设，拓展市场运作领域，营造有竞争力的投资、创业和发展环境。

（八）特色小镇开发运营规划

根据小镇的实际情况，研究选择小镇的开发模式、盈利模式和运营模式。在开发模式的选择上，需要对开发主体、项目开发时序、项目资金需求、项目融资途径等进行设计，开发主题不同，其选择的开发模式也会不同，可能的融资路径也大不一样，主题决定模式，而不同的开发模式决定了项目的盈利模式。此外，还要对小镇的运营模式在市场分析的基础上，进行详细的策划，包括运营主体、运营方式、营销推广等。

四、特色小镇规划方法与成果体系

（一）特色小镇规划技术与方法

从方法论的观点来看，特色小镇的规划方法主要是将系统分析方法应用于城市规划领域。根据复杂系统适应理论，它是建立在一种假说的基础上的，即一个小镇，应该被当作一个系统来考虑，这种系统就是专门对此进行研究的学科中此术语意义上的系统，一个系统就是由一些子集构成的集合，这些子集之间存在着一些相当稳定而持久的关系，可以通过充分的研究来确定这个系统，然后再利用数学模型使之具有具体形式。结合我国城市规划工作的特点和要求，特色小镇规划是一个复杂的综合性系统工程，在不同的工作阶段，所用到的方法也不一样。

1.规划前期研究阶段

前期研究阶段的主要目标是认识小镇，了解小镇，分析小镇，明确规划对标，所用到的常用方法包括文献研究法、案例研究法、田野调查法等常规方法。

（1）文献研究法

文献研究法是特色小镇规划的最基本方法之一，具体工作包括与规划对象小镇有关的理论研究文献和文章；有关规划资料和文件等；有关生态、绿色旅游方面的资料和文件；人文、申报特色小镇政策资料等。通过文献研究，梳理与本特色小镇主题相关的既有研究成果，如小镇既定主题的文化内涵、历史典故等。还可以通过文献研究明确对标对象，为案例研究提供研究基础。

（2）案例研究法

特色小镇对我国来说是个新兴的领域，但在国外已经有非常成熟的经验，我国在东部沿海一些发达地区如浙江、上海、广东等省份也有了一定数量的成功案例。根据文献研究明确规划小镇的对标案例，并开展案例研究。主要是针对周边知名特色小镇的现状进行调查、研究、总结。通过成功案例研究，既可以验证理论研究的实用性，又可以从实践中总结经验，反过来完善规划成果。

（3）田野调查法

实地调研是规划的基本工作之一，通过深入的田野调查，发掘和整理出小镇有价值的信息。以访谈、笔录、观察、摄影等方式尽量翔实地记录相关信息，只有在资料详尽、充实的基础上，才有可能做出科学的判断与分析，得到有价值的研究成果。

随着调查技术的日益成熟以及可借助的技术手段的丰富，在田野调查阶段可以借助的工具越来越多，如无人飞机的航拍，对一些地处偏远缺乏地形资料的区域有莫大的帮助；再如野外助手手机 App，能帮助规划师准确记录野外考察线路和沿途重要节点。

为了使内容更加具有说服力与广泛性，配合研究的重点与方向，在实地调研的过程中，还可以就特色小镇的发展意向和消费偏好等问题，对当地居民、游客及相关管理人员进行问卷调查。

（4）条件分析法

采用 PEST、SWOT 区位熵分析等成熟的分析模型，系统分析特色小镇的发展环境，评价特色小镇建设基础，遴选主导产业，为后续方案的比选提供决策基础。

（5）大数据分析方法

利用爬虫技术，对与所规划的特色小镇主题相关的关键词进行抓取，根据抓取的海量信息进行大数据分析，如对小镇周边客流数据的分析、小镇所在区域公共服务网点的抓取分析等。需要说明的是，大数据作为一种分析工具，所获取的数据与实际数据存在一定的误差甚至是偏差，因此所分析的结果只能反映一种趋势，并不能作为直接的决策依据。

2.规划成果编制阶段

（1）头脑风暴法

头脑风暴法提供了一种有效的就特定主题集中注意力与思想进行创造性沟通的方式，无论是对于学术主题探讨还是日常事务的解决，其都不失为一种可借鉴的途径。在特色小镇的主题探讨、定位思路以及方案的比选过程中，采用头脑风暴法可以有效地激发项目组成员的思维，脑洞大开，产生新观念或激发创新设想。

（2）方案比选法

在具体操作层面上，可以分为两个层次，一个是特色小镇规划的组织方，可以组织不同的规划设计团队，进行独立的方案编制，进行方案比选，但是相应地，需要付出较大的编制成本。另一个是在直接委托的项目团队中，进行多方案的比选，项目团队从不同的理念出发，编制多个不同的方案，再根据各个方案的优势进行方案综合。在方案比选过程中，还会涉及一些具体的技术方法，如层次分析法、多因子分析法等。

（3）GIS 空间分析法

GIS 技术在城市规划中的应用已经非常成熟，如应用 GIS 对特色小镇进行坡度坡向、高程等地形地貌分析以及开发条件评估等。除此之外，还可以应用 GIS 空间分析工具，对特色小镇进行包括空间增长边界、城镇道路交通系统、人口与产业的空间分布、公共服务设施服务半径模拟、建筑三维空间模拟等方面的分析。

3.规划方案实施阶段

（1）共同缔造法

共同缔造法源于参与式规划的理论，在中国，结合规划的公众参与以及"美丽厦门共同缔造"行动的实践，逐渐成为社区规划与治理的一个共识。共同缔造的核心是共同、基础在社区、群众为主体。实质是美好环境与和谐社会共同缔造。方法是决策共谋、发展共建、建设共管、成效共评、成果共享。通过完善群众参与决策机制，激发群众参与特色小镇建设管理的热情，充分利用各种社会资源，从与群众生产生活密切相关的实事和房前屋后的小事做起，凝聚社区治理创新的强大合力。

（2）专家调查法

专家调查法，也称为"德尔菲法"（Delphi Method），1946 年由美国兰德公司开始实行。该方法是由企业组成一个专门的预测机构，其中包括若干专家和企业预测组织者，按照规定的程序，背靠背地征询专家对未来市场的意见或者判断，然后进行预测。在特色小镇规划过程中，采用专家调查法，可以充分发挥权威专家的作用，明确特色小镇在实施过程中的规划指导作用，并解决规划在实施过程中可能遇到的各种技术问题。

在规划编制的过程中，根据不同内容、不同专项，还会用到很多其他特定的定性或者定量的方法，如城镇用地规模的预测方法、城市设计的定量研究方法、市政工程规模预测方法等，需要根据技术人员的工作习惯以及规划的目标进行灵活运用。

（二）特色小镇规划的成果体系

规划是引领有序发展的重要手段，特色小镇作为一项新生事物，是涵盖产业、生态、空间、文化等多个领域的系统工程。因此，特色小镇规划是一项各种元素高度关联的综合性规划，不能照搬现有某个单一领域的规划方式和方法，而应在"多规合一"的基本理念下，针对特色小镇特点开展创新性实践。

中国城市科学规划设计研究院方明指出，特色小镇规划的成果内容至少应包括"一个定位策划+五个要求+两个提升+一个空间优化落地"的体系。

其中一个定位策划是：要找准发展定位，明确特色小镇发展思路和重点；五个要求包括产业、宜居、文化、设施服务、体制机制五个方面的专项规划和实施方案，保障特色小镇发展；两个提升为旅游和智慧体系两个提升规划；一个空间优化落地是：最终通过一个空间优化落地规划落实所有规划设想，并明确实施步骤。

从成果体系角度看，特色小镇规划与传统规划有一定的差异，传统规划按照《城市规划编制办法》，有明确的技术标准，编制的规划其成果内容包括文本、图集和说明书，三者之间的关系也有明确的界定。特色小镇规划因为是一个综合性的实施性规划，在空间尺度上，特色小镇是"非镇非区"，因此也不具有一级政府的法定规划所具备的法定效应。根据现有的工作实践经验，特色小镇规划的成果体系应包括如下"2+2"个方面的内容，其中第一个"2"是常规成果内容。

1.一套能够符合《城乡规划法》以及《村镇规划编制办法》体系的成果内容，包括完整的文本、图集和说明书，以科学地指导特色小镇的开发建设全过程。

2.一个特色小镇项目库。项目库需要明确项目的所属领域、项目性质、投资额、开发建设时序等属性。

第二个"2"为可选成果,根据规划对象的实际需要提供。

1.一套特色小镇规划的汇报材料,有条件的还需要配置多媒体成果,满足特色小镇在招商、PPP 项目入库等阶段的应用。

2.面向有需求的城镇,提供一套能够指导地方政府申报特色小镇的申报材料,包括申报书、规划成果、资料汇编等。

四、特色小镇的规划方法

(一)全域视角下的特色小城镇规划思路与体系

传统小城镇的弊端在于重城镇轻镇域,乡村地区规划缺乏系统性和合理性,割裂镇区与乡村的联系。针对前文提到的小城镇发展中存在的几大问题,本部分内容从特色小城镇发展内涵出发,探讨了全域视角下的特色小城镇规划思路与体系。

1.特色小城镇规划应实现十大转变

从全域视角来看,特色小城镇规划与传统小城镇规划相比,应实现十大转变:

第一,规划特征上,从传统规划思路的"重镇区轻镇域",转变为特色小城镇规划的"镇区与镇域规划'双引导'"。

第二,规划目的上,从传统规划思路的"构建小城镇增长极",转变为特色小城镇规划的"构建协调发展的城乡组织体系"。

第三,规划起因上,从传统规划思路的"谋求镇区迅速发展",转变为特色小城镇规划的"寻求城乡关联化、一体化发展"。

第四,动力机制上,从传统规划思路的"强调区域的分工协调与产业转移",转变为特色小城镇规划的"强调聚集特色优势产业,而不是承接大城市低端产业的转移"。

第五,理论基础上,从传统规划思路的"空间聚集论",转变为特色小城镇规划的"城乡统筹发展观"。

第六,市场主体上,从传统规划思路的"以政府为主体建设",转变为特色小城镇规划的"以政府为主导、企业为主体建设"。

第七,结构形态上,从传统规划思路的"单一'线'形",转变为特色小城镇规划的"'网络'体系化"。

第八,风貌特点上,从传统规划思路的"风貌单一、整齐划一",转变为特色小城镇规划的"小而精、小而美"。

第九,空间管控上,从传统规划思路的"重在控制规模",转变为特色小城镇规划的"重在控制生态红线"。

第十，规划结果上，从传统规划思路导致的"城乡脱节，二元对立"，转变为特色小城镇规划的促进"城乡共荣、协调发展"。

2.全域视角的特色小城镇规划理念及体系

（1）特色小城镇规划应关注的四个层面

基于特色小城镇的要求，规划应从人、经济、生活、空间四大层面，构建职住平衡、城乡融合、和谐生态的小镇发展格局。

对于人而言，规划设计需要控制发展规模，包括人口规模、城镇化率、建设用地规模等，需要对小城镇的人口进行专项预测，以此来确定建设用地规模和相关设施的规模；

对于经济而言，规划设计需要进行产业发展研究，分析适合特色小城镇和村庄的特色产业和产业发展路径，促进城乡协同发展；

对于生活而言，规划设计需要进行专项的基础设施与公共服务设施研究，提高城乡居民生活水平，特别注意结合智慧小镇和共享经济实现城镇的高效运转和资源的高效利用；

对于空间而言，规划设计需要因地制宜，延续原有城镇肌理和地脉特征，从多规合一、空间管制、用地布局、镇村体系布局、交通梯次衔接多个方面体现城乡空间的协同发展。

（2）特色小城镇规划的"三全"理念

以此为基础，特色小城镇的规划需要站在全域的视角下，进行综合考虑。以行政边界为规划区界限,并着重解决区内城乡发展问题的规划称为全域规划。从研究主体上来看，包括镇区空间也包括农村空间，小城镇全域规划强调镇域的整体空包括建设用地也包括非建设用地，同时在研究过程中应把镇域空间纳入更大区域空间中进行统一研究和分析。从研究要素上看，从关注土地、产业、经济发展要素向关注区域发展、农村发展、土地配置、人口转移、产业发展、社会和谐、历史沿革、人文特色、生态承载等多种要素协调发展转变。从规划平台上看，需要构建统一的规划平台，通过"镇域一张图"把各类型的规划融为一体，统筹全域发展。由此，我们形成了全空间、全要素、全类别视角下的特色小城镇规划理念。

①空间全覆盖

从空间上来看，"全域视角下的特色小城镇"指的是规划范围的全覆盖，不仅包括城镇建成区，还包括广大乡村地区以及大量的非建设用地。包括多规合一、城乡用地布局、镇村体系规划、产业空间布局和交通梯次衔接。

②要素全耦合

从规划对象看，"全域视角下的特色小城镇"指的是全域内要素的全耦合，调动整个镇域的土地、经济、社会、生态等发展要素，实现空间发展与资源承载、产业驱动、基础保障、生态保护的系统性谋划和布置。包括发展规模、空间管制、生态保护控制、小镇风貌塑造、村庄类型划分和村庄发展指引等。

③类别全策动

从规划层次看，"全域视角下的特色小城镇"出于区域协调、与上位规划衔接互动的考虑，其规划应以多规协调为手段，在全空间的覆盖中衔接协调各专项规划的综合部署，进行全方位的统筹安排。包括基础设施专项、公共服务设施专项、综合防灾专项、产业发展研究、文化旅游发展、小镇特色塑造、智慧城镇专题、行动计划专题、公共政策专题、案例研究。

综上，特色小城镇规划更加强调城乡协同、产业协同，强调集中特色资源与产业，发挥比较优势，形成特色风貌，最终实现生产、生活、生态相统一。

（二）多规合一下的特色小镇规划手法

近年来，"多规合一"成为规划界理论研究和实践的热点。2013年中央城镇化工作会议提出"建立统一的空间规划体系""一张蓝图干到底"的要求，随后《国家新型城镇化规划2014-2020》《关于开展市县"多规合一"试点工作的通知》《省级空间规划试点方案》等政策的出台使多规合一成为规划改革的热点和核心抓手。

学术界和规划界从问题分析、技术创新、制度创新和规划体系创新等角度做了大量的研究，对于"多规合一"工作的目标和路径也有了大量的探索，但多规合一的试验目标仍集中在县级以上的行政单位，镇级单位的研究基本空白，随着特色小（城）镇建设的迅速兴起，其规划方法的研究也成为规划界的前沿热点。本部分内容拟以多规合一为核心背景，讨论新形势下特色小城镇的规划问题。

1.特色小城镇"多规合一"工作背景

（1）政策背景：国家提出要一张蓝图干到底

2013年12月，中央城镇化工作会议要求"城市规划要由扩张性规划逐步转向限定城市边界、优化空间结构的规划。"习近平总书记在会议讲话中指出，积极推进市、县规划体制改革，探索能够实现"多规合一"的方式方法，实现一个市县一本规划、一张蓝图，并以这个为基础，把一张蓝图干到底。

至此"多规合一"正式进入规划界的视野，随后《国家新型城镇化规划（2014-2020年）》发布，其重要观点"加强城市规划与经济社会发展、主体功能区建设、国土资源利用、生态环境保护、基础设施建设等规划的相互衔接。推动有条件地区的经济社会发展总体规划、城市规划、土地利用规划等'多规合一'"，成为"多规合一"的行动纲领，同时也标志着多规合一上升至国家政策。《国家新型城镇化规划（2014-2020年）》发布之后，中央展开了一系列试点工作，由海南、宁夏回族自治区等省份扩展到9省，试点级别也从省级、市级发展到县级，乡镇也必将成为未来"多规合一"的热点区域。

（2）现实背景：各类规划自成体系、缺乏衔接、各自为战

①规划名目繁多

据中国城市规划设计研究院统计数据，我国经法律授权编制的规划至少有83种，在名称上一般叫做"规划"；而据发改委统计，"十一五"期间，国务院有关部门共编制了156个行业规划，省、地（市）、县三级政府编制的规划纲要、重点专业规划多达7300余项，各类规划名目繁多。

②规则体系各异

城乡规划有《城市用地分类与规划建设用地标准》（GB50137-2011）《镇规划标准》（GB50188-2007）；土地利用规划有《全国土地分类（过渡期）》《土地利用现状分类》（GB/T21010-2007），以及市、县、乡镇三级土地利用总体规划中相应的分类体系；旅游发展规划有《旅游规划通则》（GB/T18971-2003），各类规划均自成体系，对接困难。

③多规合作存在技术障碍

各类空间规划存在编制基础缺乏协调，基础资料、统计口径、用地分类标准等各类要素不统一，规划基期、规划期不同的技术障碍，使得"多规合一"存在衔接难度大，成本高的问题。

（3）自身要求：传统规划空间与产业的不统一

传统乡镇级别的规划以城乡总体规划为主，但该类规划由自城市规划体系演变而来，其核心出发点依然是用地的集约化和高效利用，缺乏对产业的思考。而社会经济发展规划、产业规划等更偏重于产业，由于缺乏对用地的影响力而难以达到规划的效果。

2.特色小城镇"多规合一"规划思考

（1）特色小城镇"多规合一"目标

特色小城镇的定义和四特本质决定了其核心依然是产业，而空间作为产业的载体，两者的协调成为特色小城镇规划首先要解决的问题。区别于传统规划界提出的空间"多规合一"，特色小城镇在规划中除了各类空间规划自身的协调，更要重视产业和旅游的问题，通过"多规合一"实现空间、产业、设计、

运营的协调统一。

（2）特色小城镇"多规合一"编制要求

三位一体：编制中要将产业、文化、旅游三者融合统一，实现特色小城镇四特本质的核心—产业特。

三生融合：在空间和业态的组织中，以生态为基底，实现生产、生活的高效、有机组织。

三方落实：除空间和产业外，特色小城镇庞大的投资体量决定了规划编制必须考虑投资和运营问题，实现项目、资金、人才三方落实。

（3）特色小城镇"多规"界定

理论上的"多规"包括国民经济和社会发展规划、城乡总体规划、土地利用总体规划、环境保护规划、生态保护规划、林业规划、产业规划、交通规划、市政规划等各类规划。本部分内容从特色小城镇规划的目标和要求出发，"多规"选取国民经济和社会发展规划、城乡总体规划、土地利用总体规划、生态环境保护规划、产业发展规划、城市设计、运营规划七个规划作为主体，形成特色小城镇"多规合一"体系。

（4）特色小城镇"多规合一"技术路线

通过与社会经济发展规划、产业发展规划内容协同，强化产业部分内容：通过 GIS 平台统一城乡总体规划、土地利用总体规划、环境保护规划等空间规划内容，强化用地的科学和可实施性；通过城市设计，强化核心区风貌控制；通过运营策划，强化项目的可实施性和落地性，形成以空间、产业为主，设计、运营辅助的四大组成板块，以规划总平面为核心的特色小城镇"多规合一"规划体系。

3.特色小镇"多规合一"规划方法

本文的特色小城镇为建制镇，故规划范围即小镇镇域行政边界。建设范围即小镇核心区，一般在1平方公里左右。

（1）规划主要内容概述

①镇域

提出镇域的发展战略和发展目标，确定镇域产业发展空间布局；预测镇域人口规模；明确规划强制性内容，划定镇域空间管制分区，确定空间管制要求；确定核心区性质、职能及规模，明确核心区建设用地标准；确定镇村体系布局，统筹配置基础设施和公共服务设施；策划镇域范围内核心产业项目；确定项目用地落实方案；明确镇域范围内生态环境保护的分区、设施布局、保护内容。

②核心区

确定核心区的性质、定位、发展思路；策划核心区业态与产品；根据策划内容进行各类用地布局；确定规划区内道路网络；对规划区内的基础设施和公共服务设施进行规划安排；建立环境卫生系统和综合防灾减灾系统；确定规划区内生态环境保护与优化目标，提出污染控制与治理措施：划定五线控制范围；确定历史文化及地方传统特色保护与利用规划的内容及要求：编制核心区投资与运营计划；提出分期建设计划，重点提出近期建设计划。

（2）镇域部分规划实施

①多规融合思路

运用 GIS 平台，以城乡总体规划为基础搭建规划框架，通过与社会经济发展规划、产业发展规划、土地利用总体规划、城市设计、运营规划的融合，强化空间、产业、运营方面的内容，新增设计方面的内容，形成以空间、产业为主，以设计、运营为辅的四大板块规划实施内容。

②技术平台搭建

以 GIS 平台统一各类空间规划的坐标系、制图平台以及用地分类方式，通过智慧化管理平台的接入，导入重大项目的动态管理系统，形成多规合一信息处理平台。

③产业规划

其一，融合概述。在城市总体规划的产业规划基础上，融合偏政府政策的社会经济发展规划和偏策划的产业发展规划，形成产业规划板块。

其二，各类规划产业部分核心内容。社会经济发展规划的性质为政府政策，具有一定的法律效应，是政府的工作计划，其核心内容在于经济预测、经济和社会发展战略、重大产业政策、生产力布局、国土整治和重点建设，其落脚点在规划项目库；产业发展规划的编制主体丰富，并不具有法律效应，只是作为政府和企业决策的参考，其核心内容在于主导产业确定、产业体系构建、重点产业项目策划等内容；城乡总体规划的产业规划部分主要为镇域产业结构、空间功能分区、产业用地规模与分布等内容。

其三，小镇"多规合一"产业规划主要内容。在城乡总体规划的产业规划基础上，增加产业政策、重点产业项目策划及布局，强化产业定位、产业发展思路、产业布局等，形成以下主要内容：

镇域层面：资源分析、产业现状分析、产业定位、产业发展战略、重大项目策划、重大项目布局、产业服务设施规划。

核心区层面：核心区功能定位（产业层面）、业态规划、项目策划及布局。

④空间规划

其一，融合概述。在城市总体规划的空间规划基础上，融合国土部分的土地利用总体规划和环保部门的环境保护规划，形成空间规划板块，突出特色小城镇的"功能特色"。

其二，各类规划空间部分核心内容。城乡总体规划空间部分核心内容在于确定人口与用地规模，确定各类用地标准、土地利用规划、综合交通规划；土地利用规划空间部分核心内容在于自上而下的用地指标控制，是在指标确定的情况下对现有用地结构进行优化；环境保护规划空间部分内容主要为限制性规划，重点在与各类用地红线的控制。

其三，各类空间规划主要分歧。在规划思路上，城乡总体规划为发展型规划，其出发点在于未来城市发展的理想状态；土地利用总体规划和环境保护规划为限定型规划，其出发点分别为用地指标控制和生态红线控制。

在用地规模上，城乡总体规划通过人口的增长确定用地的增长，而土地利用总体规划的用地规模在于自上而下的用地指标划拨，通常城乡总体规划的用地规模大于土地利用总体规划。

在用地分类上，两者分别以国家规划部门和国家土地部门发布的用地分类标准为指导，相互交叉、自成体系，难以统一。

其四，空间差异处理。在建立统一的信息处理平台基础上，通过对目标、用地规模、空间结构、用地布局等内容进行对比，在统一城市发展目标基础上，通过重点发展空间、战略储备空间、用地布局优化等方式最大限度地消除用地差异化。

其五，用地标准差异处理。整合城乡用地分类标准和土地利用规划用地分类标准，建立小镇多规合一用地分类体系。

其六，小镇"多规合一"空间规划主要内容。在环境保护规划确定的各种生态红线范围内，将城乡总体规划和土地利用总体规划的用地方案整合，形成小镇空间规划主要内容：镇域层面为镇域土地利用规划、镇域综合交通规划、镇域重大基础设施规划；核心区层面为总平面规划、交通规划、各类设施规划。

⑤城市设计

其一，融合概述。在城市总体规划的基础上，增加城市设计的相关内容提炼小镇文化特色素材，通过路径、边界、区域、节点、地标五要素的设计，强化核心区的风貌特色，突出小镇的"形态特色"。

其二，小镇"多规合一"城市设计主要内容。核心在于三类要素的设计：空间要素，确定高度、空间骨架、空间单元、空间节点、界面、路径等内容的控制原则；环境要素，确定绿化配置、广告标识、雕塑小品、灯光灯具、场地形式等环境设施的控制原则；建筑要素，确定建筑的主要轴线和景观朝向、形体、色彩、材料、照明等内容的控制原则。

⑥运营策划

其一，融合概述。在城市总体规划的基础上，强化运营策划内容，通过运营模式的构建和投入产出测算，强化产业和用地规划的可实施性，突出特色小城镇的"机制特色"。

其二，小镇"多规合一"运营策划主要内容。核心内容在于运营模式的构建和投入产出测算。

运营模式构建包括项目动态管理平台的构建以及各类项目运营模式、商业盈利模式、投融资方案的设计与安排。

投入产出测算包括项目规模及投资测算，以及分期投资计划、各类收益计算、投资回报率计算。

（三）乡村现代化规划是实现乡村振兴战略的重要依据

农业农村农民问题是关系国计民生的根本性问题，党的十九大报告提出要实施乡村振兴战略，并庄严地写入了党章，为新时代农业农村改革发展指明了方向、明确了重点。这是解决好中国特色社会主义新时代"三农"问题的重大战略，也是解决新时代社会主要矛盾的重大举措。

乡村振兴战略就是要坚持农业农村优先发展，进一步理顺工农、城乡关系，在要素配置上优先满足，在资源条件上优先保障，在公共服务上优先安排，加快农业农村经济发展，加快补齐农村公共服务、基础设施和信息流通等方面短板，显著缩小城乡差距。实施乡村振兴战略要按照产业兴旺、生态宜居、乡风文明、治理有效、生活富裕的总要求，建立健全城乡融合发展体制机制和政策体系，加快推进农业农村现代化。

乡村现代化是一项系统工程，涉及乡村经济、政治、文化等各个方面的现代化。要实现乡村现代化，首先要有先进的规划理念。乡村现代化规划需要以新的规划体系为指导，可以借鉴城市规划的经验、理论，但不能套用城镇规划规范。

1.什么是乡村现代化？

小城镇作为乡村的政治、经济、文化中心，是连接城市与乡村的桥梁，是乡村对外开放的窗口。那么，小城镇镇域内乡村从宏观和微观上看，其规划和建设管理达到什么水平，乡村建设进行到什么阶段，才能称得上乡村现代化呢？

（1）乡村生产力高效化

先进生产力，不仅反映在产品数量与质量的提高，还表现在高度发达的社会分工与协作，乡村产业结构合理化、高级化，以及对周围地区的辐射力与吸引力。

（2）乡村基础设施与公共服务设施现代化

基础设施与公共服务设施是现代化不可缺少的重要条件。乡村基础设施与公共服务设施建设应升级为现代化城市标准，包括便捷的交通、通讯，水、电、气的充足供应，完善的住宅、医疗、文体设施以及污水、垃圾处理等。

（3）乡村生态环境优质化

污染得到防治，绿化面积有保障，生态系统保持良性循环，乡村居民生活在一个清洁、优美、舒适、宁静和无害于健康的空间环境。

（4）乡村管理工作高水平化

乡村现代化不可缺少高水平的科学管理，要求政府拥有高效率的行政机构、高水平的管理手段、高层次的公众参与，以及科学决策系统和民主监督方式。乡村规划建设、社会服务、剩余劳动力再就业、治安、防灾、市政管理等各项管理工作井然有序，并逐步实现现代化管理。

（5）乡村精神文明高尚化

人民有信仰，民族有希望，国家有力量。实现乡村现代化、乡村振兴战略，就是要实现乡村物质、管理和精神生活的现代化。

（6）乡村居民生活社会化

乡村居民生活的高度社会化也是乡村现代化的重要内容，第三产业在整个社会生产结构中的比重愈高，乡村现代化水平也愈高。这样，可以在同等条件下大量节约人力、物力、资源，减少能耗、物耗，提高劳动生产率，提高城市生活环境的质量，同样也推动乡村现代化水平的提高。

2.如何实现乡村现代化

乡村发展不仅承担着改善乡村生产生活条件、提高村民生活福利水平的责任，也涵盖着国家在处理城乡关系、解决"三农"问题和乡村振兴等方面的政策内容。我们认为实现乡村现代化的规划有五部曲：

（1）科学合理的乡村土地利用规划，是乡村现代化规划的重要依据和基本手段

土地是农业增效、乡村稳定、农民增收最基础的生产资料。传统乡村用地布局散乱、粗放利用严重，编制村土地利用规划，可以将乡村土地的用途明晰、重点突出，将上级规划确定的控制指标、规模和布局安排落实到地块，同时对

耕地和基本农田实行严格保护，促进节约集约用地，打通土地管理的"最后一公里"。

①要强化衔接，实现"多规合一"

纵向衔接要落实乡（镇）土地利用规划确定的各类土地利用控制指标，划定耕地保护红线和永久基本农田，强化对乡村建设用地规模、布局和时序的管控；横向对接要以土地利用为"底盘"，统筹考虑村庄建设、产业发展、基础设施建设、生态保护等用地需求，实现乡村发展"一本规划、一张蓝图"。

②编制体现政策组合的规划

要统筹考虑落实各类涉农和国土资源政策，明确土地整理复垦开发项目区、高标准农田建设区、增减挂钩项目区、工矿废弃地复垦利用项目区等范围。

③合理布局各类用地，尽量做到生活生产相对分离

在控制乡村建设用地总量、不占用永久基本农田的前提下，加大盘活乡村存量建设用地力度。

生活区各类用地宜相对集中布置，重点增加乡村文化设施用地、商业服务业设施用地、公园绿地和广场用地、乡村休闲旅游及养老等产业用地，以及三产融合发展用地，以增加乡村居民公共活动空间。

生产区中一类工业用地可布置在居住用地或公共设施用地附近，二、三类工业用地应布置在常年最小风向频率的上风侧及河流下游，并应符合现行国家标准《村镇规划卫生标准》（GB18055-2000）的有关规定。农业生产及其服务设施用地的选址和布置，应方便作业、运输和管理；养殖类的生产厂（场）等的选址应满足卫生和防疫要求，布置在村庄常年盛行风向的侧风位和通风、排水条件良好的地段；仓库及堆场用地的选址和布置，宜设在村庄边缘交通方便的地段。

（2）创新的乡村产业新业态，是乡村现代化规划的唯一出路

面对工业化冲击，农业萧条、乡村"空心化""老龄化"现象普遍和突出……逐渐凋敝和衰落的乡村，让乡愁无处可寄。如何盘活乡村本土资源，最终成功实现乡村产业转型？

①地方活化，盘点乡村自身资源

以传统为本，充分调动当地居民的积极性，由居民选择能体现当地优势、又有市场需求的产品进行开发，比如农作物、手工艺品、文化活动、地方传统节日等。产品应以主流消费人群为开发对象，通过产品创新、改良与营销，获得市场的认可。

②农业现代化，促进三产联动融合

以农业为基本依托，以新型经营主体为引领，以利益联结为纽带，通过产

业联动、要素集聚、技术渗透、体制创新等方式，将资本、技术以及资源要素进行跨界集约化配置，使农业生产、农产品加工和销售、餐饮、休闲以及其他服务业有机地整合在一起，使得乡村第一、二、三产业之间紧密相连、协同发展，最终实现农业产业链延伸、产业范围扩展和农民增收。

现代农业与二、三产业融合发展有四种形式。一是农业内部产业重组型融合，即引入历史、文化、民族以及现代元素，对传统农业种养殖方式、村庄生活设施面貌等进行特色化改造，鼓励发展多种形式的创意农业、景观农业、休闲农业、农业文化主题公园、农家乐、特色旅游村镇。二是农业产业链延伸型融合，即一些涉农经营组织，以农业为中心向前向后延伸，利用生物技术、农业设施装备技术与信息技术相融合的特点，发展现代生物农业、设施农业、工厂化农业，将农产品加工、销售与农产品生产连接起来。三是农业与其他产业交叉型融合形成产业新业态，探索"现代农业+互联网"的业态形式，构建依托互联网的新型农业生产经营体系，促进智能化农业、精准农业的发展；发展"现代农业+文化"、旅游及城市养老等多元产业，使农业从过去只卖产品转化到还卖风景、观赏，卖感受、参与，卖绿色、健康。四是先进要素技术对农业的渗透型融合，在"互联网+"下，实现农业在线化、数据化。生产经营做到在线监控管理，农产品实现线上预定、结算，线下交易、销售。支持新型经营主体和农民利用"互联网+"、金融创新建立利益共同体，最终实现创收增收。

（3）完善高效的乡村公共服务和基础设施，是乡村现代化规划的基础保障

①乡村公共服务

按政府主导、多方参与的思路，进一步加大政府提供乡村基本公共服务的力度，把乡村公共服务和社会管理分为文体、教育、医疗卫生、就业和社会保障、乡村基础设施和环境建设、农业生产服务、社会管理等七个类别，形成具体内容，并划分为政府、村自治组织、市场等三个供给主体，同时明确组织实施办法。

针对乡村公共服务受益的地域性和特殊性，结合不同类别村的人口规模和经济条件，按照统筹推进"三个集中"的原则，以节约资源、信息共享为重点，整合村级公共服务和社会管理场所、设施等资源，统一规划，优化功能、集中投入，统筹建设政务服务中心、村级活动中心等公共服务平台，实行基础设施和公共服务设施的合理布局，全面覆盖，并逐步形成一套适应乡村居民生产生活方式转变要求、城乡一体的基本公共服务和社会管理标准体系。

②乡村基础设施建设

大致可分为"生产、生活、生态"三类，其中，"生产"类基础设施建设

以农田水利设施为代表，根据农业发展需求，加大资金投入，逐步实现农业产业化标准。"生活"类基础设施建设以交通、电力、生活污水收集管网、污水处理设施、无害化卫生厕所改造建设等生活配套设施为主，既要考虑乡村居民生产生活的实际需要，还要根据产业融合发展等要素规模配置基础设施资源。"生态"类基础设施建设，要全面推进乡村清洁工程、污水治理工程，建立健全乡村居民自我管理机制、清扫清运机制、经费保障机制等长效机制，切实改善乡村人居环境。

（4）生态宜居的乡村环境，是乡村现代化规划的形象标志

党的十九大报告提出："建设生态文明是中华民族永续发展的千年大计。"乡村振兴战略用"生态宜居"替代"村容整洁"，是乡村建设理念的升华，是一种质的提升。

生态宜居要更新生态环境观念，注重乡村的可持续发展，把农耕文明的精华和现代文明有机结合起来，使传统村落、自然风貌、文化保护和生态宜居诸多因素有机结合在一起，实施"大生态"跨越工程，以乡村环境综合整治为外在形象建设抓手，具体规划建议如下：

①生态建设指标要达标

乡村生活污水处理覆盖率达到80%以上，垃圾清运率和处置率达到90%以上，畜禽粪便基本实现资源化利用，配套粪污处理设施达100%，农作物秸秆综合利用率达到85%以上，农膜回收率达到80%以上，公厕普及率达到100%等。

②推广农牧结合生态养殖模式

以规模化、生态化为方向，建设规模化生态畜禽养殖场、养殖小区，推进畜禽养殖区和居民生活区科学分离，促进畜禽粪污从点上污染向集中治理转变，提高资源化利用水平；积极开发生物质能资源，培育以农作物秸秆为主要原料的生物质燃料、肥料、饲料等生物质能产业；以保护水域生态环境、修复水域水质为目的，认真执行环保和渔业法律法规。

③实施乡村环境美化

加强村旁、宅旁、水旁、路旁、院内以及闲置地块的绿化美化工作，推进道路林荫化、乡村特色风貌园林化、庭院花果化，加强乡村建筑设计民族化、时代化，打造人与自然和谐相处的生态环境。

④推广清洁能源

推进"减煤换煤、清洁空气"行动，推广使用电能、太阳能、沼气、天然气等清洁能源，逐步减少煤、木柴、秸秆、畜禽粪便燃烧对环境造成的污染。

⑤开展文明乡（镇）、文明村创建活动

通过开展"乡村星级文明户评选""村民形象评议"等主题活动，培育和践行社会主义核心价值观，努力提升乡村居民文明卫生意识。积极倡导健康、文明、科学的生活方式，弘扬传统美德，营造乡风文明。

（5）高水平的乡村管理机制，是城市现代化规划的有机保障

改革开放以来，乡村治理机制在改革中不断完善。党的十九大报告提出："加强乡村基层基础工作，健全自治、法治、德治相结合的乡村治理体系"。这为乡村治理体系的改革与完善指明了方向。

①在法治的框架内创新自治制度

村民自治要有规章制度作为保障，制定村规民约是对传统农耕社会制度遗产的扬弃和继承，是成本最低、效率最高的乡村基层制度安排。村民自治也要有组织作为保障，要大力发育多元化的乡村基层社会自治组织，提升乡村弱势群体的社会资本和组织资本。

②夯实乡村治理的道德基础

十八届四中全会通过的《中共中央关于全面推进依法治国若干重大问题的决定》提出："坚持依法治国和以德治国相结合。国家和社会治理需要法律和道德共同发挥作用"。有的乡村基层组织在实践探索中提出："德治是基础，法治是保障，自治是目标"。抓德治这个基础，要把党建摆在首位。抓住了基层党员领导干部这个"关键少数"，就抓住了问题的根本。

党的十九大报告提出，中国特色社会主义进入了新时代。"小康不小康，关键看老乡"。缩小城乡发展差距、工农发展差距和区域发展差距，是解决发展不平衡不充分的方向之一。因此，在乡村现代化建设发展过程中要不断改革和完善，稳中求快，努力把乡村建设搞好，促进乡村经济社会全面发展，实现我国的全面现代化。

（四）特色小城镇建设用地存在的问题及对策

土地是特色小城镇在开发建设过程中不可或缺的要素，只留足城镇发展空间是不够的，要以产业为重点，明确其重点产业和辅助产业的土地需求。为了研究方便，本部分内容根据产业发展逻辑的不同，将特色小城镇较为笼统的划分为产业型和文化旅游型两大类。并结合前两批国家级特色小镇的土地开发利用情况,总结特色小城镇现状开发建设过程中土地配置存在的问题及解决对策。

1.建设用地配置存在的问题

（1）人口与用地指标不匹配，导致土地集约节约程度不高

不同类型的特色小城镇，人口预测指标和方法不同，因子选取各异，所以

对用地指标的配置就会有差异。但特色小城镇面临两个明显的特点，东部沿海地区小城镇建成区规模普遍较大，而内陆地区小城镇建成区规模普遍较小。根据中小城市发展战略研究院对首批 127 个国家级特色小镇大数据（5 个数据缺失）分析，人均建设用地面积 243.75 平方米，指标偏高、小镇建设用地粗放、土地集约节约程度不高。即使如此，入选的特色小城镇普遍反映建设用地指标是制约小城镇建设项目发展的最主要问题。

文化旅游型特色小城镇面临的土地问题是总量供给缺失。一般城市土地利用总体规划和城市用地指标中没有旅游性质用地指标配置，按照 2012 年 1 月 1 日起实施的《城市用地分类与规划建设用地标准》，城市建设用地标准要求"用地统计范围与人口统计范围必须一致"，也就是"以当地人口确定用地指标"。其中人口规模是按照区域常住人口进行统计，没有短期"流动人口"用地配给，造成旅游用地指标从根源上缺失，难以满足旅游业转型升级的要求。在"城市用地分类与规划建设用地标准》中"旅游用地"没有分类，也就没有相应指标的配置，现有旅游用地基本沿袭"工业"项目发展模式，忽略了旅游外向性用地、适度集约用地、普适性用地等特质。

产业型特色小城镇的产业人口数量是基于传统人口规模预测方法来计算的，包括带眷系数法、生产函数法、劳动力需求预测分析法、劳动平衡法等。但是新形势下，传统的产业人口预测会产生很大偏差，造成土地资源配置、基础设施配置、战略决策都会有失误。

（2）新增用地需求大，保障难度较高

特色小城镇建设需要建设用地，但各省份每年大量的用地指标需要投向民生基础设施、重大产业园区等项目，结余指标数量有限，保障特色小城镇建设需求的难度较大，而这些问题都是国家层面的政策控制，各城镇基本上无能为力。国家及各地方对新增建设用地审批权限越来越严格，若出现违反规划、超计划用地，基本农田保护责任、耕地占补平衡任务不落实，土地节约集约利用水平低下等情况，将相应扣减土地利用年度计划中的新增建设用地指标。情节严重的，在整改到位前，将暂停该地区新增建设用地审批。

（3）土地配置结构不合理，规划管控力度不足

文化旅游型特色小城镇，普遍存在建筑密度和容积率较低，公共设施用地配置不完善，绿化用地占比较小等结构不合理、利用效能低下的问题。产业型特色小城镇，存在着"多圈少建、圈而慢建"等现象，其粗放、低效利用土地形式较为严峻。一些特色小城镇不遵照上位规划指导性，盲目要求政府新增建设指标，使得总体规划失去管制作用。

（4）存量用地规模大，但未高效盘活利用

如上所述，新增建设用地指标报批难度大，报批成本越来越高，报批周期较长，涉及征地、拆迁、补偿、安置等一系列问题。而城镇中存在很多闲置土地、废旧用地和工业厂房可以直接盘活利用，但一些特色小城镇没有合理利用存量资源，导致很多低效土地荒废。

（5）土地供后监管存"盲区"

一些产业型特色小城镇土地出让后，企业仅投资兴建了部分区域，其余部分则闲置或搭盖简易建筑物，这样企业就可以利用土地向银行抵押融资，甚至通过大规模"圈地"，以待城市扩展，工业土地用途变更，实现土地"增值收益"。土地供应后，用的合理不合理，是否达到集约节约要求，国土部门"鞭长莫及"。

（6）土地利用政策针对性弱

国家层面针对特色小城镇建设制定了四条支持政策：一是规范推进城乡建设用地增减挂钩；二是建立城镇低效用地再开发激励机制，允许存量土地使用权人在不违反法律法规、符合相关规划的前提下，按照有关规定经批准后对土地进行再开发；三是因地制宜推进低丘缓坡地开发；四是完善集体建设用地经营权和宅基地使用流转机制。尽管政策发挥了积极有效的作用，但也存在政策普适性较强而针对性不足的问题。

2.特色小城镇土地利用对策建议

（1）土地资源集约节约利用

集中土地有限资源，发挥规模效应，可通过四方面实现土地集约节约利用。第一，科学合理的人口预测是正确配置产业设施和旅游服务设施的前提，可避免用地规模浪费，另外应积极打造设施资源共建共享。第二，加强用地计划管理和指标控制，可依情况适当提高建筑密度和容积率。第三，发挥地价的调控作用。促进土地集约利用水平的提高，以地价为杠杆，实现对土地经营监管调控。第四，加强对农用耕地的控制力度。建立农用耕地保护区，加大力度建设农田基础设施，治理中、低产量耕地，间接提高土地利用率，从而达到农业生产用地的节约集约利用。

（2）优化配置土地利用空间

土地配置的目的是把一定土地利用方式与土地适宜性、社会经济性进行适当比配，优化是在土地利用现状基础上进行目标优化、结构优化和效益优化。第一，针对产业型特色小城镇，加强产业与用地的空间协同，打造顺畅的上下游产业链，并在空间上实现科学布局，引导产业集聚、用地集约；产业选择上注重消耗能源较少的项目，纠正工业用地规模过大、产业定位不清晰问题。特别是中西部地区从实际出发，科学推进特色小城镇建设布局，走少而特、少而精、少而专的发展之路，避免过度追求数量目标和投资规模。第二，合理调整建设用地比例结构。控制生产用地、保障生活用地、增加生态用地。

（3）盘活低效闲置建设用地

针对新增建设指标保障性难的问题，全力推动低效用地再开发工作，放宽低效用地盘活政策的管控，提高存量土地利用率，将鸡肋土地变黄金地。目前福建省特色小镇用地政策规定，对工矿厂房、仓储用房进行改建及利用地下空间，提高容积率的，可不再补缴土地价款差额；河南省鼓励社会资本参与镇区废旧厂房改造和荒地、废弃地开发利用以及低效用地再开发；杭州累计15万亩土地新生，变低效用地为双创样板。

（4）严控土地房地产化倾向

严控地产化可采取三方面措施。一是合理控制住宅用地比例，根据常住人口规模和产业就业人口规划的合理预测，确定住宅用地总量，在拿地平衡上，产业用地与住宅用地比例一般可按5：5或者6：4配比来平衡，即从土地供给环节控制房地产过度开发；二是对产业内容、盈利模式和后期运营方案进行重点把关，防止"以产业之名，行地产之实"。除此之外，每个特色小城镇必须详细公开规划信息、招商信息、产业信息、运营信息，以便社会监督；三是有完善的退出机制，定期明察暗访，防止已经获得特色小镇称号的后期转向地产开发。

（5）制定灵活的用地政策

在国家对特色小城镇土地支持政策之外，各地应结合实际现状积极探索土地用地政策，进行灵活创新，加大盘活低效存量建设用地。探索城乡用地增减挂钩和集体土地流转和租赁，鼓励集体建设用地以使用权转让、租赁等方式，有序进行农家乐、牧家乐、家庭旅馆、农庄旅游等开发项目试点。在拿地平衡上，可探索住宅、产业用地捆绑出让。佛山南海作为我国集体用地改革的试验区，在很多实施途径上都可为特色小镇拿地提供借鉴。根据南海"53号文"探索实施的"混合功能出让"的新供地方式，连片的工业区、村集体工业园区可在规划的引领下，允许部分土地在符合环保要求、安全生产要求下，探索商住混合工业的用地功能，即通过住宅用地与产业用地捆绑拿地的方式，来获取住宅用地。允许通过借用、租用现状空闲土地的形式，拆除部分破旧住宅，打造多处绿地广场。允许部分小镇将开敞空间、绿地广场、非硬化地面的闲置空间等类型用地纳入非建设用地管理，通过建设用地指标腾挪，平衡特色小城镇土地指标。

（6）加强政府土地监督管控

特色小城镇土地开发应坚持规划先行、多规融合，生产、生活、生态"三生融合"。开发建设过程中以镇、村土地利用规划为依据，发挥其引导和管控作用，针对特色小城镇发展建设的五条基本轮廓线，即生态保护红线、基本农田保护红线、小镇开发边界线、建设用地规模控制线和小镇建设用地扩展边界线进行科学的规划管控。政府在规划管控上要适度合理，不能制定所谓行政命令，不能人为确定指标，而是要通过改革来创造权利分配的机会，运用价格机制调控土地。政府督查机构应加强动态巡查，建立集约节约用地责任机制，批前、批中、批后要全面跟踪监督检查，实施全程监管。

第二节　特色小镇的基层概念

特色小镇是经济转型、产业升级、新型城镇化推进三者碰撞的产物。不同于特色小城镇的城镇化属性，其核心在于产业的创新与升级，是一个以市场为主体的综合运营结构，是一个创新创业平台。那么特色小镇在新型城镇化推进中，扮演着怎样的角色？与特色小镇类似，以产业发展为核心的发展结构还有产业园区、产业新城，三者有着怎样的联系与区别？另外，这一轮特色小镇的起源地浙江曾提出，所有的特色小镇（非旅游类）必须为 3A 级以上景区，这一做法引起了社会各界的热议。到底旅游产业在特色小镇中起着怎样的作用？本节将聚焦这三大问题，从对比中，厘清特色小镇的内涵及发展逻辑。

一、特色小镇 VS 新型城镇化

（一）目前中国城镇化的发展结构与存在的问题

城镇化率达到 50%（2016 年年末我国城镇化率为 57.35%）以后，中国进入一个新的发展阶段，以工业大发展带动的城镇化模式已经困难重重。原因有三：第一，工业化带动的以大量农民工进城为特征的人口聚集、消费聚集，引发了城乡二元结构下的各种社会问题；第二，随着城镇化的快速推进，在我国城市进入结构化分级发展阶段的背景下，大中城市及城市群得到了有效发展，但小城镇并未被纳入这一结构体系；第三，在发展主线方面，原有的工业推动与行政聚集两条发展主线迫切需要突破。那些缺乏工业发展基础、无行政优势资源区域的发展将成为突破重点。小城镇长期以来无法实现城镇化的有效推进。这是中国最大的社会问题、政治问题、经济问题。所谓社会问题，即镇村人口无法共享改革红利，其生活水平、保障体系、发展机遇等与城市存在较大差距，这是不公平的。所谓政治问题，即小城镇长期得不到发展，不符合我国追求共同富裕、公平、和谐的最基本的社会发展理念。所谓经济问题，即小城镇发展的停滞，加大了其与大城市的差距，城乡二元结构的问题亟待解决。那么，在中国成为世界第二大经济体的背景下，镇域经济与农村地区应如何发展？

（二）特色小镇在中国城镇化发展中的作用及模式选择

从国际城镇化的经验出发，我们做个假设，将中国全部村镇人口集中在城市，农村实行农业机械化改造是否可行？答案是否定的，一是因为中国的福利体系难以支撑广大的乡村；二是中国如此大的人口基数，不符合城镇化发展规律。因此，就地城镇化的发展模式是必然选择。以浙江省为例，浙江省是中国的发达区域，农民收入远高于全国，其民营企业与民营经济发展态势良好，且通过市场聚集、生产加工业聚集，已经构建了相对雄厚的经济发展基础。但这一自发的城镇化模式缺少基础设施与公共服务体系支撑，村民虽翻盖了住房，但生活水准并无实质性提高。特色小镇的建设，以村镇的经济繁荣为基础，引入有效的城市管理模式，建设基础设施、服务设施与科教文卫等城镇化支撑体系，使农民享有城市化的福利待遇与城市的公共配置，并通过城镇化，实现资源有序的集约化使用，更加有效地统筹区域经济的发展。

特色小镇这一不同于现行城镇村行政体系的创新发展结构，体现了社会资本的市场化追求，建造者的生活梦想，具有很好的商业收益与宜居生活环境。因此，它对产业、人才、资本等发展要素具有极强的吸引力，在高端产业与产业的高端方向上具有巨大优势，是国家供给侧结构性改革的重要平台，是创新创业发展的有效载体，是破解城乡二元结构的有效抓手。

总之，特色小镇自下而上得到了中央的认可，成为我国新型城镇化中非常清晰的一条路径，与特色小城镇一起共同推动区域经济发展。

（三）城镇化背景下特色小镇开发的三个关键支撑

特色小镇是一种跨产业、跨区域、跨社会结构、跨地产的复合结构，涉及从土地一级开发、房产开发、旅游景区开发、特色村落开发、园区开发到新型城镇化的统筹开发。这种集产城融合、产社融合的区域经济一体化、开发运营一体化、投融资一体化的复合发展结构，是城市开发的最高阶段，需要政府、开发性金融机构、市场化运营机构的全面支撑。

1.政府投资——就地城镇化的基础设施与公共服务设施支撑

在特色小镇结构下，以小镇为基础，镇乡联动、镇村联动，形成镇域经济发展和城镇化升级。其中，最基础也是最重要的是基础设施和公共服务设施的升级，包括污染治理、环境整治、交通提升、公共服务设施打造、教育提升、卫生条件提供等。这些投资很难产生直接的经济回报,需要政府进行财政补贴,形成国家资产,从而为特色小镇开发建设提供最基础的条件。

2.开发性金融—城镇开发建设的资金支撑

开发性金融是政策性金融的深化和发展,其资金主要用于区域开发和发展。在我国,开发性金融主要由国开行、农发行、亚投行、国家基金等金融机构提供,具有期限长、额度大、利息低的特点,而这正是城镇化建设所需要的。在特色小镇成为国家战略的背景下,充分利用开发性金融补足特色小镇的设施短板,支持小镇的产业建设、人才培养,是小镇能够可持续发展的基础。

3.市场化社会运营机构—城镇的市场化运营支撑

社会资本与政府财政、开发性金融结构三结合,构建了 PPP 概念。社会资本与政府协作,形成以市场化要素配置为原则,以产业发展为核心,带动区域经济,实现就地城镇化的路径选择。特色小镇的发展需要以市场化为方向,换句话说,就是要以企业为开发主体,以政府为行政管理与公共服务主体,用市场化的 PPP 来安排产城融合发展结构,形成市场化推动的产业发展,支持小镇的就地城镇化。

对于企业而言,参与特色小镇建设,通过"政府+开发性金融+企业"的合作结构,实现的已经不仅仅是经济效益,还有社会价值的创造与社会责任的担当。其开发的特色小镇也不仅仅是一个产业小镇,还是生活的小镇、风情的小镇,是理想国,是承载人们梦想与追求之地。

总之,特色小镇是中国经济发展到今天,是解决我国剩余 40%的城镇化升级的最好路径。因此,特色小镇不是一时兴起,不是一个简单的架子,不是一种房地产,不是一个简单的产业,而是未来中国持续发展必须要走的一条路。

二、特色小镇 VS 产业新城 / 产业园区

(一)城镇化视角下的特色小镇与产业新城,产业园区

在中国城镇化过程中,以产业为重要支撑的发展载体,除特色小镇外,还有产业新城与产业园区。由于这三者都以产业发展为核心,产业园区与产业新城又发展的比较早,有人认为,特色小镇是这两者的代替。但细究这三者在城镇化发展过程中的提出背景与承担的责任,可知,它们各有其存在的土壤与必要性。如前所述,城镇化视野下,特色小镇是破解城乡二元结构、改善人居环境、实现产业升级与经济发展的重要抓手,符合人的城镇化规律。而产业新城则是在大城市外溢效益背景下,为解决中心城区房价高企、就业紧张、交通拥堵、环境污染、生活品质恶化等大城市病问题而产生的。一般体量较大,人口较多,选址于中心城区周边,置换大城市的部分功能,并逐渐发展成为独立于

中心城区的新城区。如上海浦东新区、苏州工业园区、固安产业新城等。比较而言，产业园区是"一大片土地细分后进行开发，供一些企业同时使用，以利于企业的地理邻近和共享基础设施"，通过这种产业要素高度集中的方式，解决某一区域产业发展的问题，其所带动的区域并没有城市或乡镇的明确区分。因此，对某一区域的城镇化而言，这三者并不存在谁高级，谁低级的问题，只有在综合分析发展条件与发展目的前提下，谁更合适的问题。当然，由于产业园区体量较小，主要以产业的聚集为发展目的，而特色小镇、产业新城是在产业聚集的基础上，进行社会全要素建设的系统工程，因此，产业园区可以为两者的发展提供基础。

（二）特色小镇与产业新城、产业园区发展逻辑的比较

1.发展理念

由于特色小镇、产业新城、产业园区的发展背景与目的不同，发展理念也存在明显差异。产业园区以聚集发展资源、形成产业集群效应为目标，"企业"是目标达成的最根本条件。因此，产业园区以"为入驻企业提供优质服务"为理念，在入驻政策、土地集约化使用、基础设施及各类服务共享等方面，都以吸引优质企业入驻、促进企业发展为纲领。而特色小镇与产业新城是所有城市结构元素共同发展的复合性开发结构，两者更加在意发展的系统性与综合性，其落脚点往往在人的生活质量与区域综合实力提升上。其中，产业新城通过各类产业与房地产的发展，城市功能的完善，实现居住与就业的平衡，提高区域的整体地位，形成对周边区域具有辐射效应的新城区。特色小镇则以特色产业打造为起点，在形成产业集群，完善城市功能基础上，更加注重居民、社区、文脉、传承等生活面、文化面、社会面的营造，并最终形成具有强烈识别性、满足品质生活要求的梦想之地。

2.产业特征

特色小镇、产业新城、产业园区虽然都强调产业的发展，但在产业构成、产业发展方向、产业实现路径等方面存在较大差异。产业园区的产业定位非常明确，它是专门为从事某种产业的企业而设计的园区，如创意产业园区、技术产业园区、物流园区等，其强调产业要素的聚集，产业平台的构建。产业新城则具有多元化的产业结构，不强调产业类型的多寡，可能是一种产业，也可能是多种产业，但更加强调产城融合基础上，产业对整个新城区的驱动效应。与前两者相比，特色小镇虽然也强调产业聚集，强调产业的带动效应，但较之产业园区，它不追求全规模聚集，而在于优势产业的资本、人力、技术等高端要素的聚集，产业类型上，以高端产业为主，注重研发、营销上下产业链的贯通；

较之产业新城，它不追求土地的大规模开发，不追求规模扩张效应，而在于产业要素、人气、消费、空间的紧凑聚集和土地利用集约化。

3.功能与布局

以发展理念为先导，特色小镇、产业新城、产业园区表现出不同的载体功能与空间布局形态。其中，产业园区的功能承载与空间布局较为单一，其以产业功能为核心，虽然也可能发展出部分的生活休闲功能，但也仅限于对产业功能的补充与配套；在空间方面，同样以产业为主体，主要作为产业的发展空间载体。与此不同，特色小镇与产业新城都强调综合性的城镇功能，强调产城、产镇的融合发展，但两者也有不同。产业新城是集工作、生产、生活、休闲娱乐等于一体的综合性城市功能区，是"大而全"的城市空间，而特色小镇既具备城市生活的功能性，同时又具有自身独特的景观性与实体性，是"小而美"的城镇空间区域。

当然，产业新城与产业园区也将随着时代的发展与需要，不断演进，不断更新，它们之间的某些不同可能在未来变得模糊和不重要。于特色小镇而言，在明确认识自身的发展目的与规律基础上，应充分吸收借鉴产业新城与产业园区优异的发展因子，以实现自身的发展目标。

三、特色小镇 VS 旅游产业

（一）旅游产业在小镇发展中的优势地位

一直以来，以工业发展为核心的产业带动模式是中国城镇化的主流，它集聚人口、技术、资金等发展要素，形成城市发展结构。比较而言，小镇的行政级别低、工业发展基础弱，对工业化发展要素难以形成吸引力。因此，对绝大多数小镇而言，尤其是中西部地区，以现代工业推动特色小镇发展的模式不可行，也行不通。但大多数经济不发达的区域，往往具备良好的自然生态环境、不可替代的特色物产、独特的区域文化、世代传承的手工技艺……在这一背景下，具有强大资源塑造能力、强大外来消费搬运能力、较高产业附加价值的旅游产业，对推动特色小镇发展具有不可替代的优势。因此，以旅游产业推动特色小镇发展的产业带动模式，在我国具有区域普适性、现实可行性与发展必要性。

（二）旅游产业推动小镇发展的逻辑

并不是所有的小镇都要成为旅游小镇，但旅游在每一个小镇中必不可少。我们可以从旅游小镇与非旅游类小镇两个角度来分析。对旅游小镇而言，毋庸置疑，旅游产业是推动小镇的核心力量。研究表明，5 万游客量可以形成一条商街、30 万游客量可以形成一个休闲小镇，而 100 万的游客量则可以形成一个中心镇（县城）。其逻辑就是由以吸引核带动的观光形成人流聚集，由人流产生的休闲消费形成服务产业聚集，由产业聚集形成人口就业基础，由就业人口与暂住人口带动城市配套发展，这是一种市场导向的城镇化自组织生长机理。其经济本质是以"游客搬运"为前提，形成游客在异地的规模消费，从而实现"消费搬运"效应。

这一搬运，是旅游跨越区域，带动目的地发展的最好手段。将"市场"，而不是"产品"进行搬运，这是旅游业区别于其他产业的根本，也带来了诸多其他产业无法实现的效应：第一，游客消费，形成了餐饮、住宿、游乐、购物、会议、养生、运动等综合性、多样化的终端消费经济链；第二，在旅游消费拉动下，本地特色产品及产业（比如土特产品、农副产品、历史民俗民族文化产品等）延伸发展，形成了一个旅游带动的产品产业链，并逐步聚集形成产业集群；第三，居民收入增加、城乡差距缩小、城市环境美化、区域环境生态文明、文化传承、服务设施完善、城市品牌提升、精神文明建设等这些旅游带来的既得利益，构建了新型城镇化中最强调的新内涵；第四，旅游形成了消费聚集和产业聚集，带动土地升值、延伸商业地产及休闲度假地产等高利润项目，为城镇化提供了产业、就业、环境、服务和居住五大支持，成为城镇化的直接动力。

对非旅游类小镇而言，旅游对小镇的推动作用是间接的、隐形的，也是必不可少的。首先，旅游对核心特色产业将起到推动作用。在选择合适切入点后，旅游产业将实现对特色产业的价值延伸，丰富特色产品，形成更为丰富的产业体系。其次，旅游将美化小镇的生态生活环境，对产业人才、特别是高端产业人才构成吸引，这将间接推动小镇的发展。此外，旅游的发展也将为小镇创造更多的就业机会，并对小镇文化发展、社会结构优化起到推动作用。

（三）特色小镇发展旅游须处理的几个问题

1.旅游与原住民关系问题

旅游产业的发展，将为小镇带来大量的旅游人口。旅游人口与小镇的原住居民之间有着不同的文化背景与利益诉求，于旅游者而言，他们希望小镇有好吃的、好玩的、好看的，以及友好的居民、充足的配套；于本地居民而言，他们更希望维持原有的熟人社会结构，希望平静的生活不被打扰，有限的公共服务设施不被挤占。面对不同的群体诉求，小镇开发方应充分调研、合理规划。在小镇空间布局、功能分区、设施配给等方面权衡得失，在保护本地居民利益基础上进行旅游开发，在社区活动、旅游活动中寻找契合点，妥善处理本地居民与外来人口的关系。

2.产业关系协调问题

在特色小镇发展中，旅游与健康、体育、会议、手工艺生产等具有相近的产业属性，容易形成互相促进的产业融合结构。但有些金融、科技、高端制造等产业小镇，核心产业的发展与旅游之间有时存在冲突。这主要是因为旅游是通过人流带来的消费实现产业价值，而金融、科技、高端制造等产业主要是通过高端人才与核心技术创造价值，而高端人才希望的是安静、安全的生活环境，而旅游却使小镇环境杂乱，并且大量陌生人的到来，也为小镇产业的技术保密与小镇安保带来了不确定性因素。因此，是否引入旅游产业、如何引入旅游产业，开发方应根据产业特点，提前处理好产业关系。

3.设施有效利用问题

小镇的设施既要为旅游人口服务，又要为常住人口服务。因此，在建设初期，应把握城市设施与旅游设施两者相互促进、相互融合的建设理念，把握旅游与常住人口的动态平衡，对设施进行合理布局与功能预设。此外，在一些存在矛盾的设施建设方面，可通过共建共享理念，提高资源使用效率。

四、特色小镇：乌托邦式的有机生命体系

在特色小镇火热的当下，业界更多聚焦讨论的是产业、地产、空间等单体要素，毋庸置疑，这些都是小镇发展过程中的关键核心部分。但作为一种综合发展模式，特色小镇绝不仅仅是发展一两个产业的问题，也不仅仅是构建一居所、二居所、养老居所的问题，而是一个完整生命体和生态系统的构筑问题。在城市竞争由资源竞争向整体生态系统竞争转变的当下，我们必须站在社会学的角度，以产业等单体要素的突破发展为基础，构建一个创新、生态、有活力的有机生命体，方能构筑支撑特色小镇发展的强大保障。特色小镇的终极形态就是生产、生活、生态"三生合一"的乌托邦式空间，是高效运行的社会生态系统。这一有机生态系统，就像是渗透在城市各领域、各角落的一张网，不同的系统，催生不同的发展机制与动力，形成强弱不一的城市吸附力，决定了城市未来的发展方向与可持续能力。

生态系统的构建，并不是多种功能的大糅合，而是强调各功能之间的有机与统一。我们将其称之为特立独行的、独一无二的、较高附加值的、产城融合的、宜居宜业宜游的、全要素全覆盖的立体生态系统。这一生态体系包含了自然生态、文化生态、生活生态、公共生态、产业生态五大部分。其中，产业生态是核心，是城市经济的直接来源；自然生态是基础，既是产业发展的基础更是人们生活的基础；文化生态是灵魂，文化传承与创新构成了城市的鲜明印记；生活生态是人与城市之间的交互，是城市独有的精神内涵；公共生态是支撑，包含了城市公共服务与公共管理。

（一）有机生态体系是支撑小镇特色发展的核心

1.特色小镇本身的复杂性决定了必须构建有机生态体系

特色小镇不是单一的产业园区，也不是景区、度假区，而是一个包含了生态、生活、生产的复杂的体系结构。特色小镇也不同于一般的建制镇，其对城镇本身所呈现出来的特色风格、风貌、风情、风尚要求标准较高。从社会主体上来看，特色小镇需要统筹兼顾政府、开发商、企业、居民、游客的需求及利益实现；从功能上来看，特色小镇需要实现生产、居住、休闲、旅游等各功能之间的有效呈现与衔接；从城镇发展的角度来看，特色小镇不仅要关注小镇产业及经济的发展，还要提升人们的生活幸福感以及整个城市精神特质及文化品牌的塑造。因此，特色小镇必须构筑一个包含自然、文化、产业、生活、公共服务以及政策、金融、运营等多元体系的生态系统，方能保障特色小镇全方位要求的实现。

2.未来城市竞争要素的转变决定了特色小镇必须构建有机生态体系

随着我国由以工业化（对资源依赖程度较高）为带动的城镇化阶段逐渐转变为以智慧与知识产业（对人才及技术的依赖程度较高）为带动的智慧化社会，原来促进城市发展的自然资源要素、行政要素、交通要素等，都在逐渐弱化，相反依托于市场、根植于创意阶层所形成的创新能力，成为最主要的一种驱动力，同时也是一种核心竞争力。创新能力，一方面依托于大量的创新阶层，另一方面取决于城镇所形成的创新环境与体制机制。

多伦多大学 Richard Florida 教授，提出了"创意阶层"的概念，他将创意阶层分为三类：超级创意核心人群（Creative Core，如乔布斯）、专业创意人群（Creative Professionals，如律师、建筑师）和游侠式创新者（Bohemians，非专业出身，但却有独到视角与见解）。研究发现，吸引这些创意者的，并非当地的优惠税收政策，更多的是一种跟自己契合的生活方式，他们很容易被"街头文化"这样的生活方式（包含现磨咖啡、时尚画廊、独立餐厅等多样元素）所吸引，从而聚集。

创新环境的营造与相应体制机制的建立，是孕育"创新"的土壤。拿西安、武汉、杭州三大城市的大学生毕业人数及就业人数来看，西安各大高校每年毕业学生大概 30 万人，每年吸纳毕业生就业的仅有 5 万人，大量毕业生外流；武汉各大高校每年毕业生的数量也在 30 万人左右，每年留在武汉工作的大学毕业生基本持平；而杭州每年大学毕业生的数量约为 26 万人，但每年参与就业的人数则在 45 万人左右，对年轻人的吸纳能力非常强。之所以呈现如此巨大的差异，究其本质，是由城市特质决定的。杭州拥有互联网、物联网、电商等高科技产业，拥有动漫、休闲等年轻创意人群喜欢的元素，拥有开放、自由、包容的城市精神，同时还拥有拼搏的精神……丰富的文化、多元的环境、包容的氛围，使得人们的不同想法能够产生碰撞、不同人之间的社交更加充分，从而产生1+1>2 的效果，催生出更多的精彩创意。

（二）特色小镇五大生态体系

1.产业生态——特色小镇发展的核心

产业作为小镇的灵魂，其发展不是孤立的，也不是只吸引一两家龙头企业就能够带动的，它需要的是生态系统的构建，需要的是生态系统中各方的相互作用、相互支持。从国内外产业发展的经验来看，产业生态系统的构建需要政府和企业双方发力，一般包括三个层面：

一是政府层面的产业发展支持体系。即政府在明确重点产业集群的基础上，从产业发展角度结合市场规律，在税收政策、财政政策、土地政策、人才激励政策、产业配套设施建设等方面给予大力支持。

二是处于产业链上游的龙头企业的带动作用。类似于阿里巴巴这样的企业，不仅能够吸引围绕其发展的上下游产业链、相关产业链上的资源，还能一定程度上吸引竞争对手的聚集。

三是创业创新环境的营造。创业创新是带动产业发展及升级的新引擎，也是未来我国经济增长的红利所在。这一环境的形成除受历史环境及人文环境的影响外，还需要人才、创新的"第一资源"和核心推动力，孵化器等资源的加持。人才是创业人口尤其是以高校毕业生为代表的新生力量净流人越高的地区，创业创新能力越足；孵化器所提供的导师资源、风投资源是创业创新有效进行的服务保障。

2.自然生态——特色小镇发展的基础支撑

自然生态是产业发展依赖的基础，也是人们生活的基础。无论是发改委鼓励有条件的小城镇按照不低于 3A 级景区的标准规划建设特色旅游景区，还是浙江省提出的特色小镇必须达到 3A 及以上标准，这样的要求除发挥旅游对产业和经济发展的带动作用外，很重要的一点就是要提升小镇的生态环境。我们认为，自然生态的构建需要从以下三个层面考虑：

第一，寻找生产、生活、生态之间的最佳平衡点。特色小镇的产业应走绿色、生态发展之路，生产、生活的开展应重点考虑环境的承载力，控制生产生活对环境的污染，保障生态的可持续发展。

第二，小镇规划要顺应地形地貌，融入山水林田湖等自然要素，严禁挖山填湖、破坏水系、破坏生态环境等对抗自然的行为。

第三，在城镇风貌营造上，小镇的建筑、景观、社区、产业设施、旅游设施等应与当地的山水风貌、自然环境、生物群落等相互协调，通过绿地系统、水系统、景观节点系统、环境治理系统等的构建，形成人工环境与自然环境相互协调、互促共进的格局。

3.文化生态——特色小镇发展的灵魂

文化是小镇的灵魂所在，决定了小镇的风情、气质与精神。没有文化的小镇，就像是没有灵魂的人，无法形成独有的特色。由此，文化生态的构建是特色小镇发展的必然。可以从以下几个层面进行构建：

第一，文化定位。综合考虑小镇的总体定位、自然和人文资源、历史发展脉络、现有发展基础等，寻找到适合小镇、能够概括小镇内涵的文化主题。这一过程中应充分体现本地优秀传统文化，增加文化自信，严禁盲目崇洋媚外，乱起洋名。

第二，文化保护与传承。对于国家级特色小镇，国家明确规定要保护与传承本地优秀传统文化，保护小镇传统格局、历史风貌，保护不可移动文物，及时修缮历史建筑。不要拆除老房子、砍伐老树以及破坏具有历史印记的地物。

第三，文化活化。文化是无形的，很难看得见摸得着，也很难产业化，需要借助有效途径来进行活化、体验化、产品化。比如，将文化元素进行解构，并运用到城市家居、城市景观、城市基建等各个方面；借助于旅游，运用创意手段，打造场景化、情境化、游乐化、参与化的文化旅游产品，并延伸到文化创意产业，通过旅游强大的通道作用，将文化内涵传达出去；培养一批文化传承人和工匠，建设一批生产、传承和展示场所。

第四，文化更新。文化处在一个不断发展的社会环境中，除了自身的更新之外，也往往会受到外来文化、科技进步等的冲击。另外，我们所谓的传承传统文化，也并不是要一味地全盘接受，也不是一成不变。其中的精髓部分要不遗余力的保护并发扬光大，但同时也应结合现代人的需求与思维习惯。只有形成了善于接纳、善于融合、善于创新的文化更新体系，才能保持传统文化的生命力。

4.生活生态——特色小镇的精神内涵

特色小镇不仅是我国经济发展的一个带动结构，也是人们美好生活方式的载体。如今，传统的吸引人们聚集的要素已经发生了变化，尤其是在财富积累达到一定程度后，人们更多追求的是一种架构在精神层面的生活方式。未来城市之间的竞争，更多的是一种生活方式的竞争。因此，对于小镇来说，要保障可持续发展与生长的动力，理想生活方式的营造必不可少。

特色小镇生活生态的营造包括硬件和软件两个方面。在硬件上要满足人们关于交通便捷、就近就业、生活便利的基本需求，在软件上除提供完善的生活服务外，最重要的在于生活方式的打造。国外有很多研究探讨了"生活方式与人才聚集"的关系。源于高层次人才对高品质生活质量和工作家庭平衡的追求，美国学者丹尼尔·阿尔特曼指出，通过提高生活舒适度，可以大大增强人才聚集效应。而美国佛罗里达曾经开展的一项"城市生活设施与创意人才居住选择"研究表明，体现特定生活方式的便利设施对需要高技能创意人才的企业来说，尤为重要。原因在于：高技能创意人才的收入较高，有能力享受高品质的生活。

在我国，一方面大城市的生活面临着房价高、压力大、交通堵、空气差等"大城市病"，人们渴望从中逃离；另一方面随着互联网与交通的快速发展，对于小城镇尤其是城市边缘的小城镇来说,在硬件水平上已经有了极大的改善，同时在生态环境、空气质量、生活节奏等高端人群越来越注重的方面有着大城市不可比拟的优势。想要在发达的一二线城市寻找简单纯净的慢生活已经不太现实，而小镇恰恰是这一生活方式的最好载体。

5.公共生态——特色小镇发展的支撑

在欧洲一些国家，只有约30%的人口居住在大城市，而约70%左右的居民居住在小城镇。而小城镇的魅力除了就业、生态环境和生活方式外，居住在此的人能够享受到与城市相同的医疗、教育等公共资源与社会资源，也是很重要的一个保障。公共生态的打造就在于形成与小镇发展特征、小镇居民群体特征相适应的公共服务能力；形成"市场主导，政府引导"的城市运营体系，即以城市运营商为市场主体进行主导，而政府职能由主导转变为以引导、服务或监督为主；强化社区功能，打造15～20分钟社区生活圈，形成完整社区的概念。即在步行或骑行不超过20分钟的范围内，有能满足各个年龄阶层需求的交通、公共空间、艺术空间等公共设施与空间。

第三节　特色小镇的空间规划

经过几年的发展,各地方政府及开发商对特色小镇的关注已逐渐从是什么,转向了如何建设。规划作为特色小镇建设的前提与指引，其重要性越来越凸显。但特色小镇要求生产、生活、生态"三生融合"，涉及产业、居住、环境、乡村等各个领域，其规划既要极具地方特色，又要高度专业化、多元融合化，是一种复杂的、有针对性的综合规划。传统城市规划无法有效满足特色小镇的要求，加之特色小镇规划目前还处在探索阶段，没有形成体系，现在很多地方仍然以传统的大而全的城市规划手法，或园区规划手法，来指导特色小镇的建设，形成了错误的示范。因此，我们将以"创新、协调、绿色、开放、共享"五大发展理念为基础，结合国家及地方对特色小镇的要求，梳理特色小镇的规划要求，并结合多年来的规划经验，尝试构建特色小镇的规划体系。

一、特色小镇的规划要求

特色小镇规划是在统筹产业发展、生活居住、生态保护基础上，运用新技术、新理念，结合产业运营与城镇运营，对城市空间进行优化提升，对城市土地进行集约运用，对城市环境进行保护性开发的建设指引性规划，是一种各要素高度关联的综合性规划。其重点是要处理好小镇发展与土地利用、产业发展、居住社区建设、生态环境保护、历史文化传承的关系。

（一）"多规合一"，一张"蓝图"到底

我国传统城市规划在实施中，由于管理主体的多元化，造成编制、审批部门和技术标准等存在一些差异。特色小镇规划作为各种要素高度关联的综合型规划，必须坚持"多规合一"。即在"信息及业务管理、审查审批、批后监管"统一的协同推进下，以城市总体规划和土地利用总体规划"两规合一"为基础，统筹生产、生活、生态"三生空间"，协调住建、交通、水利、农业等部门，在没有新增规划的情况下，在一张底图上共同划定各类控制线，形成无缝对接的"一张蓝图"，统筹考虑，避免各部门之间的规划出现矛盾。

（二）以人为核心，服务于民生

新型城镇化是以人为核心的城镇化，不是简单的造城、造房子，而是要促使农民真正的转化为市民，享受到与城市居民同样的基础设施与公共服务。因此，特色小镇的规划要以居民的各种需求为出发点，一是通过完善、人性化的基础设施与公共服务设施规划，大到银行、商店、邮局、医院、学校，小到休闲小品、公厕、自动收费设施等，为居民提供便捷的服务；二是为居民打造完整的社区空间，形成10～15分钟社区生活圈，并通过公共交通，与工作区域实现有效联动，形成合理的就业半径；三是为居民打造多样化、分散布局的休闲空间，包括健身公园、露天营地、社区活动中心等。

（三）尊重现有肌理，保留传统记忆

特色小镇要想不落入"千镇一面"的尴尬局面，就要从自身发展基础上找突破，在尊重与顺应现状的基础上，结合现代化发展要求，实现规划创新，同时在情感上也保留一份对小镇过去的记忆。2017年7月份住房城乡建设部发布的《关于保持和彰显特色小镇特色若干问题的通知》中，明确提出，特色小镇规划要与地形地貌有机结合，融入山水林田湖等自然要素，彰显优美的山水格局和高低错落的天际线；要尊重现有路网、空间格局和生产生活方式，在此基础上，下细致功夫解决老街区功能不完善、环境脏乱差等问题：在风貌上，新建区要延续传统风貌，体现地域特征、民族特色和时代风貌。

（四）传承历史文化，不断进行创新发展

经过上百年、上千年发展，沉淀下来的历史文化，既是小镇的文化核心，也是其特质与精神的集中体现。过去，在我国"运动式"城镇化的推进过程中，大量的城市文化遗存被遗弃，高楼大厦入侵，导致城市本身特质逐渐消失，"特色化"无从体现。特色小镇在规划中，应将独有的历史记忆作为塑造特色与培育精神标识的核心，实现两方面的协调发展。

一是历史文化的保护与活化传承之间的协调。《关于保持和彰显特色小镇特色若干问题的通知》中提出，特色小镇的规划建设应"保护小镇传统格局、历史风貌，保护不可移动文物，及时修缮历史建筑"，同时应活化非物质文化遗产，"充分挖掘利用非物质文化遗产价值，建设一批生产、传承和展示场所，培养一批文化传承人和工匠，避免将非物质文化遗产低俗化、过度商业化"。

二是传统生活印记保留与现代化发展之间的协调。即在保留一些有价值的建筑、空间、环境、肌理的基础上，结合现代人的需求，推进设施现代化、规划人本化、生活便利化、服务完善化、环境生态化，实现基于功能需求之下的传统与现代的完美融合。

（五）产城一体化，实现职住平衡

产城一体化从城镇角度来说，是指实现产业发展与城镇发展的有效融合，即以主导产业为核心，根据其发展需求及集聚的人口特征，配置相关的服务配套；从居民角度来说，是实现就业、居住与生活的融合，即打造宜居宜业宜游的工作与生活空间。产城一体化包括五大要素自身的融合以及之间的相互融合，即产业要素、服务要素、生态要素、空间要素、交通要素。

产业要素是核心：产业集群化发展聚集的人口，构建了城镇化的基础；不同产业以及不同产业聚集的不同特征人群，对服务、生态、交通以及空间的需求各异，决定了小镇的发展方向及外部呈现。

服务要素是保障：包括生产性服务与生活性服务。生产性服务需围绕主导产业及核心企业的需求进行布置，一般呈现聚集式布局。生活性服务包括学校、医院、邮政等公共服务，以及银行、电信、超市等城市商业服务，其布局一般根据常住人口的需求，呈现多层次、完善化、组团式布局。

生态要素是基础：在现代服务业及智慧产业火速发展的今天，当产业已经逐渐摆脱矿产、电力等资源的限制时，生态要素已经成为驱动产业发展及人口聚集的一大重要因素，尤其是对于高端人群来说，生态环境优美的区域，有着极高的吸引力。生态要素除自身拥有的环境、气候等自然生态外，还包括后期规划的环境保护、生态绿地系统、人文景观风貌等。

空间要素是载体：空间是产业、居住、服务等功能之间的有效合理安排。根据主导产业对交通、周边环境、相关配套产业的要求，以及产业人口对居住、服务的要求，进行相对应的空间布局。反过来，合理的空间布局，又会对产业的发展产生促进作用。

交通要素是骨架：服务于产业的生产性交通决定了产业的发展空间，其关键一是要与外部道路形成便利的连接，二是要处理好与城市生活交通的关系。生活性交通应该形成多层次、立体化、网络型交通布局，方便人们出行，并倡导绿色交通、慢行交通体系。

（六）空间布局集约化，重点在于提升现有功能

传统的"摊大饼式、贪大求最"的做法，已经逐渐被社会所摒弃，"优化国土空间开发格局"是我国下一步深化改革的重要内容。特色小镇的空间布局应在统筹考虑产业基础、生产力布局、服务设施、人口分布、资源现状等因素的基础上，合理界定规模范围，坚持紧凑布局和节约集约利用土地，尽可能激活、提升原有城镇功能，增强现有设施的使用率，避免盲目的大拆大建与重复建设。同时还要注意各功能区之间的融合，适度对土地进行混合规划，尽量降低成本。

空间集约化，一方面是基于国土空间的优化及经济成本的控制，另一方面也是基于特色小镇本身的发展需求。著名经济学家周其仁教授指出，创新发生的关键是"密度"与"浓度"。密度是指企业在一定区域聚集数量的多少，而浓度指的是企业之间的相互交流与连接。只有来自不同领域，或处于同一领域不同产业链上的企业进行交流融合，才能诞生创意。因此，集约化、关联性强的空间布局，对于依托创新发展的特色小镇至关重要。这一方面需要借鉴国内外成功经验，进行适度超前的规划，另一方面还需要新技术的辅助，比如互联网技术、虚拟技术，可大大提升规划的科学性，通过虚拟世界的联通，弥补一些时间、空间上的分散割裂问题。

（七）基于城市运营，实现规划的经济价值

在新型城镇化战略背景下，特色小镇规划不是简单的基于功能实现的空间落地，更多的是站在城市运营的角度，通过科学、合理、经济、有效的空间安排及系统搭建，为城镇的整体有效发展、资源溢价、投资增值收益等奠定基础。因此，规划讲究的不单单是功能的落地，更重要的是要产生价值。比如，国外

很多机场、地铁站，诸如波特兰国际机场 PDX、日本新宿地铁站，通过土地混合利用策略，充分利用交通集散的人流，与饮食、超市、日用品商店等多种业态混合配置，将人流变为商流，既方便了旅客及办公人群，又带来了极高的商业价值。

二、特色小镇的规划体系

目前国家以及各省市对特色小镇规划的要求，没有统一的说法，各规划单位也没有形成定式，本着解决问题为出发点，对其规划进行了探索，提出了"一大顶层设计+四大'多规合一'理念下的规划+一大城市风貌与景观设计+四个专题研究"的规划体系。

（一）一大顶层设计

特色小镇的顶层设计，主要是通过系统、全面、深入的分析，统筹各方要素，解决特色小镇的发展定位、发展战略、发展模式与发展路径问题，从战略高度上，把控对特色小镇发展起着决定性作用的要素。总体上来看，顶层设计需要解决发展什么产业、实现什么目标、如何实现目标、需要什么产品与资源支撑、谁来开发、谁来运营、如何获得开发资金、如何收益等问题，即弄清楚"产业、钱、人"三大核心要点。因此这就需要一整套的全案策划来解决，包括开发策划、产品策划、运营策划、融资策划等。

开发策划：以旅游综合开发为模型，形成现金流流转、投资分期、开发运作计划制订。

产品策划：以创意文化为基础，以自然资源、文化资源及产业资源为核心，以市场为导向，包含两方面的产品内容：一是与特色产业相关，包括产业发展方向与模式的确定、产业集群的构建、产业项目的开发等；二是与旅游相关，包括旅游创意产品的开发、游憩方式的设计、旅游收入结构的设计等。

运营策划：即在进行市场调研及大数据研究，掌握市场规律的基础上，整合各种资源与渠道，通过一系列运作手段的设计，对小镇进行推广、经营并实现盈利。包括：市场定位、品牌定位、业态策划、IP 资源导入、收入模式设计、运营模式设计、营销策划、运营管理等。

（二）四大"多规合一"理念下的规划

特色小镇不仅要编制概念规划、总体规划，还要编制控制性详细规划与修建性详细规划，将战略思路与项目产品落到空间架构上，以指导小镇真正地落地建设。以上这些规划的主要内容，应与所在地的国民经济社会发展规划、城乡规划、土地利用规划和生态环境保护规划等进行充分对接，在符合小镇生态控制线、基本农田控制线、城镇增长边界控制线和产业区块控制线"四线"管控的条件下，提供以下问题的解决方案：

用地布局与安排：在全域范围内，统筹安排产业用地、建设用地、农业用地、生态用地、商业用地和其他用地，并充分考虑建设用地拓展需求。

功能分区：根据产业发展需求及居民工作、休闲、交通需求，落实产业、旅游、社区、文化功能，合理安排土地使用强度，科学进行空间布局，促进功能适度融合。

交通组织：统筹考虑外联与内联、产业与生活之间的协调发展，明确特色小镇主要产业路网及生活路网架构。

市政基础设施与公共服务设施配套：明确特色小镇给排水、电力电信、燃气、环卫等市政基础设施以及医院、学校、银行、电信等公共服务设施的层级、布局及建设要求。

人居环境规划：以主客共享为建设理念，营造彰显本土文化、生态环境优美、服务设施完善的小镇人居环境。

智慧系统及设施规划：基于互联网、物联网以及虚拟技术，构建智慧政务、智慧交通、智慧医疗、智能家庭等管理与服务体系，并合理布局智能设施。

（三）一大城镇风貌与景观设计

风貌与景观设计是塑造小镇特色的一大重要手段，在"精而美"的总体要求下，应运用生态化、游乐化、体验化、本土化等手法，通过对本土文化的挖掘、本土材料的运用、本体生态环境的依托、原有空间肌理的保留与改善，形成层次分明、错落有致的整体空间风貌；形成历史人文浓厚、个性鲜明突出的建筑风貌；形成自然与人文完美融合的景观风貌，塑造"一镇一风格"。

整体空间风貌：尊重当地的自然环境和地理气候，把握本地特色和本地发展的需求，依托已有的空间肌理与形态，确定整体风貌基调，进行重要空间形态设计，打造独特和纯粹的整体空间风貌；

建筑风貌：提炼本土化建筑元素与风格，在延续传统建筑形式、构件和风貌的基础上，植入现代审美与生活方式，运用创意化手法，强化建筑风格设计，明确与产业发展及现代化生活方式更加匹配的建筑风貌；

景观风貌：需在确定特色小镇文化基因的基础上，全方位渗入景观廊道、公共休闲空间、城镇标识系统、城市家具、重要景观节点等的设计中，营造独特的景观风貌；

重要场所风貌：小城镇里能够体现特色风貌的场所，主要包括滨水地带、休闲活动广场、巷道、绿地系统、慢行步道以及博物馆、展览馆等公共建筑。

（四）四大专题研究

产业研究：包括产业发展基础分析；主导产业筛选；主导产业发展逻辑分析；主导产业发展机遇及挑战分析；产业战略定位及目标；产业集群构建；重点产业建设项目；产业扶持政策及保障措施研究等。

文化研究：包括文化资源梳理；文化元素及特征提炼；文化发展战略及目标；文化创意方向及手法；文化建设项目；文化保护措施等。

体制机制研究：包括现有体制机制问题剖析；先进体制机制借鉴；本项目体制机制设计；管理机构建议；管理方式设计等。

智慧城镇研究：包括智慧政务、智慧服务、智慧旅游、智慧交通、智慧医疗、智慧教育、智慧营销七大智慧系统的研究。

三、特色小镇空间布局影响因素及形态分类

特色小镇的空间是内外部各种社会、经济、政治力量相互作用的物质空间反映，是各种因素综合作用的结果。特色小镇总体空间布局就是对各类用地进行合理功能组织，使其空间形态达到近期建设的科学性、远期发展的可持续性。我们针对影响特色小镇空间布局的因素进行分析，同时总结出几种空间形态模式，希望对未来特色小镇的发展有一定参考作用。

（一）特色小镇空间布局的影响因素

特色小镇空间布局影响因素多样，其中，直接影响因素包括现状布局、自然环境、土地资源条件、交通条件、产业因素、政策因素和社会职能因素等，间接因素主要包括土地市场因素、技术水平、人口因素等。

1.现状布局

该因素的影响主要体现在以已经有现状布局形态的建制镇为依托的特色小镇。现状布局是不断发展演变而来的，综合反映了历史、政治、经济、交通、资源条件及科技发展对空间布局的影响。特色小镇的规划布局要充分考虑现状条件，并以此为基础，完善空间发展与产业要素的合理配置。

2.自然环境

特色小镇的发展一般依赖于优越的自然条件。自然条件包括现状地形地貌、水文矿产、气候风向等因素，通常不能单独对小镇空间产生影响，而是通过与其他因素结合共同作用于小镇。自古以来聚落分布遵循顺应自然、区位择优的规律，因此地理自然对于小镇空间的形成与发展来说，是"有此未必然，无此必不然"的利害因素。自然环境会影响到工业、商业、居住与农业的空间布局，地形地貌（山体、河流等）会整体分割小镇，使其空间布局呈现相对分散的形态特征。

（二）土地资源条件

土地资源条件主要体现在建设条件上，是特色小镇空间布局的重要影响因素，储备的土地条件有不适宜建设、限制建设、禁止建设和可建设土地等分类，尤其是在平原盆地地区，现以耕地覆盖为主，基本农田和林地性质土地的禁止建设性影响着小镇的空间形态。可见良好的用地条件，是小镇建设发展的必要条件和影响其空间布局的重要因素。

（三）对外交通条件

对外交通作为特色小镇对外交流和内部交流的生命线，是一把双刃剑，对小镇的功能结构和布局形态有着直接影响。主要表现在对小镇用地扩展、功能组成、用地价值及吸引力、空间布局形式的影响。

（四）产业发展

特色小镇以产业建"镇"，不同主导产业结构、上下游产业链的发展，对小镇的空间布局有着不同的要求。例如，以工业型产业为主导的特色小镇，产业与空间相匹配，内部叠加多元化功能，能集聚、锁定高端要素，发挥出特色小镇的生产力优势；以文化型为主导的旅游小镇，多重功能的旅游、休闲区域相结合，一般空间格局较简单，商业集中布局，建筑风格也会受到地域文化的影响。

（五）小镇（社会）职能

小镇在上下级体系中往往承担着某种职能，在一定区域范围内的政治、经济、文化中具有自身的地位和作用，不同职能会直接影响小镇的规模、用地构成、居民活动半径、出行方式等。因此不同职能的小镇在功能组织和空间结构上都具有一定的差异性，一些不可预见的社会与经济因素也将成为小镇总体空间布局的决定因素。

（六）政策影响

特色小镇受政府引导运作，各个省份制定了有关产业发展定位、土地保障要素、集约利用条件等方面的发展建议，在一定时限和空间范围内，使小镇的空间形态呈现千差万别。综上所述，影响特色小镇空间布局的因素是多样的，它们共同作用于小镇，形成千差万别的空间形态。

四、特色小镇的空间形态分类

（一）块状形态

块状形态是小镇常见的空间布局形态，尤其是在平原等地势比较平坦的区域范围内。该空间形态呈集中块状布局，主要是受现状布局、交通条件和产业要素等因素的影响。块状形态用地紧凑，生产与生活连片，形成方形、圆形、扇形等集中空间形态，内部路网呈较规整的网格状。

块状形态下，特色小镇形成单中心后带动周边区域发展。该形态便于集中设置市政基础设施、共享公服设施、合理有效利用土地，也容易组织内部道路交通。但容易形成"摊大饼"式蔓延，若小镇在发展过程中失去规划管控，将面临很多城镇问题。

（二）带状形态

特色小镇带状形态的形成主要是受自然条件、交通条件所限，依赖山体、河流、交通干线（公路、铁路分割）呈 U 型、S 型等长条带状蔓延，由主要道路承担各项生产生活交通功能。该模式的特色小镇一般规模不会很大，整体上使各部分均能接近周围自然生态环境，空间形态的平面布局和交通路网组织也较单一。同时面临着基础设施和公共服务设施服务距离过长的问题，因此需要分区建设次级综合服务区或服务中心，重点解决纵向交通联系问题。

（三）组团状形态

组团状形态主要呈集中组团状和分散组团状两种形式。其中集中式组团特色小镇的形成主要受自然环境、土地资源条件、交通条件、政策因素等所限，划分为几个独立式组团，由几条主要道路贯通、用地上是紧凑的，各地块的功能与空间布局有机联系，小镇生活与生产空间相对独立，组团之间由生态绿廊或交通纽带贯穿。该类型空间形态主要适用于"非镇非区"型且受外界影响因素较大的特色小镇。分散式组团状形态主要受政策因素影响较大，且这种模式体现出有机疏散的优势，但该模式空间较散，投资较大，不太适用于特色小镇3 平方公里的打造。

综上，特色小镇的空间形态有其客观规律可寻，有的是因为所处地理区位和自然环境影响因素（山地、水系、河流、港口等），有的则是受城市规划、小镇性质或社会职能配置等非自然条件影响（交通、建设条件、政策因素、风景旅游区等）。前者在规划和建设上是不可能或难以改变的，后者是可控或可引导逐渐发生改善的。因此特色小镇的空间布局在遵照城乡总体规划的基础上，合理进行影响因子判定，促使特色小镇朝着理想方向发展是非常必要的。

五、特色小镇的基础设施与公共服务设施规划

（一）基于高效的设施配置理念

1.区别化——区别公益性与市场性

现在多数小镇存在现有设施利用率不高的问题。为了均等化，政府的大量投入却没有换来应有的效果，通常就是因为忽略了市场的作用，没有区分政府与市场的边界。因此，在公共服务设施的配置中，应该划分政府与市场的合理

边界，鼓励经济基础较好的地区实现市场化调节。公益性设施主要包括行政管理、文化体育和公共交通等；偏公益性设施主要包括邮政金融、教育医疗和社会福利设施，而市场性设施主要为商贸服务设施。

2.共享化——基于互联网实现设施共享

一些地方的公共服务设施往往根据均好性与服务半径，机械式的进行设置，由于忽略了市场作用与人口变化情况，导致很多设施虽然配置的质量与规模都较好，但使用效率不高。然而，基于互联网的设施共享模式，一方面在更大的区域里进行了公共服务设施的共享，另一方面将设施的使用时间极致细分，实现更多人、更多时间的共享，从而极大地提高了公共设施的使用效率。互联网时代，特色小镇公共服务设施的共享呈现出范围广、种类多、市场化的特点。

3.智慧化——平台化运作

对于特色小镇的基础设施与公共服务设施，建议采用平台化的运营方法，将相关的设施与服务集中到统一的平台上进行管理运营，从而实现大数据支撑下的智慧安排、智慧服务、智慧提示、智慧选择、智慧管理等。比如，一些旅游小镇，运用互联网、云计算等高科技手段，对接游客的自主旅行方式，提供智慧化导游、智慧化营销、智慧化购物等服务。

4.特色化——实现"私人定制"

特色小镇的公共服务体系最重要的是"特色化"思维，规划应当深度挖掘当地文化、生态元素，打造具有一定的景观性、文化性的公共服务设施，与整体环境氛围相融合。

5.人性化——一切以人的需求为本

特色小镇的公共服务一定要以居民和游客为本，从体验角度，全面考虑不同人群的需求，把"爱"融入公共产品和服务，打造精神中心而非体量地标中心，打造服务中心而非权力中心，使其融合小城镇空间而非压制小城镇空间。这就需要打造便民惠民的公共服务设施，提供细致舒心的旅游公共服务和公共服务设施，提升居民和游客的满意度。

6.生态化——与生态环境融为一体

特色小镇的公共服务体系不同于城市建设，应尽可能运用生态材料打造相关设施，与当地生态环境融为一体。

7.实用化——基于需求，又适度超前

特色小镇的公共服务体系既需遵循适度超前的原则，又要充分考虑居民和游客规模，提高设施利用率，避免贪大求洋的浪费现象。

基于以上七大配置理念，本节从特色小镇公共服务设施规划体系构建、特色小镇市政工程系统构建两个层面来论述特色小镇的设施规划。

（二）基于需求与分级的网络化设施体系构建

《镇规划标准》（GB50188-2007）规定了满足建制镇生活的最基本的六大公共服务设施：行政管理、教育机构、文体科技、医疗保健、商业金融、集贸市场。随着时代的发展，人们的生活方式也不断发生变化，自然也就对公共服务设施产生不同的要求。

特色小镇的功能不是要在上层行政范围内进行职能分工与产业转移，而是要求聚集优势产业进行全球化竞争，因此需要在原有国标《镇规划标准》基础上参照《城市用地分类与规划建设用地标准>（GB50137-2011），进行公共服务设施项目的配置与提升，并且相关人均建设用地标准要符合小城镇的要求。具体而言，特色小镇应该按照公益性与市场性分为公共管理、公共服务设施与商业服务业设施。其中，公共管理与公共服务设施应当包括行政（或管委会）、文化、教育、体育、卫生、社会福利等设施，商业服务业设施应当包括商业、商务、娱乐、康体、公用设施网点等设施。总而言之，特色小镇需要在满足原来国标要求的六大类基础上，根据小镇自身的性质与规模进行强化与提升。特色小镇公共设施的规模与能级应与服务需求相匹配，而并不是盲目的越大越好、越高越好。根据特色小镇的规模特点，一般按照服务半径和服务人口构建三级配套设施网络：片区级、街区级、社区级，对标居住区、居住小区、居住组团的三级网络，配套教育、医疗卫生、文化体育、商业服务、金融邮电、社区服务、市政公用和行政管理八类设施，并且根据特色小镇的性质和产业定位有针对性地增加相关设施。其中产业区配套设施重视生产性服务功能的引入，服务设施可有所侧重。

第一级为片区级，为整个镇区服务，结合轨道交通站点建设，是小镇与外界联系的重要窗口。特色小镇规模与居住区规模相当，相关设施指标可参考居住区级设置，应配置中学、医院、门诊、文化活动中心、综合食品店、综合百货店、餐饮、中西药店、书店、市场、其他第三产业设施、体育活动设施、街道办事处、市政管理机构（所）、派出所及其他管理用房。值得注意的是，特色小镇有对区域进行设施提升的要求，

因此需要在对上一级别的服务设施现状进行梳理之后，有针对性地进行互补与提升，如增加酒店、会议中心等。

第二级为街区级，包括产业区的园区级和生活区的街道级，为综合性的配套设施。参照居住小区级公共服务设施标准配置，确定特色小镇街区级应配置托儿所、幼儿园、小学、卫生站、文化活动站（含青少年、老年活动站）、健

身设施（含老年户外活动场地）、综合食品店、综合百货店、餐饮、其他第三产业设施、储蓄所、邮电所、社区服务中心（含老年人服务中心）、物业管理等类型。另外，针对产业园区，除完备的医疗、教育、商业设施之外，需有针对性地增加相关的园区管委会、警务室、食堂、茶楼、咖啡吧、停车库、人才公寓、健康服务中心、小镇图书馆、小镇职工之家、健身中心。

第三级为社区级，包括产业区的邻里级和生活区的社区级，以满足基本生活需求与有针对性的加强小型服务配套为主。参照《城市居住区规划设计规范》（GB50180-93）中组团级公共服务设施标准，确定小镇社区级应配置居民健身设施、居委会、居民停（存）车处、便民店等，以及根据产业需要，有针对性地加强服务配套，如咖啡吧、健身中心、银行网点、小超市等。

总而言之，在特色小镇的公共服务设施体系构建之中，需要与上一级别的配套服务设施进行互补，根据相关规模，参考《城市居住区规划设计规范》相关公共服务设施的配套标准进行配置，并且根据小镇的性质与产业定位有针对性地进行配套设施的强化与提升，共同形成完备的、高中低多层次的配套服务网络，等级明确、布局平衡，避免层级混淆和重复建设。

（三）特色小镇的市政工程系统构建

小镇的市政工程系统包括给水工程系统、排水工程系统、电力工程系统、电信工程系统、供热工程系统、燃气工程系统、环境卫生工程系统、防灾工程系统、工程管线综合、园林绿化工程及道路交通工程等。针对特色小镇而言，除了常规的市政工程系统之外，还需要强化的是海绵小镇理念和道路交通、慢行系统、绿地系统等特色基础设施。

1.海绵小镇

海绵小镇，是新一代城镇雨洪管理概念，是指小镇在适应环境变化和应对雨水带来的自然灾害等方面具有良好的"弹性"，也可称之为"水弹性小镇"。国际通用术语为"低影响开发雨水系统构建"。下雨时吸水、蓄水、渗水、净水，需要时将蓄存的水"释放"并加以利用。

海绵小镇遵循原则：海绵小镇建设应遵循生态优先等原则，将自然途径与人工措施相结合，在确保小镇排水防涝安全的前提下，最大限度地实现雨水在城镇区域的积存、渗透和净化，促进雨水资源的利用和生态环境保护。

海绵小镇设计理念：参照《海绵城市建设技术指南》，海绵小镇建设应强调优先利用植草沟、渗水砖、雨水花园、下沉式绿地等"绿色"措施来组织排水，以"慢排缓释"和"源头分散"控制为主要规划设计理念，既避免了洪涝，又有效地收集了雨水。

海绵小镇的配套设施：海绵小镇需要有"海绵体"。"海绵体"既包括河、湖、池塘等水系，也包括绿地、花园、可渗透路面这样的城市配套设施。雨水通过这些"海绵体"下渗、滞蓄、净化、回用，最后剩余部分径流通过管网、泵站外排，从而可有效提高城镇排水系统的标准，缓减特色小镇内涝的压力。

海绵小镇四大工程：包括防灾减灾工程、水环境治理与生态修复工程、供水安全保障工程、城镇排水与污水处理工程。建设海绵小镇，关键在于不断提高"海绵体"的规模和质量。过去，城镇建设追求用地一马平川，往往会填湖平垫。参照《海绵城市建设技术指南》，海绵特色小镇建设过程中，应最大限度地保护原有的河湖、湿地、坑塘、沟渠等"海绵体"不受开发活动的影响；受到破坏的"海绵体"也应通过综合运用物理、生物和生态等手段逐步修复，并维持一定比例的生态空间。

2.智慧小镇

智慧小镇在广义上指城镇信息化。即通过建设宽带多媒体信息网络、地理信息系统等基础设施平台，整合城镇信息资源，建立电子政务、电子商务、劳动社会保险等信息化社区，逐步实现城镇国民经济和社会的信息化，共享信息化资源。

智慧城镇应用情景：包括政府热线、数字城管、应急系统、平安城市、数字环保、数字物流、数字职教、智能交通、数字巡检、数字农业、数字医疗、数字社区、数字校园、数字商务、数字监控、电子政务、数字执法等。

智慧小镇整体框架：智慧小镇需要打造一个统一平台，设立城镇数字中心，构建三张基础网络（通信、互联、物联），通过分层建设，达到平台能力及应用的可成长性、可扩充性，创造面向未来的智慧小镇系统框架。

应用层：应急指挥、数字城管、平安城市、政府热线、数字医疗、环境监控、智能交通、数字物流……

平台层：IT 能力、CT 能力、城市数据中心。网络层：通信层、互联网、物联网。

感知层：手机、视频电话、呼叫中心、无线网关、云计算、PC、Internet、摄像头、RFID、传感器网络。

3.特色小镇道路交通

城镇干道的空间布局形式，包括方格网式道路系统、环形放射式道路系统、自由式道路系统和混合式道路系统等四种。方格网式道路系统是最常见的道路系统，适用于地形平坦的城镇；环形放射式道路系统最初是几何构图的产物，多用于大城市；自由式道路系统，没有一定的格式，变化很多，非直线系数较大；混合式道路系统，常见的是"方格网+环形放射式"，还有一种是链式道路网，是由一两条主要交通千路作为纽带（链），如同脊骨一样联系着较小范围的道路网而形成。常见于组合型城镇或带状发展的组团式城镇。

对于特色小镇而言，根据现状地形地貌特点和特色小镇用地布局结构，常采用环形放射式道路系统、自由式道路系统、链式道路系统，也易形成有特色的空间。另外，在特色小镇中常采用公交引导开发的 TOD 模式，鼓励公共交通，低碳环保。

4.特色小镇慢行系统

战略方面，在特色小镇规划中，不论是从城市尺度和肌理，还是用户基础的角度，慢行交通一直都是交通发展的核心。慢行交通作为零污染、可持续的交通方式，既灵活多变、可达性强，又极大限度地保证了生态环境的完整性。因此，"以人为本"、大力发展慢行交通应作为特色小镇交通发展的战略之一。

规划方面，由于步行和自行车交通可达距离的局限性，慢行交通需要小尺度的街区承载，因此在城市规划和城市设计阶段，对街道尺度、街道立面都应有所控制，形成一个开放的、安全的、适合慢行的空间尺度和环境。在交通规划阶段，应以街道肌理为基础，合理布局慢行交通系统，包括慢行网络、慢行设施等。

城市设计方面，公共空间的打造是重点，决定了慢行是否有一个适宜发展的环境。建筑高度控制、天际线控制、开敞空间系统规划、建筑色彩设计及指引等都是城市设计的主要内容，而且关系到慢行出行的体验。

以建筑高度控制为例，道路宽度与两侧建筑高度的比例 D/H 是常常被用来描述步行者舒适度的指标。当 D/H<1 时，形成具有亲切感的街道空间，纵深狭长的空间具有较强的前进性和流动感，容易形成繁华热闹的气氛。但当 D/H 过小，小于 0.7 时，形成的建筑空间会具有压抑感，处理不当会造成紧张感。当 D/H=1～2 时，空间逐渐开敞，尺度较为均衡，通常还能够满足采光通风需求。同时可以通过在街道上布置绿色植物、增加交往活动空间等缓冲作用，使得步行空间仍然具有亲切感与较为热闹的气氛。当 D/H>2 时，街道空间逐渐宽敞，亲和力减弱，人在街道中显得渺小、孤独，人对街道两侧建筑立面细节的感知逐渐减弱。小镇商业性街道、历史传统街道及巷路宜取 D/H<1，内部一般道路可取 D/H=1～2，入口主干路及内部的交通性主干路，可取 D/H>2，但也不宜过大。

5.特色小镇绿地系统

特色小镇绿地系统布局的总目标：保持城镇生态系统的平衡，满足城市居民的户外游憩需求，满足卫生和安全防护、防灾、城市景观的要求。

特色小镇绿地系统规划布局原则如下。①整体性原则。各种绿地相互连接成网络，城市被绿地楔入或外围以绿带环绕，可充分发挥绿地的生态环境功能。②匀布原则。各级公园按各自的有效服务半径均匀分布。不同级别、类型的公园一般不相互替代。③自然原则。重视土地使用现状和地形、史迹等条件，规划尽量结合山脉、河湖、坡地、荒滩、林地及优美景观地带。④地方性原则。能使物种及其生存环境之间迅速建立食物链、食物网关系，并能有效缓解病虫害。

特色小镇绿地系统空间布局形式：包括块状绿地布局、带状绿地布局、楔形绿地系统布局、混合式绿地系统布局四种形式。①块状绿地布局：使绿地成块均匀地分布在小镇之中，方便居民使用，但块状布局形式对改善小镇小气候条件的生态效益不太显著，对改善小镇整体艺术风貌作用不大。②带状绿地布局：多利用河湖水系、小镇道路、旧城墙等线性因素，形成纵横向绿带、放射状绿带与环状绿地交织的绿地网。带状绿地布局有利于改善和表现小镇的环境艺术风貌。③楔形绿地布局：利用从郊区伸入小镇中心由宽到窄的楔形绿地组合布局，将新鲜空气源源不断地引入镇区，能较好地改善小镇的通风条件，也有利于小镇艺术风貌的体现。④混合式绿地布局：是前三种形式的综合利用，可以做到小镇绿地布局的点、线、面结合，组成较完整的体系。其优点是能够使生活居住区获得最大的绿地接触面，方便居民游憩，有利于小气候与小镇环境卫生条件的改善，有利于丰富小镇景观的艺术风貌。

第四节　特色小镇的创意设计

一、特色小镇风貌的打造思路

（一）特色风貌在政策和评审中普遍被关注

国家层面在推进特色小镇、小城镇建设方面一直强调小镇的风貌要有特色，2016 年 7 月份三部委《关于开展特色小镇培育工作的通知》中，从和谐宜居环境角度提到整体格局和风貌要有典型特征。2016 年 10 月国家发展改革委《关于加快美丽特色小（城）镇建设的指导意见》中重点提到加强历史文化名城名镇名村、历史文化街区、民族风情小镇的独特风貌的保护。2017 年 3 月住建部对特色小（城）镇建设又提出突出特色风貌、避免千镇一面。2017 年 8 月，住建部发布的第二批全国特色小镇的评审意见中，"整体风貌""特色风貌""保持和彰显小镇特色"等评语被反复提及，其中"提升镇区特色风貌塑造"出现次数最多。

（二）风貌成为特色小镇的特在"形态"

特色小镇在发展中一定要充分体现其特色"形态"，包括独特的风格、风貌和风情。风格体现了小镇的性格和个性，风情是以历史文化、生活方式、风俗习惯等软环境为基础形成的文化价值，而风貌的确定既要遵循生态基础，又要以历史文化为导向，以小镇的地形地貌为依据，形成"小而美"的个性化、传承化"形态"。

风貌泛指一个地方的地质风貌与文化特质。地质风貌是某一地区具有的地形、地质、地貌，例如戈壁高原、沼泽丘陵，而人文特质是指某一群体的社会活动。两者互为表里，差异化的地质风貌孕育了其独有的文化特质，而文化特质则呼应表达了差异化的地质风貌，两者交织繁复，孕育差异化风貌。

（三）特色风貌的打造思路

特色小镇的风貌设计过程中，如何寻迹"特"之属性至关重要。需要按图索骥、由表及里的寻找其独特之处，要通过搜集、整理、摸索、提炼来实现。

确定小镇总体风貌定位之前，需要秉承场地精神，从场地出发去探讨，主要涉及场地资源和场地空间两个方面。场地资源包括一定地域环境内具有的物候类种和历史人文，决定小镇的具象风格和内在属性；场地空间是小镇所在地场域环境的直观呈现，决定小镇的总体形态和肌理结构。

1.资源调查和评价是小镇风貌设计的基础和具象表达

资源涉及自然和文化等类型，需要梳理资源结构体系，论证优势资源，提炼出当地具有代表性的风貌特质元素。其过程依据调查归类、筛选比对、提炼组织三个步骤为基准展开。

（1）资源归类

依照基础资料或实地勘察，调查山体、水系、生物等自然生态环境特质，梳理生态本底条件；探索历史沿革、民俗节庆、传统技艺等人文要素，明确历史人文特色条件；进一步区分为气候类、地理类、生物类、历史类、宗教风俗类五类资源进行梳理，并初步判断侧重类型，为小镇风貌设计提供基础判断。

（2）资源筛选比对

在资源筛选比对之前，要先明确自然生态和历史人文两类资源的关系，进而分别明确两者的意义。二者是孕育与印证的关系，前者孕育了后者，后者印证了前者。

①自然生态类资源庞杂

自然生态类进一步划分为气候类、地理类、生物类。三者决定了基本自然特征。其中气候决定了生物种类，地理则影响了生物特征，生物则印证气候及地理特征，使得局部环境展现出独有的特征，具有可辨别性。

筛选比对分为两个层面，一是大区域范围的外部类型比对，二是局部环境下的内部差异比对。

大区域范围的比对集中在气候和地理层面，首先判断气候类型，其次在同一气候类型下，地理特征的不同会产生迥异的局部气候，依照两个层面分批次筛选出可代表局部环境的特征。

局部环境的比对则集中在地理和生物层面，地理特征划分为陆地和水体两类，陆地按照空间类型分为高原、平原、山地、丘陵、盆地等，按地貌类型分丹霞地貌、喀斯特地貌、风蚀地貌等；水体按照线性和斑块性分河流、湖泊等。不同的地理类型孕育差异化的动植物群落，以此互为印证组织梳理出资源的特征特质。

②历史人文类资源通过时间轴寻找最具代表性的历史时段，找寻历史背景下的意义，包含历史事件、人物故事、情景传说、遗迹等非物质文化遗产和物质遗产。

历史事件、故事、传说依其独特性、代表性、故事性等特性，在整理中需着重关注。整理比对具有代表性的历史时段或者故事，为小镇风貌注入性格特征，增加故事演绎性，为特色风貌的主题打造提供素材。

遗产类或完整保留历史形态，如具有较强历史延续性的古村落古城镇，或本身具有特色的优势条件，诸如村落肌理结构、建筑风貌形态、标志性建筑、原生的生活方式等。分析比对古村落古城镇的空间特征和时代特征，成为小镇特色风貌的外表承载。

（3）资源组织

按照分布特征将自然生态和历史人文按照基础资源与优势资源分类评估，提出风貌特色塑造过程中的优势条件与存在问题，综合评价资源特色。

在明确其资源特征的基础上，将基础资源与优势资源竖向打通糅合，以场景化、喜剧化、故事化、主题化手法组织区域风貌要素，为小镇风貌设计定调。

2.场地空间决定了小镇的总体形态与肌理结构

特色小镇不同于大城市，城镇与周边自然环境是有机联系、相互作用变化的整体性存在，以几平方公里的空间（控制在3平方公里左右，其中建设用地面积控制在1平方公里左右）为界线，划分为内、外场域空间的设计。

（1）外部场域形态的设计思路

外部场域空间是承载小镇的大地理环境，决定着小镇的总体形态，如山麓河流等地形地势，受小镇发展依托的同时，也限制、引导小镇的总体形态。例如拈花湾灵山小镇，依山就势、太湖之滨，其西侧受水域限制，依托于水展开岛链设计，东侧顺应山坳而上形成曲回婉转的波浪界线。

（2）内部场地肌理设计思路

内部场地空间也称为原始肌理，是小镇设计生成的实质，包括高差、坡度、水系等天然形成的肌理，也有聚落、道路、农田、荷塘等人为生产生活形成的人工肌理，两者交织形成场地原始肌理。在设计过程中要尊重原始肌理条件，才能保证设计具有较高的场地契合度，在场地原生性上延续生成规划肌理。如拈花湾灵山小镇的内部肌理设计，水系渗透形成的岛链和山体褶皱形成的波浪界限成为原始肌理，在此基础上小镇规划肌理形成环岛团状肌理与向山体方向延伸的带状肌理。

（3）总体形态与空间肌理咬合，一脉相承

内、外两个空间设计要形成咬合联系，外部大场域环境决定小镇总体形态，内部原始肌理生成小镇规划肌理，内、外空间要具有一体性与延续性。规划总体形态和规划肌理一脉相承，同时也是对原有场地空间关系、肌理形态的继承，使得小镇"长在"场域环境内，满足风貌设计所需的基础框架。

3.由资源定调叠加场地分析的基础框架，得出小镇风貌定位

在风貌设计过程中要区分资源与场地的出发点和目的，资源是对区域范围内元素要素进行梳理组织，而场地则是建设范围内数据模型的分析构建，将资源定调叠加在场地空间，完成契合，引导出特色形象支撑特色风貌。

二、特色小镇特色风貌的设计方法

特色小镇的风貌设计要基于资源评价、场地空间分析及风貌定位，重点从整体色彩规划控制和景观风貌设计方面完成特色化构建。色彩规划设计总体调控小镇的风貌，引导风格和形式，上承地域原生特色，下启小镇环境空间设计。而环境空间设计则在形象上匹配原生风貌，在功能上承载小镇集散，具体展现差异化风貌。

（一）小镇特色风貌打造基础——色彩规划控制

色彩作为地域文化的一部分，是最容易被感知的特色视觉元素，也是最有效的讯息传达媒介，同时色彩具有极大的包容性，小镇中任何事物都不能存在于色彩之外。因此，色彩足以担当展示自然风采、传承历史文化的载体，构成调控小镇风貌的基础。

1.色彩提取主要途径

小镇色彩主要分为自然色、气象色、传统色、流行色四种类型。

自然色，就是在广泛的地域环境里能够采集到的色彩，如土地的黄色、植被的绿色、山地的淡绿等；气象色不是简单的提取，而是以气候特征入手，利用人对雾、雨、雪等现象的感知，通过气氛匹配，呈现不同的视觉效果，由此在设计中需要考虑其常规性或特色性；传统色是与地域文化密切相关的色彩，多取材于当地的建筑、服饰、物产、食物等，能直观的呈现地域文化特色，在色彩选取的类型中，需优先考虑；流行色则可取材于本地色彩，也可以是增加的互补色彩，具有时效性，在色彩设计中不可大面积铺设，可起到点缀的作用。

2.色彩在小镇中的运用方法

首先，要对提取到的色彩元素进行统一排列和整理，进一步通过分析色彩关系，确定色彩体系，把握城镇的主辅色及点缀色系并组成色谱。其次，确定城镇色彩控制范围，分为主控区、协调区和调控区，分系统、分层面、分区域的制定色彩设计方案并编制《色彩控制技术导则》。

主控区具有历史延续特性，区域内应严格保留其原有色彩管控，辅以修复完善，力求保留原生风貌。协调区在空间上要延展主控区色彩，原则上力保在街区风貌、建筑风格、建筑高度上与主控区统一，在不影响整体风貌的前提下，可进行适当的建设或装点。调控区则在肌理结构和空间网络下协调建设。

（二）小镇特色风貌塑造——景观风貌设计

特色小镇的景观系统按照空间范围和开发程度的不同，可分为生态景观、田园景观和镇区景观，空间上呈现了从外部环境到关联环境、核心环境的层次关系，开发上呈现了从保护为主、保护开发结合，到开发为主的层次关系。

1.生态景观——保护为主，突出重点

生态景观是小镇景观风貌的基底，对其进行梳理和控制利于小镇的可持续发展。生态景观包括山体、林地、水体等地貌元素，在设计的过程中应秉承保护和突出重点的原则。

2.田园景观——保护与开发相结合，点线面设计

田园景观一般处于镇区的边缘衔接地带，以田园为载体，以农耕、荷塘等农产元素为肌理，是带有生活资料供给功能的景观，在生产农业物质产品的同时，还可生产农业审美产品，人工性较强，属于生态"撕裂地带"。

田园景观的设计，一方面要注重对生态的修补性和维护性，以达到生态因子的渗透和衍生。另一方面，因其具有生产性，也承载着农耕文化，所以要挖掘其农耕文化和田园生活文化。

田园景观设计应以"观"为主，以游辅之。观光的内容是农作物、花卉等景观，可运用大地景观的设计手法，先成规模、大体量地进行面状景观铺展，

再以色彩和形态等进行种植设计，构建道路（线）和节点（点）有序串联的设计结构。

3.镇区风貌——开发度大，协调是关键

镇区景观是小镇聚落演化的见证，是地域文化传承的体现。其景观特征具备民间性、文化性、重复性等特质，在设计过程中要融合以上基本特质，形成代表性强、辨识度高的地域特征，将抽象符号转化为可被感知的视觉体验。

（1）保护或改造特色建筑风貌

建筑风貌是镇区风貌的重要元素，对建筑风貌的合理控制和引导，是维护镇区风貌的必要手法。特色建筑的构建在于对本土建筑的研究和保护，应本着"保护为主，修建为辅"的原则，依照价值评估、功能判定、环境组织、结构维护四个步骤依次实现建筑的保护性整治，并从风貌及功能方面完善特色风貌建筑。

①建筑价值评估

对建筑进行综合价值评估是小镇建筑风貌进行设计的基础。通过资料搜集及实地勘察，从历史角度出发，从社会、文化、艺术、美学等多维度对建筑做出评判，评估其保护价值，并建立评判标准进行分级，继而提出保护建议、改造原则及改造细则。

②建筑功能判定

综合判别其功能类型及达标条件，为进一步的设计提供基础支持。如：从功能方面判定建筑在历史环境中的功能，诸如宅院、庙堂、厂房等；从空间布局入手，判别其日照采光、自然通风、隔声隔热等基本功能。

③建筑环境组织

在建筑评估的基础上，首先从建筑立面、造型和体量等方面，对其基本面貌与周边环境的协调度进行评估，判断是否与周边自然、人文环境相匹配、相协调，进而提出保护或改建的建议；其次，判断建筑周边场地环境的安全性，主要涉及是否有洪水、滑坡、泥石流等地质灾害隐患；再次，评估建筑的配套功能，是否有绿化组织、交通组织及停车场设置，用以满足建筑与小镇交通体系的连接。

④建筑结构维护

通过实地考察、测绘，判断建筑的结构体系、地勘基础、荷载分布、年限及损伤等基本结构情况，综合评估建筑的安全性和耐久性，在维护建筑结构时尽可能使用原有材料或接近原有材质的纹理，确保特色和统一。

（2）处理景观与建筑的协调关系

镇区风貌设计范围除建筑风貌外，还有街道与广场，两者是镇区最能让介入者留下生动而具体记忆和感受的场所。处理好街道、广场与建筑的关系也是镇区风貌设计的重要关注点。

①街道与建筑的关系

街道和建筑是互相依存的，街道作为线性空间，是封闭而延续的，作为镇区风貌的"动线"感知，联络镇区的各个功能板块。街道与建筑的协调主要体现在比例和尺度感上，街道空间受制于建筑体量，由此建筑关系决定街道比例，不同的比例形成不同的空间感觉，进而匹配不同的功能和铺装类型。街道的宽度与建筑高度的比例建议在1：1到2：1之间，使其形成宜人的尺度感，构建积极良好的游览感受。

②广场与建筑的关系

广场作为斑块空间，是镇区功能系统的驱动板块。斑块要分层次的分布在镇区中心及端点处，与街道叠加出网状结构，构成镇区集散界面。广场与建筑的关系呈现"张弛"感，两者互为补充，灵活空间。

（3）强化景观界面元素设计

景观界面主要通过多层次观赏植被、多元功能设施的设计来实现。

①划分空间

在景观界面设计中，按照功能可划分为通行空间和休闲空间。通常情况下，利用植被进行划分。在通行空间界面，利用乔木的序列感来划分，但不得影响两个空间的连通；在休闲空间界面内，采用灌木或花卉等绿植进行闭合区块划分，形成休闲空间内的休憩结构。

②景观设施强化空间和功能补充

景观界面上的设施主要包括灯具、垃圾桶、标识招牌设计和座椅等指引和服务类设施。

功能类设施一般布置在通行空间和停留空间的分界线上，既能强化分界功能又能服务两侧空间。标识在街道与街道衔接的节点部分呈点状分布；灯具呈线性分布，需要注意与乔木植被的协调；垃圾桶可与灯具组合间隔分布。座椅设计一般在停留空间内与建筑对应分布；招牌设计堪称建筑的"第二立面"，不仅具有提示功能，也会对建筑与街区风貌产生二次影响，在设计过程中，与建筑风貌相协调的前提下，可尝试不同的风格。

第五节　特色小镇的开发运营体系

一、特色小镇的综合开发与运营体系

特色小镇飞速发展的一年多时间内，在政府、企业、投资商、运营商等各方角色的创新推动下，涌现出了许多成功案例。仔细分析，会发现他们有着不同的开发主体，采用了不同的开发模式与运营模式，也有着自身特色的盈利点。这一方面取决于小镇本身所拥有的资源与产业特色，另一方面也在于开发主体手中所掌握的牌。本文将承接《特色小镇孵化器—特色小镇全产业链全程服务解决方案》中所提出的"双产业、三引擎、五架构"，以特色小镇的发展实践为基础，继续深化开发主体、开发模式、开发流程、运营体系等方面的研究。

（一）特色小镇的三大创建体制

特色小镇的开发主体无外乎政府与企业，但特色小镇作为一种综合性强、复杂度高、资金投入大、架构体系复杂的项目类型，不是任何一个主体可以单方面撬动的，需要两者各自依托自身的优势资源，合力而为之。虽然国家一直在强调特色小镇要坚持"政府引导、企业主体、市场化运作"的原则，但鉴于我国目前的行政体制、经济发展阶段、企业发展水平等因素，很多小镇对政府的"依赖"程度还比较高，无法完全实现"政府引导"。由此，我们根据主导者的不同，将特色小镇创建体制划分为政府主导型、企业主导型、PPP政府企业合作型。

1.政府主导型

特色小镇的灵魂是产业，但产业的培育与构建非常复杂，需要较长时间、较多资金的投入，这对于大多数企业来说很难承担。另一方面，产业的发展需要公共政策、优惠举措及土地指标方面的大力支撑，而这一切资源都掌握在政府手中，因此，对于大多数小镇来说政府的强势介入不可缺少。但政府主导，并不意味着政府包办，"政府主导，企业主体，市场运作"是这一类创建体制成功的关键。这一模式需要政府拥有相当的财政基础与运营能力。其优点是政府有绝对的控制权，有利于当地政府部门之间的工作计划落实和协调，有利于特色小镇资源的整合和统一建设，能有效推动基础设施建设的快速进展。劣势则是政府财政压力大，以及要面对后期运营的大批量投入。

目前，浙江省大部分小镇属于这一类型。根据社会各界对浙江特色小镇的考察，每一阶段政府都有着不同的作用。初创期，政府发挥主导作用，重点在于政策制定、统筹规划及部分建设资金的筹集上。建设启动期，政府依然发挥主导作用，一方面需要进行前期基础设施和重要公共服务设施的建设，另一方面需要依托政府强大的背书，通过政府的先期投入来引导社会资本共同参与小镇建设。建设中后期，可结合 PPP 模式，引入社会资本参与经营性设施的建设，激发市场活力，避免政府举债。运营期，政府应起引导作用，简政放权，以提供优质公共服务为主要职责，企业转型成为主体，进行市场化运作。

2.企业完全主导型

企业完全主导型目前在特色小镇中的占比还比较少，有的是由一家龙头企业主导，有的是由多家龙头企业共同推动。这一创建体制对主导企业及小镇的产业类型有着较高的要求，并不是所有小镇都适合。首先，主导企业需要具备足够大的规模、足够知名的品牌、足够强的资源整合能力及上下游企业聚集能力，最好是能够位于产业链的偏上游；其次，市场化程度高、接近于市场消费端的产业更适合于这一种模式，比如旅游产业、体育产业等。目前，产业运营端的企业以及具有强大资源整合能力的平台公司，在这方面具有比较大的优势。而一直表现比较活跃的房地产企业，由于国家的政策限制以及自身在产业运营方面的短板，却很少能发挥作用。

这一创建体制的优势在于，由一家或几家企业从头到尾主导，能够保证建设、投资落到实处，同时也最大化发挥了市场配置资源的作用。核心企业来调配多方企业资源，包括导入核心项目、支撑项目、联动项目等产业资源，提供小镇产业内容；调配资源，为小镇引人、引智、引资；进行小镇前置运营规划的编制，承担规划设计咨询、投融资服务、PPP 咨询建设、工程建设、招商运营推广等职能。政府在这一过程中，主要提供政策扶持及公共服务。比如浙江嘉善的巧克力甜蜜小镇，前期主要是由歌斐颂集团全权开发建设运营的，后期在政府的推动下，与绿城集团旗下的浙江蓝城建设管理有限公司达成战略合作，结合其蓝城农业、蓝城健康等优势资源，进行深度优势互补。这是典型的企业完全主导型案例。

3.政企合作型

以政企合作为基础的 PPP 模式，是国家目前比较支持的一种特色小镇创建模式。在 PPP 模式下，作为社会资本方与政府签订排他性的整体委托开发协议，独家进行一级、二级的联动开发。企业整体运作类似于中介服务，通过整体操盘，整合地方政府、资金、技术、高新产业等各方资源，进行小镇的规划建设和运营管理服务。政府则提供行政方面的服务和管理，并从企业融资、税收优惠、技术改革、科技创新等政策层面上，对开发企业以及进驻企业给予全力支持。这一模式对于企业来说，可以实现低成本拿地，同时也要求企业具有强大的产业运营能力；对于政府来说，可以减轻债务，同时也能借助企业的力量，实现特色小镇的市场化运营，弥补自身的不足。

目前，以华夏幸福为代表的企业对这一模式做出了很好的实践探索。从华夏幸福与各地政府签订的"特色小镇PPP项目合作协议"来看，政府主要负责重大事项决策、政策支持、项目监管、土地供应等职责。华夏幸福主要提供合作区域内的"九通一平"等基础设施建设、公共设施建设、土地整理投资、产业发展服务、规划咨询与设计、物业管理、运营维护等工作。基础设施、公共服务设施、土地整理相关投入成本和投资收益由政府按照投资总额的115%进行回购；规划咨询与设计服务由政府按照成本费用的110%支付；当年产业发展服务费，政府按照入区项目当年新增落地投资额的45%支付（不含销售类住宅项目）；物业管理、公共项目维护及公用事业服务等，政府按照市场价进行付费。在合作期满后，通过政府购买一体化服务的方式移交政府，社会资本退出。

（二）特色小镇的六大开发流程

根据所采用的创建体制、企业所掌握的资源的不同，特色小镇的开发流程也并不完全一致。但大体上可以分为选址、土地获取、规划编制、开发建设、对外招商、孵化运营六个阶段。鉴于企业主导将成为未来的主流创建体制，以下将从企业的角度构建小镇的开发流程。

第一，选址。从产业发展需求（产业主要是由企业所拥有的资源决定的）、区域未来发展趋势、政府政策支持等角度，结合地块本身所拥有的区位、资源、交通等条件，进行综合评估，确定地块四至范围。在这一过程中应充分考虑政府的意愿，如果有必要，可委托开发咨询机构或专业规划设计机构给予指导。

第二，规划编制。在与政府达成合作协议的基础上，通过招投标或委托的方式，寻找拥有专业资质的规划咨询机构和设计机构，编制总体规划、修建性详细规划、控制性详细规划、建筑景观设计等方案。建筑与景观设计方案也可以在土地获取后再进行编制。

第三、土地获取。以上法定规划经规委会审议通过后，即可通过招拍挂获取土地。由于特色小镇的建设量较大，一般会分期获取土地。

第四、开工建设。在发改委立项，获取开工许可证后，根据规划及设计方案，按照开发时序，向社会招标，开始开工建设。规划咨询及设计机构可作为施工监理。针对旅游等非标准化项目的建设，建议采用EPC模式，保证方案的可控。

第五、对外招商。若企业自身有运营能力，则自行对外招商，若经营能力较弱，则可委托专业的运营机构。同时应依托政府强大的公信力、市场号召力以及所拥有的资源，实现前期招商的快速推进。

第六，孵化运营。由企业自身或委托的专业运营机构，进行小镇主要是产业的孵化运营。包括产业服务、物业管理、公共项目维护及公用事业服务等。

（三）特色小镇运营的"3335"结构

特色小镇的运营不管是政府主导还是企业主导，一定要基于市场化运作机制。我国目前缺少专业化的特色小镇运营机构，浙江的梦想小镇、云栖小镇等都是通过政府下派的管委会来统一管理。但是政府在这一过程中，实现了充分的放权，以"服务者"自居，充分调动企业的积极性，不干涉市场行为。

1.特色小镇的三大运营原则：降低成本、营造开放环境、实现可持续发展

（1）立足于降低营商成本

小镇内部要为其市场主体与创业企业提供低成本空间，构建出一个降低营商成本的实体经济发展引擎。在降低劳动力、公共服务、消费、信息获取、管理等成本基础上实现要素的聚集。因此不能房地产化，房地产化之后会拉高多方面的成本。尤其是在房屋租金高涨形势下，对其他各种特色产业只会形成挤出效应，而不会实现聚集效果，特色产业也将难以实现发展。要深化投资便利化、商事仲裁、负面清单管理等改革创新，打造有利于创新创业的营商环境。

（2）立足于营造创新开放的人文环境

特色小镇应是多维度生态系统，要在不断地对外交流与推进拓展中，实现自我的升级更新。这一生态系统的主体—创业者和企业家可以通过企业沙龙等方式，不断地进行理念沟通、管理沟通、经营沟通，从而达到"产业社区"内的思想互通与业务畅通。特色小镇不仅要在硬环境上满足进驻企业及其职业人群的多元需求，而且要在软环境上营造创新创业、奋发奋进的良好氛围。因此要避免走"产业园区模式"的老路，产业园区从运作到管理大多都是封闭的，在这一点上就很难实现。此外，特色小镇内还可以通过"技术"与"艺术""生产"与"娱乐"跨界的方式，创造各种用户与产品的互动体验机会，激发各类创新的火花。

（3）立足于长远可持续发展

特色小镇的成功运营，应在生态、产业、社会、空间等方面进行可持续开发的探索。针对盲目审批、粗放生产、低效竞争、监管缺位等运营环节出现的种种弊端，必须同时依靠政府与市场"两只手"的作用。

充分发挥政府"有形的手"的调控作用，加强对小镇内企业的市场监管和社会管理，开展生态建设和环境保护，引导小镇建设、企业发展走上科学化、规范化、生态化的道路。积极发挥市场调节"无形的手"的作用，让特色小镇内、外企业开展良性的自由竞争。若想借助"政府之手"享有扶持政策和收益，

同时不被"市场的手"无情推开，就要做好规划、运营、招商和管理的各个环节工作，并要知悉四大关键问题：政府鼓励哪些产业，相关行业的政策落实有哪些；产业的市场前景如何，是否存在产能过剩风险；本地主导产业的发展条件与基础是什么，竞争对手是哪些；如何与当地政府或管委会达成合作关系。此外，在业态管控方面，融入"三生融合"理念，合理布局生产、生活、生态空间，以人为核心，区分各种工作性质与工作氛围，践行绿色发展理念，树立小镇形象品牌。

2.特色小镇的三级运营结构：政府、管委会、平台公司

（1）政府

在特色小镇的培育过程中，政府的职能定位应适度转型和调整观念，更好地处理管理与服务间的关系。其主要有两点：一是要制定好规则，根据市场规律，明确政府与市场的关系；二是要维护好规则，根据合约上的内容，通过法律的方式来运行。政府不是单单的土地供应，而是要在后期持续地为小镇投入各种资源。首先，地方政府根据当地形势，通过政策疏解，下放权力，切实为企业做好服务，而不是仅仅提出硬性要求。其次，政府要为小镇做好宣传，为企业做好背书。再次，政府要有一定的宽容度，允许实践和探索。

（2）管委会

管委会这类机构的存在，主要是因为目前我们的行政机制和市场机制没有办法完全接轨。小镇管委会隶属于区县一级的政府，所以便能调配县层面的行政资源，提高其所管辖地区的行政服务效率。管委会并没有任何行政审批权限，其主要的职责有两点：一是落实政策，二是提供服务。

（3）平台公司

特色小镇要选择合适的企业担任平台公司的角色，若由一个企业来主导，则最好为某一行业内具有实力的龙头核心企业或终端品牌企业，一般要具备整条产业链的撬动能力。尤其要抓住产业价值链"微笑曲线"的两端高利润环节，即研发设计和品牌营销服务，进行重点配置和服务对接。此外，平台公司通过互联网形成各类服务平台（需求信息、融资服务、政府资源、专家服务、成果信息等），充分聚集和优化配置平台资源，能促进域内企业升级转型，能推动政府的高效治理，能帮助小镇对接外部资源，形成互补的业务关联。

3.特色小镇的三大运营内容：产业运营、旅游运营、生活服务运营

从运营内容上来看，特色小镇的运营包括特色产业运营、旅游运营及生活服务运营三大体系。

特色产业运营是特色小镇运营的关键。主要作用，第一，通过全天候的贴

身管理服务，实现企业与政府各部门之间的有效对接，从而简化手续，提高效率。比如帮助企业进行注册登记、各项审批、营业执照年检、纳税申报等服务，并帮助企业向政府争取政策等；第二，根据企业以及产业发展的需求，不断优化产业结构，尤其是加大对生产性服务企业、研发企业、产业孵化平台等机构的吸引，构建产业生态体系，促进产业健康发展；第三，通过与各大银行、保险等金融机构建立良好的合作关系，或自身建立 VC 类/PE 类基金、投资公司等，直接参与企业的投资，或成立担保公司，对接外来资本，为企业融资提供担保服务，从而全方面解决企业融资难的问题；第四，组织行业研讨会、产品展销会、产品设计大赛等活动，以龙头企业为带动，成立产业联盟，通过行业之间的充分交流，不断塑造自身的产业品牌；第五，优化办公环境，加强休闲、娱乐、餐饮、商务等配套设施的服务，为产业人员提供良好的工作氛围。

旅游运营，一般由市场化的运营机构负责，与特色产业运营是两套体系。以杭州的梦想小镇为例，杭州未来科技城（海创园）管委会是杭州梦想小镇产业的管理和运营单位，杭州梦想小镇旅游文化发展有限公司是杭州梦想小镇的景区管理和运营单位。旅游运营主要包括小镇的旅游营销、品牌培育、景区管理、信息服务、安全管理、数据统计等。

生活服务运营，主要包括两块结构。一是为小镇居民提供休闲、娱乐、商业、餐饮等一般性生活服务，并根据常住人口的特征，提供高端医疗、俱乐部等定制服务；另一方面是对接城镇体制，为产业落户人口及其配偶子女提供职工子女入学、户口迁移、租赁房屋等服务。

4.特色小镇的五大运营收益

企业建设特色小镇最关键的就是如何实现盈利。特色小镇的盈利来源主要有两部分：地产增值和产业增值。地产增值是指依附在土地溢价基础上的一种盈利模式，通过建设生产仓储、办公研发、商业居住等房地产物业并以出租、出售方式供入驻企业与镇内人口使用，同时提供物业服务。产业增值是在开展运营服务和享受关联政策基础上实现的产业运营服务收益、配套经营收益、政府补贴、税收奖励和产业投资等五个方面。

（1）产业运营服务收益

小镇整合产业资源，引进各类中介服务机构，向入驻企业提供工商注册、融资信贷、法律咨询、人才外包、资质认证、技术中介、管理咨询、知识产权服务、网络通信服务等全套的产业服务，或通过自主建立公共服务平台，为企业提供针对性的技术服务、市场营销服务、金融信贷服务、管理咨询服务等，并适度收取服务佣金，作为平台服务还可以通过 BPO（商务流程外包）等形式获取长期、稳定的收益。

（2）配套经营收益

围绕产业，配套餐饮娱乐、酒店住宿、教育医疗、咖啡书吧、会议商务、会展博览、互动体验等生产、生活服务项目，以招商或自持等方式，形成稳定的运营收益。

（3）政府补贴

特色小镇通常要建设若干公共服务平台及配套服务设施，以营造良好的园区环境和产业氛围。为了鼓励园区改善创业环境和提高服务能力，所在区域政府应适当拿出财政资金，按照专项资金，专款专用的原则，以项目补贴、贷款贴息等形式给予资金支持。

（4）奖补及补差

企业通过与政府一事一议的谈判，确定各项优惠条件。这在发达地区都有很多创新探索，如企业享受税收增值部分的让度，政府分阶段比例按照最终实施效果进行返还，或企业享受周边地价增值的分成。

（5）产业投资

如果小镇的产业基础非常突出，作为企业可以围绕其做股权投资。在小镇建立或控股专业性的产业投资机构，如天使、VC 或 PE 等，以此开展项目投资，或者利用小镇内部孵化器对进驻的潜力型企业开展多种形式的股权投资，实现企业成长并获取长期利益。

各地的特色小镇开发运营各有侧重，收入来源比重各有不同。总之，特色小镇正在由地产收益向综合收益发生着改变，在新形势下，多条运营线的展开，已经使特色小镇的收益除来自土地一级、二级开发外，还包括产业项目运营收益、二级房产的运营收益及城市服务的运营收益等。特色小镇的运营机构要不断寻找新的盈利方式，探索出更多新的路径。

二、特色小镇的选址影响因素体系

特色小镇是了鼓励园区改善创业环境和提高服务能力，所在区域政府应适当拿出财政资金，按照一个综合发展结构，一般涵盖产业园区、景区、消费产业聚集区和城镇化发展区四大功能区。因此，其选址不同于传统地产、产业园区、新城和旅游开发区，需要更加综合地考虑各功能与现有条件之间的关系，根据不同类型小镇的发展核心需求，协调各要素之间的关系，分析不同选址方案对特色小镇未来发展的影响，进而决定最优方案。本节将根据特色小镇的四大功能需求建立特色小镇的选址评价体系，并针对不同类型特征对选址的具体要求进行分析。

（一）选址评价体系建立

特色小镇的发展基于特色资源，但其具体地块选择需要综合考虑四大功能的发展需求。首先需要具备能够支撑特色产业体系发展的基础，并且符合相应的总体规划和土地利用规划，具备建设发展所需的基础条件。其次需要综合考虑影响特色小镇发展的宏观因素，如地区经济发展情况、区位条件、交通条件、政策条件、人力资源条件、文化与自然资源条件、周边旅游与产业资源等。除此之外，特色小镇应具有充足的发展空间，与城镇建成区的空间关系以及城镇未来的发展方向也深刻影响特色小镇的发展。特色小镇建设对周边不利影响的最小化，以及生态环境对特色小镇的影响也应纳入选址考虑范围。由此，我们构建了特色小镇选址的综合评价体系。

值得注意的是，量化体系除用于确定特色小镇的选址外，也是对地块的综合评价，在后续规划设计方案中，应针对相应的优势和劣势制定发展战略。

（二）不同类型特色小镇的选址因素研究

根据对特色小镇产业发展模式和路径的研究，特色小镇的产业聚集模式可分为自然资源聚集型、产业链聚集型、园区整合聚集型、市场主导聚集型、依托物流聚集型、消费导入聚集型、高端服务聚集型七种类型。不同产业发展模式和路径，对各种因素的敏感度不同，现就各种类型所偏重的影响因素进行具体分析。

自然资源聚集型：此类小镇基于特殊的自然资源，形成开发型聚集效应或资源型产业集群效应。其选址主要依赖特色资源的独特性，应根据其产业类型的不同选取主要影响因子。例如旅游型小镇主要考虑文化与自然资源条件、周边旅游资源、区位条件等。而产业型则主要考虑自然资源条件。另外市场区位与交通条件对此类小镇也有一定的影响。

产业链聚集型：此类小镇基于上下游产业链整合的模式，常见于制造业小镇。特色产业的产业链完善度以及产业关联性是此类小镇的首要因子，其次应考虑地区经济发展情况和政策条件。充足的人力资源条件和未来发展空间也是较重要的因素。

园区整合聚集型：此类小镇基于产业的综合型开发和集群型发展条件，较一般的产业型小镇应强化运营服务和生活服务。政策条件和人力资源是较重要的因素，此外与原有镇区的空间关系、基础设施和服务配套以及发展预留空间都应纳入考虑。

市场主导聚集型：此类小镇基于市场商贸聚集效应，一般通过互联网服务和强化产品价值获得发展，因此地区经济发展情况、区位条件、交通条件和政策条件是此类小镇的重要选址影响因子。

依托物流聚集型：此类小镇基于交通优势和仓储运输设施的物流延伸形成聚集效应，主要依赖于地区特色产业和经济发展情况、交通条件，以及充足的发展空间。

消费导人聚集型：此类小镇基于消费聚集效应，需要充足的人流带动发展。地区经济发展情况、区位条件、交通条件、文化与自然条件、周边旅游资源、与建成区的空间关系等影响客流的因素是其主要选址影响因子。

高端服务聚集型：此类小镇基于技术、人才、金融等条件形成高新产业的聚集，其选址主要依赖地区经济发展情况、高等院校和研究机构情况、高等人才聚集度、生态环境等因素。

三、特色小镇多元化融资解决方案

特色小镇的概念是在国家推进新型城镇化的总体战略部署下产生的，旨在真正实现以人为导向，以地域特色为基础、以产业为依托的城镇化。

目前，全国多地出台特色小镇支持政策，社会资本纷纷探求介入特色小镇的路径，但特色小镇依旧面临融资困难的问题。本节立足于特色小镇的发展现状，基于特色小镇融资困境，为当前特色小镇整体的建设和运营寻找多元化融资解决方案。

（一）困局：特色小镇融资困境

特色小镇作为国家城镇化发展新战略和产业升级新形态，如能全面落实，将会对我国经济发展和转型产生重大的促进作用。

金融资本更是特色小镇建设的重要支撑力量。资金是项目持续发展的血液，资金短缺、金融支持工具的缺乏等限制因素，将会制约特色小镇的建设和长远发展。在特色小镇的建设过程中，以政策主导的融资工具远远不能满足特色小镇建设中的资金需求，特色小镇建设将持续面临融资困局。

1.特色小镇建设需要大量持续的资金投入，后续资金难以保障

资金规模问题是制约城镇化发展和特色小镇建设的瓶颈。特色小镇建设过程中涉及基础设施项目融资，资金需求量动辄数亿元甚至数十亿元，资金占用时间由几年到几十年不等，融资时间长，融资规模大，大大增加了融资难度。即使前期投资方承诺资金规模，也难以保证资金到位时点，资金链断裂极容易发生。

全国特色小镇建设的融资需求为万亿元数量级，目前来看，融资成果与需求相去甚远。以旅游小镇为例，作为特色小镇的重要模式之一，主要依托于旅游基金运作。然而截至2016年，全国旅游基金总值仅为1819亿元，且很多资

金尚未到位，旅游小镇的建设和完善进程受到严重制约。

2.政府资本杯水车薪，难以撬动大量资本

过去，土地收益一直是地方政府获得建设资金的主要来源。而在逐步减少政府对土地财政依赖的当下，政府资金难以应付小镇建设需求。一方面，政府资金有限，项目建设后续资金无法保障；另一方面，在政府债务高企的情况下，政府主导特色小镇建设心有余而力不足。

3.特色小镇项目预期回报率低，加大社会资本介入难度

从需求特征来看，特色小镇内部的产业融资需求多来自初创企业，面临未来收益的不确定和无资产可以抵押的困境；加之项目评价标准仍然不够完善，没有公允的估值体系，增大了利用 ABS 等金融创新工具进行市场化融资运作的难度。

此外，从项目回报来看，对于特色小镇内基础设施建设项目，一方面收益率偏低，难以达到社会资本的期望回报率；另一方面项目周期偏长，一般长达数十年，大多社会资本难以承受，这进一步加大了社会资本的进入难度。

4.法律机制不健全，专业人才匮乏，增加融资阻力

政府和个人间权利义务划分清楚是融资顺利进行的前提。在当前国内的法律大环境下，可能存在强势政府夺取私人利益，社会资本进入谨慎，或者寻租行为盛行，降低融资效率的情形。加之法律和金融等复合型人才缺乏，进一步增大小镇融资的阻力。

（二）探寻：金融资本应如何介入特色小镇？

从近三十年中国城镇化的推进进程来看，如果把资本比作水，城镇化建设就是一个蓄水池的运作体系。从经济体的财政、金融政策出发点与落脚点来看，每个经济体都需要一个蓄水池，这个蓄水池起着调节流量的作用，也是打开决策层财政金融政策运作空间的重要因素。

过去中国的城镇化过于注重基础设施建设、房地产开发，导致本来应该重视的地域特色在千篇一律的造城运动中消失。当前提出的以人为本、保护环境的城镇化内涵发展模式本质上是对过去模式的"纠偏"，特色小镇的整体运营即立意于此。乐观地看，这一定程度上也为民间金融资本参与特色小镇建设提供了有利条件。

简单地说，特色小镇的建设必将摆脱过去城镇化推进过程中以政府出资或垫资为主的"地方债"融资模式，通过打破传统融资渠道，引入社会资本。在资本运营层面，特色小镇项目要实现自收自支，政府更多地要以监管者身份去协调运营过程中出现的市场过度逐利等负面问题，最终实现区域特色城镇化的

整体推进。

（三）破局：特色小镇的八大融资模式

根据以上种种特征，特色小镇开发融资宜以股权融资为主，债权模式为辅。下文简单罗列特色小镇融资的八种模式。

1.贷款模式

对于相对成熟的特色小镇项目，利用已有资产进行抵押贷款无疑是最常见的融资模式。根据贷款主体和资金来源的不同，银行贷款对特色小镇建设的支持可以分为政策性银行对基础设施等非营利项目的支持和商业银行以及投资银行对小镇内特色产业为代表的营利项目的支持。

政策性银行的支持方式主要体现在政策和贷款门槛上。中国农业发展银行早在 2015 年就推出了特色小城镇建设专项信贷产品。中长期政策性贷款主要包括集聚城镇资源的基础设施建设和特色产业发展配套设施建设两个方面。2016 年 10 月 10 日，《住房城乡建设部中国农业发展银行关于推进政策性金融支持小城镇建设的通知》（建村[2016]220 号）进一步明确了农业发展银行对于特色小镇的融资支持办法。住房城乡建设部负责组织、推动全国小城镇政策性金融支持工作，建立项目库，开展指导和检查。

为了对特色小镇建设融资提供全面支持，中国农业发展银行进一步争取国家优惠政策，提供中长期、低成本的信贷资金。支持范围包括：以转移农业人口、提升小城镇公共服务水平和提高承载能力为目的的基础设施和公共服务设施建设，如土地住房、基础设施、环境设施、文教卫设施、商业设施等。各省级住房城乡建设部门、中国农业发展银行省级分行应编制本省（区、市）本年度已支持情况和下一年度申请报告（包括项目清单），并于每年 12 月底前提交住房城乡建设部、中国农业发展银行总行，同时将相关信息录入小城镇建设贷款项目库。

商业银行贷款和风险投资机构的帮助主要体现在对特色小镇内创业企业的贷款支持。特色小镇内往往云集大量创业企业，创业企业的融资是特色小镇融资的一项重要的独立课题。风险投资机构和商业银行看好特色小镇内创业企业的发展，为其提供了大量条件优惠的融资。不少金融机构在特色小镇内推出更为优惠的利率和高效的信贷审批。

浙江的湖州丝绸小镇、美妆小镇等相继获批之后，面对特色小镇建设的融资需求，吴兴农村合作银行给予信贷政策倾斜，对符合贷款条件、属绿色金融的项目和主体在贷款调查、授信审批、资金落实等方面开通"绿色服务通道"，优先受理、优先审批和优先发放，要求一周内完成新增授信审批，两天内完成贷款发放，贷款周转两个工作日内完成。同时对贷款利率给予优惠下调以降低融资成本。建行浙江省分行也曾安排意向性融资 700 亿元，重点支持浙江省特色小镇项目建设，同时支持优质企业发展，为引进高层次人才提供金融便利。

各大银行通过与地方政府合作，在特色小镇的贷款融资中已经起到重要的作用。截至 2016 年上半年，农发行浙江省分行支持浙江省特色小镇建设项目 8 个，贷款金额 160 亿元，充分发挥了政策性银行在城乡一体化建设中的支柱作用，助推特色小镇"扬帆起航"。中国建设银行也统筹安排年度信贷投放总量，加大对小城镇建设的信贷支持力度。对纳入全国小城镇建设项目储备库的推荐项目，予以优先受理、优先评审和优先投放贷款。

此外，对于初创企业融资时缺少可供抵押的资产，政策性融资担保机构也倾向于提供便利。同时，国家发改委通过国开行、农发行向邮储银行定向发行长期债券，成立专项基金，助力特色小镇发展。特色小镇专项建设基金实质上是一种长期的贴息贷款，也将成为优秀特色小镇的融资渠道。

不可回避的是，受制于项目质量不佳、缺少成熟和可验证的商业模式，以及政策瓶颈，很多民间资本都对特色小镇感兴趣，但却敬而远之。

在这种局面下，特色小镇项目公司可以努力使得所运营项目纳入政府采购目录，则可能通过政府采购融资模式获得项目贷款，并获得延长贷款期限及可分期、分段还款的优惠，这对现金流稳定的项目有明显利好。如果进入贷款审批"绿色通道"，也能够提升获得贷款的速度，同时侧面起到吸引社会资本的作用。

2.发行债券

由于特色小镇项目公司往往成立时间较短，没有历史评级，发行债券会受到一定限制。

在满足发行条件的前提下，特色小镇项目公司可以在交易商协会注册后发行项目收益票据，可以在银行间交易市场发行永（可）续票据、中期票据、短期融资债券等债券融资，也可以经国家发改委核准发行企业债、项目收益债和专项债券，还可以在证券交易所公开或非公开发行公司债。

如果满足发行条件，特色小镇项目公司发行企业债往往可以获得政府的全面支持。2017 年 6 月，铜陵市出台《关于扶持特色创新小镇建设的若干政策意见》，重点从五个方面提出了若干条具体扶持政策措施。其中，从信贷支持、融资担保、PPP 合作等方面提出了支持的具体政策措施，包括三年内新发行企业债券用于特色小镇公用设施项目建设的，按债券当年发行规模给予发债企业1%的贴息，贴息资金由市级财政和项目所在地财政各承担 50%。

3.融资租赁模式

融资租赁又称设备租赁、现代租赁，是指实质上转移与资产所有权有关的全部或绝大部风险和报酬的租赁。融资租赁集金融、贸易、服务于一体，具有独特的金融功能，是国际上仅次于银行信贷的第二大融资方式。

在特色小镇项目建设中必然需要购置高成本大型设备，融资租赁是减轻资金压力的重要工具。2015年8月26日，国务院常务会议指出，加快发展融资租赁和金融租赁是深化金融改革的重要举措，有利于缓解融资难、融资贵的问题，拉动企业设备投资，带动产业升级。以其兼具融资与融物的特点，出现问题时租赁公司可以回收、处理租赁物，因而在办理融资时对企业资信和担保要求不高。融资租赁属于表外融资，不体现在企业财务报表的负债项目中，不影响企业的资信状况。

融资租赁实质上是转移与资产所有权有关的全部或绝大部风险和报酬的租赁，有三种主要方式。①直接融资租赁，可以大幅度缓解特色小镇建设期的资金压力。②设备融资租赁，可以解决购置高成本大型设备的融资难题。③售后回租，即购买"有可预见的稳定收益的设施资产"并回租，这样可以盘活存量资产，改善企业财务状况。

4.基金模式

（1）产业基金及母基金模式。特色小镇在导入产业时，往往需要产业基金做支撑，这种模式根据融资结构的主导地位分三种类型。

第一种是政府主导，一般由政府（通常是财政部门）发起，政府委托政府出资平台与银行、保险等金融机构以及其他出资人共同出资，合作成立产业基金的母基金，政府作为劣后级出资人，承担主要风险，金融机构与其他出资人作为优先级出资人，杠杆比例一般是1：4。特色小镇具体项目需金融机构审核，还要经过政府的审批，基金的管理人可以由基金公司（公司制）或PPP基金合伙企业（有限合伙制）自任，也可另行委托基金管理人管理基金资产。这种模式下政府对金融机构有稳定的担保。

第二种是金融机构主导，由金融机构联合地方国企成立基金专注于投资特色小镇。一般由金融机构做LP，做优先级，地方国企做LP的次级，金融机构委派指定的股权投资基金作GP，也就是基金管理公司。

第三种是由社会企业主导的PPP产业基金。由企业作为重要发起人，多数是大型实业类企业主导，这类模式中基金出资方往往没有政府，资信度和风险企业承担都在企业身上，但是企业投资项目仍然是政企合作的PPP项目，政府授予企业特许经营权，企业的运营灵活性大。

在很多地方，特色小镇已经成为地方政府的"金名片"。浙江省级政府产业基金早已探索组建特色小镇（联动）基金，意向规模100亿元（其中省产业基金出资10亿元）。为产业类小镇输送金融"血液"，提升产业资源要素运作效率，形成特色小镇之间资源要素协同合作生态链，引导创新要素与产业小镇深度耦合反应，推进好项目落地生根，助力产业转型升级。

产业基金的重点投向往往是特色小镇重大产业类、招商引资类等示范带动作用强的政府意图型项目，以及具有高成长性、核心竞争力的创新性企业，支持产业类特色小镇培育若干产业龙头企业，推进一批充满活力的中小型企业上市，助推地方经济转型升级。

（2）股权投资基金模式。参与特色小镇建设的企业除了上市公司外，还有处于种子期、初创期、发展期、扩张期的企业，股权投资基金会始终伴随这些企业的成长。对应的股权投资基金可分为天使基金、私募股权基金（PE）、创业投资基金（VC）、并购基金、夹层资本等。

天使基金、私募股权基金（PE）、创业投资基金（VC）的角色定位很明确：以特色小镇的优质企业为标的，投资于培育战略性新兴产业、新业态、新模式，对非上市企业进行权益性投资，最终通过上市、并购、管理层回购、股权置换等方式退出。

除天使基金和创业投资基金之外，并购基金和夹层资本也是很重要的参与者。

并购基金是专注于对目标企业进行并购的基金，其投资手法是，通过收购目标企业股权，获得对目标企业的控制权，然后对其进行一定的重组改造，持有一定时期后再出售。

夹层资本，是指在风险和回报方面，介于优先债权投资（如债券和贷款）和股本投资之间的一种投资资本形式，通常提供形式非常灵活的较长期融资，并能根据特殊需求做出调整。而夹层融资的付款事宜也可以根据公司的现金流状况确定。

（3）城市发展基金。城市发展基金是指地方政府牵头发起设立的，募集资金主要用于城市建设的基金。其特点如下：牵头方为地方政府，通常由财政部门负责，并由当地最大的地方政府融资平台公司负责具体执行和提供增信；投资方向为地方基础设施建设项目，通常为公益性项目。例如，市政建设、公共道路、公共卫生、保障性安居工程等；还款来源主要为财政性资金；投资方式主要为固定收益，通常由地方政府融资平台提供回购，同时可能考虑增加其他增信。

（4）PPP 融资模式。PPP（Public-Private Partnerships）模式，即公共部门与私人企业合作模式，是指政府、营利性企业和非营利性企业基于某个项目而形成的相互合作关系的形式。通过这种模式，合作各方参与某个项目时，政府并不是把项目的责任全部转移给私人企业，而是通过对项目的扶持，实现参与合作各方的利益，同时共同承担责任和融资风险。

PPP 模式是一个完整的项目融资概念，是政府、营利性企业、非营利性企业基于某个项目而形成"共赢"为理念的合作方式。

在特色小镇的开发过程中，政府与选定的社会资本签署《PPP 合作协议》，按出资比例组建 SPV（特殊目的公司），并制定《公司章程》，政府指定实施机构授予 SPV 特许经营权，SPV 负责提供特色小镇建设运营一体化服务方案。

PPP 合作模式具有强融资属性，金融机构与社会资本在 PPP 项目的合同约定范围内，参与 PPP 的投资运作。最终通过股权转让的方式，在特色小镇建成后，退出股权实现收益。社会资本与金融机构参与 PPP 项目的方式也可以是直接对 PPP 项目提供资金，最后获得资金的收益。

5.股权或产品众筹模式

众筹是基于众包和微金融发展起来的一种新型融资方式，通过网络众筹平台广泛地向群众募集资金。众筹的低门槛投资金额、突破投资地域限制的特点和灵活的表现形式，为中小微企业和个人的创意项目提供了融通资金的作用。

特色小镇运营阶段的创新项目可以用众筹模式获得一定的融资，众筹的标的既可以是股份，也可以是特色小镇的产品或服务，比如某特色小镇三日游产品的众筹。众筹具有低门槛、多样性、依靠大众力量、注重创意的特征，是一种向群众募资，以支持发起个人或组织的行为。股权众筹是指公司出让一定比例的股份，平分成很多份，普通投资者通过出资认购入股公司，获得未来收益。

6.收益信托模式

特色小镇项目公司委托信托公司向社会发行信托计划，募集信托资金，然后统一投资于特定的项目，以项目的运营收益、政府补贴、收费等形成委托人收益。金融机构由于对项目提供资金而获得资金收益。

7.资产证券化（ABS）

资产证券化是指以特定基础资产或资产组合所产生的现金流为偿付支持，通过结构化方式进行信用增级，在此基础上发行资产支持证券（ABS）的业务活动。特色小镇建设涉及大量的基础设施、公用事业建设等，基于我国现行法律框架，资产证券化存在资产权属问题，但在"基础资产"权属清晰的部分，可以尝试使用这种金融创新工具，对特色小镇融资模式也是一个有益的补充。

从旅游行业来看，不管是以门票为基础资产，还是以项目公司为基础资产，都具备做资产证券化的条件。从准入条件来看，很多现金流良好的景区能够满足资产证券化条件；从融资成本来看，资产证券化融资过程中只涉及原始权益人、特殊目的公司、投资者、证券承销商等主体，中间费用较少，融资成本远低于信托、基金等。

8.供应链融资模式

供应链融资是把供应链上的核心企业及其相关的上下游配套企业作为一个整体，根据供应链中企业的交易关系和行业特点，制定基于货权及现金流控制的整体金融解决方案。

供应链融资解决了上下游企业融资难、担保难的问题，而且通过打通上下游融资瓶颈，还可以降低供应链条融资成本，提高核心企业及配套企业的竞争力。在特色小镇融资中，可以运用供应链融资模式的主要是应收账款质押、核心企业担保、票据融资、保理业务等。实际操作中，融资模式往往根据小镇建设不同阶段和产业发展不同阶段，结合其他融资模式组合使用。

（四）创新：特色小镇的多元化创新融资模式

1.资本退出路径明晰的"PPP+资产证券化"模式

特色小镇必然需要解决特色产业的问题，第一是因地制宜确定主导产业，产业确定以后要把产业生态做好（如基金小镇需要人才端、客户端、技术端、市场端等）。第二需要金融平台来推动产业发展，不仅仅是招商，未来更多的是引资和招商权。特色小镇的建设是一个巨大的市场，一定会出现很多有价值的市场主体。前文提到，发展小镇的特色产业，最大的问题就是投资周期长，运营时间长，回收慢，但是未来价值可能会很大。这个矛盾必须借助创新金融工具来解决。

以旅游特色小镇为例，一开始往往需要建立 PPP 基金。但是做 PPP 基金很难解决 PPP 运营回报的问题，所以需要有公司来参与。而这些公司是以产业基金为支撑的，往往能够通过股权、IPO 实现价值最大化，最后通过景区的资产证券化来解决 PPP 基金的退出和回报问题。

要通过 IPO 来实现股权投资的回报，往往要用创新金融和产融结合这样的理念和工具来解决问题。所以特色小镇的收入模型已经不仅仅是租金或者地产收益，它一定是地产收益+投资收益+服务收益的结合。

最后通过资本市场解决资产证券化和股权基金的退出问题。原来的单一物理空间的开发能力要向多方位转变，规划也不再是简单的建筑规划，而是复杂的顶层设计，其中包括金融投融资的规划、现金流的规划、产业的规划，另外还有政府资源的协调整合能力等。

2.融资、营销、运营属性兼具的"互联网+融资"的模式

在"互联网+金融"大行其道的情况下，普惠金融也是一个重要的融资方向。在特色小镇融资过程中，可以通过运用互联网有效地积聚社会资金，提高资金运用效率，同时，互联网融资本身也是热门事件，可以起到免费的宣传作用。

"互联网+融资"并不限于互联网众筹，"互联网"在其中起到的作用也绝非单纯的渠道拓展。特色小镇作为大型开发项目，必须全面接触资本市场，融资、经营管理、市场推广甚至获得专业的运营团队，都可以通过"网络路演"目标人群。通过网络路演接触有实力的风投，已经是创业项目融资的重要渠道。通过互联网路演融资，可以获得投资者广泛关注，让风投对项目前景一目了然，促进项目融资，便于项目和企业的资本运作。在项目走向成熟期时，互联网路演可以让项目经验透明化，便于进行收购、兼并等资本运作。

从产业链来看，特色小镇的建设与运营过程全面覆盖政策解读、信息互动、项目撮合、规划设计、产业导入、运营推广、金融配套、投资消费以及数据共享等。在整个过程中，用"众筹、众建、众销、众创"的理念，深度触网，广泛与政府、企业、机构、媒体合作，建立新的生产方式，打通特色小镇全产业链，覆盖规划设计、开发运营、产业招商、投资消费全环节，以创新的"智力众筹、能力众筹、信用众筹"方式，汇聚有意向的企业开发特色小镇。随着特色小镇建设的开展，"互联网+金融"对其显示出的融资支持力度将有进一步扩大的潜力。

3.政府、村民，资方共赢的 BOT 融资模式

BOT 模式（build-operate-transfer），即建设——经营——转让，是一种利用民营资本兴建基础设施的融资模式。BOT 模式本身并不新颖，只是由于近年来古镇项目繁多，在古村落、古镇的开发与基础设施建设中，这种模式可以很好地解决土地使用权移交过程中的利益分配问题。

BOT 模式的运作模式如下：以村庄开发为例，农村宅基地使用权通过土地使用权人向投资商、开发商等民间组织授权，开发投资者对村庄宅基地上的建筑物和构筑物等投入资金，发展农家乐等旅游开发项目，改造建成后，投资人有偿经营一段时间，到期后将宅基地使用权交给原所有人。

以某个以农家院集群的古村落开发项目为例，基本内容包括：作为准政府组织机构的村庄宅基地统一管理主体—大平安村委会，将宅基地的使用权授权该项目的投资方，由投资方提供资金在宅基地上进行开发建设，建造完成后投

资者进行有偿的经营管理,来获取一定收益。在特许经营期之前,原来农户的收入除政策补贴外,农户还可参与经营活动,获取一定的收益,等到特许经营期之后,将宅基地使用权交还村委会。通过这种方式,村集体节省了建设开发的资金,村民也可从中获取一定的报酬,BOT 模式在村庄宅基地项目中运用的途径是具有合法性的。这种运作模式,不仅可以盘活存量土地,也可以带动村庄旅游和经济的发展,是一种助力农村经济可持续发展的新路径,也是依托于产业的特色小镇建设的重要融资工具。

第六章　乡村振兴战略下特色小镇建设的
金融支持

第一节　特色小镇建设的金融支持内涵

一、金融支持的定义

金融支持是指拥有金融资源的供给主体通过某种方式或渠道，将金融资源配置给不同的金融需求主体，以满足不同金融主体的需求，进而起到促进金融需求主体或社会发展的目的。

二、金融支持特色小镇发展的基本内涵

金融支持特色小镇发展的基本内涵主要包括以下三个方面。

（一）金融支持优化原始产业发展模式

以地区传统优势资源为依托，利用金融资源配置以优化原始产业发展模式。在未建立特色小镇时，云南省很多地区存在产业发展方向不明确，未能及时突出地区产业优势。金融支持特色小镇的建设能够通过金融资源的合理配置积极引导产业发展模式向专一化发展。

（二）金融支持培育特色产业新经济增长极

积极培育构建特色产业新经济增长极，为特色产业发展夯实根基，进而做大做强特色产业。将原始特色产业（例如云南茶叶、烟、橡胶、有色金属等产业）从附加值较低的上游逐渐向附加值较高的中下游发展，为新经济增长极的发展完善奠定坚实基础。

（三）金融支持引导特色产业向精细化发展

金融资源对特色小镇发展的导向作用，有利于进一步夯实云南省特色小镇发展的产业基础。同时，相机抉择选择金融支持手段，便于引导特色产业向精细化发展。由原始产业的初加工向精深加工发展，开发出特色产业的高端产品（如文山三七药材，可制作三七粉、三七酒等产品）。

三、金融支持特色小镇发展的基本内容

对于特色小镇发展的不同阶段其金融支持的基本内容必定是不同的。

目前主要包括以下八个方面：

一是金融支持特色小镇基础设施建设，优化景区内道路的设计，建设与保护。

二是金融支持特色小镇环境维护，建设与治理等。

三是关联的组织机构与人员的培训方面（旅行社，接待人员，导游等）的金融支持。

四是对外宣传的金融支持。主要是指对外广告宣传支出，利用电视、新闻和互联网+等途径和技术进行宣传。

五是相关企业产品的生产设计的金融支持。在特色小镇内的生产企业的税收减免等予以支持和补贴。

六是文化继承与发扬的金融支持。其中包括景区内原始样貌的修复与完善等。

七是设立产学研发展基金，促进特色产业高校等科研机构深度融合，夯实产业发展基础，提供产业循环发展动力。

第二节　特色小镇建设的金融支持基础理论

一、金融发展理论

20 世纪 50 年代之初，便有学者以金融抑制和金融深化理论视角研究金融发展理论。其中，研究成果最为丰富的莫过于麦金农和肖。两位学者在结合发展中国家或地区的金融发展实践基础上提出金融抑制和金融深化理论。其认为由于发展中国家政府对金融活动的种种限制，造成其金融资源配置效率较发达国家而言普遍较低。同时上述两位学者提出，完善的金融市场发展机制是提高金融资源配置效率的有效手段。因此，发展中国家应放宽对金融市场的束缚，推行金融自由化的财政政策和货币政策。

二、内生金融发展理论

内生金融发展理论指在本地区金融发展的过程中，本地区内部因素关系的变化具有直接作用，并且这种变化从不同方面制约金融发展。自 20 世纪 70 年代左右的拉丁美洲国家金融自由化尝试失败之后，麦金农和肖的金融发展理论的局限性变得尤为突出，同时进一步深化了金融发展与地区实际相关因素相联系的关系。

三、金融约束理论

东南亚金融危机的爆发，使得传统金融发展理论解释能力受到极大限制。经济学家们在充分研究此次危机后，认为为防止金融压抑和规避银行风险，政府可通过设定规则用以调动生产企业，金融企业和居民的投资和储蓄意愿，从而增加社会总投资。发展中国家普遍面临一定的金融约束，即政策的制定并不能很好地对社会总投资的增加产生较大的影响。

四、金融创新理论

熊彼特于 1912 年提出金融创新理论，其认为金融创新指新的生产关系的建立，也是通过企业家对企业拥有的要素资源进行重新组合。传统的经济学家将金融创新分为两类：一类是金融业务创新。金融业务创新是指包括金融产品创新、金融工具创新以及金融交易方式创新等。另一类是金融技术创新。金融技术创新主要基于金融业务创新，以电子信息技术为基础的先进的金融手段，完善电子金融体系建设，进一步实现金融能力质的飞跃。

第三节　特色小镇建设的金融支持政策环境

一、鼓励支持渠道创新

鼓励支持渠道创新指鼓励金融支持特色小镇的渠道创新。2016 年，国务院明确提出加强金融在城镇化建设中的支持作用，并做了详尽的举措规定，设定多渠道金融支持特色小镇的发展。其中包括专项发展基金、政策信贷资金、商业性金融、公共基金与保险基金、城市发展基金以及资产证券化等。

专项发展基金。专项发展资金是中央财政预算为特色小镇基础设施与公共服务设施建设、特色小镇功能提升等提供的重要保障。

政策性信贷资金。政策性信贷资金的运用可提高政策性银行创新信贷产品的服务能力，同时对于新型城镇化过程中的不同项目，采取差异化的融资模式。

商业性金融。商业性金融能够积极引导商业银行增加面向新型小镇建设的金融服务和产品的供给，创新适合城镇化发展金融服务和产品。

公共基金与保险资金。充分发挥例如公共基金与保险资金等参与城市基础设施项目建设和运营的功能。

城市发展基金。通过进一步整合地方政府投融资平台等具体举措，吸收地方财政资金和民间资本积极参与特色小镇建设。

资产证券化。推进基建项目资产与租赁房资产等相关资产证券化，能够达到直接减少成本，提高城市基础设施项目直接融资比重的目的。

二、鼓励支持方式创新

鼓励支持方式创新指鼓励金融支持特色小镇的方式创新。2016 年 10 月，国家发改委提出特色小镇的建设，必须依靠特色小（城）镇建设投融资机制的创新，同时辅以完善的法律制度。通过对政府、政策性银行以及其他金融机构和社会资本做出相关要求。

创新发挥政府资金作用。政府应该发挥积极作用，以财政资金为基础，通过杠杆作用撬动社会闲置资金，形成财政资金与社会资本相互融合的特色小镇建设基金。

创新金融支持特色小镇发展的基本方式。鼓励基础条件发展较好的小城镇优先采用多种方式进行融资，其中包括：发行企业债券与融资租赁等。

设立创新型城镇化基金。积极探索对于新型城镇化建设基金的研究，为支持特色小镇的发展建设提供基础性资金。

创新金融在市场中的运作模式。采用小政府、大服务的高效市场运作模式，着力推进美丽资源向美丽经济转化，从而实现要素价值的进一步提升。

三、鼓励资金积极跟进

鼓励资金积极跟进这里指鼓励政策性信贷资金积极跟进。住建部与农业发展银行率先明确规定政策性信贷资金支持小城镇建设的范围。

中国农业发展银行积极参与完善小城镇公共服务设施和特色产业发展。主要资金服务于以下几方面：基础配套设施的资金支持、公共服务设施的资金支持和产业支撑配套设施资金支持等。在小城镇过程中既要积极建立贷款项目库，让符合条件的特色小镇及时入库，享受政策性贷款等便利，同时也最大限度确保资金的使用规范。积极运用财政政策，采用包括但不限于政府购买和采购等工具促进政府和社会资本合作的融资模式。只要风险可控、商业可持续，可将小城镇建设项目设计等相关服务的预期收益权等作为贷款的质押担保物，从而获得较多的金融支持。

第四节　特色小镇建设的金融支持功能机理

金融支持特色小镇参与主体主要包括开发性金融、政府资金、政策性资金、社会资本和商业性金融等五位一体。金融支持特色小镇参与主体功能机理主要指开发性金融的保障功能、政府性资金的杠杆功能、政策性资金的助力功能、社会性资本的主体功能与商业性金融的促进功能。

一、开发性金融——"保障功能"

开发性金融是以国家信用为基石，市场化运作为前提，以经济利润为支柱，用市场化的手段完成国家宏观调控目标，以国家为实施主体。其主要面对的是一些无法用传统金融资源来解决的基础设施项目，以及资金需求量较大的生产建设项目。其主要特点是偿还期与回收期较长，因而对于这部分使用资金的需求主体来说偿还压力较小，因此开发性金融在金融支持特色小镇的发展建设中具有保障功能。

2017年1月，中国成立了首个特色小镇投资基金。投资基金采取一母基金+子基金的结构组织模式，其中母基金总资产500亿元人民币，同时预估未来将撬动实际运营资本大概5000亿元。与此同时，为确保投资基金能够合理使用，在成立之初便规定了具体的投资方向。其中主要涵盖以养生养老、休闲旅游、文体方面、特色农业等为特色的各类特色小镇。

二、政府性资金——"杠杆功能"

政府性资金的杠杆功能主要通过政府设立特定资金，并对配资比例做出具体规定，对符合条件的项目实行一定的初始资金配置，进而运用政策的制定，形成一定的杠杆。国家发改委通过设立基金等形式，积极吸引其他社会资本进入。与此同时，中央财政也通过评估，对发展较好的特色小镇给予适当奖励等。有政府资金参与的特色小镇投资基金能有效聚合当地政府、特色小镇承建单位、投资者、金融机构等多方资源，充分发挥合力作用，采用PPP方式，从特色小镇的顶层设计入手，培育完善市场环境和营造良好市场氛围，撬动各类资金和资源投入小镇建设的浪潮中去。

三、政策性资金——"助力功能"

政策性资金又称专项资金计划，大多数是指为支持国家战略性产业发展而专门设置的资金计划。此类资金在金融支持特色小镇的发展过程中起到一定的推力功能。例如，作为为特色小镇发展提供资金的政策性银行，中国农业发展银行在实现金融资源合理配置的基础上，积极为特色小镇建设提供一定的信贷支持。通过对信贷规模的统筹规划，以及在金融资源安全性等得到保证的前提下满足小镇建设的投融资需求，并且政策性资金旨在提供长期、低成本的贷款支持。

四、社会性资本——"主体功能"

社会资本的引入，不仅能在一定程度缓解政府财政的压力，同时也能提高特色小镇的建设效率（因为特色小镇发展引入的社会资本方一般具有相关或者相同的建设经验，从而使得建设效率能够有一定的提升），并且能实现与民营企业的利益共享。这使得民营企业直接参与特色小镇的建设、发展和运营。如：浙江省曾在2015年浙商大会与杭州西湖区投资合作推介大会，共签订54个项目，浙商大会签订24个项目，其中绝大部分涉及特色小镇和PPP项目等。而杭州西湖区投资合作推介大会签约30个有关特色小镇项目。为社会资本的进入有积极的示范效应。

五、商业性金融——"促进功能"

商业性金融主要通过 PPP 项目融资以促进特色小镇的发展。商业银行在支持特色小镇 PPP 项目时，较多扮演的是服务商的角色，但是由于商业性金融独特的经济人特性。使得商业性金融在金融支持过程中，为实现自身利润最大化，同时使自身损失最小化，所以其又积极扮演规范者和促进者的角色。如：浙江省金华成泰农商银行积极通过自身商业性金融直接支持特色小镇的发展。其中，金华市特色小镇唯一金融支持银行为曹宅支行，全力打造以满足特色小镇融资需求为主的特色支行。截至 2017 年 6 月，曹宅支行对辖内规划或建设中的 17 个特色小镇，已提供 10 余种特色信贷产品。不仅信贷产品丰富，而且担保方式多样。主要涵盖产业经营、种养、农业龙头企业等，采用纯信用、家庭担保、商标质押等多种灵活方式予以支持，目前已累计支持相关经营主体 1962 个，授信金额达 2.81 亿元。

第五节　特色小镇建设的金融支持方式

在金融支持特色小镇的实际发展过程中，出于对风险隔离及可操作性等的考虑，可采用市场化原则，采用建立的特色小镇公司作为特色小镇市场化运作的实施主体。特色小镇公司实际中可采用项目融资，项目融资在资产负债表中属于表外融资，因此项目融资本身具有较强的优越性。综合研判得知特色小镇可采用的金融支持方式包括信贷支持、发行债券、融资租赁、基金（专项、产业基金等）管理、资产证券化、收益信托、PPP 融资、保险市场、资本市场等。

一、信贷支持方式

信贷的本质是经济主体之间的资金借贷，是目前融资方式中最为常见的一种。2018 年经济稳定工作会议于北京顺利闭幕，会议再次强调三去一降一补以及金融支持实体经济发展的重要作用。特色小镇的发展主要依靠特色产业为发展基础，因此对于发展实体经济的特色小镇信贷支持是必不可少的。2017 年，建行提供 1000 亿元左右的融资额度。

二、发行债券方式

发行债券是目前公司融资最常用的方式之一，企业通过非银行类金融机构或平台，采用抵押担保或无抵押（信用担保）的方式进行。现行债券规则规定，满足发行条件的（实际运行公司）项目公司可在非银行间交易市场中发行债券融资，同时也可以发行项目收益票据。政府企业可通过平台公司发行企业债务，也可以发行地方债务。例如，大理旅游发行企业债（债券代码：1380095.IB），承载实施主体云南省大理州旅游开发有限责任公司，目前余额 8 亿元，预计到期日为 2020 年 3 月。

实施方案：

1.项目公司（特色小镇引进的公司）自身评估：自有资产，融资需求，企业诚信状况等。

2.寻找合适的承销商：选择有资质的承销商对企业的融资需求设计相关产品。

3.选择担保人：小镇建设过程中，由于公司可能是新引进或新成立的公司，存在征信不足问题。这时需要采用担保人进行一定程度的增信，从而有利于债券发行。

4.资金托管与备案：在上述步骤完成后对于筹集到的资金进行托管和备案，确保专款专用。

采用发行公司债券的优缺点主要体现下面几方面。优点：操作流程方便快捷，由于是较为常用的公司融入资金的方式，因此对于流程较为了解，业务操作风险较小，不稳定因素较少。缺点：融资规模可能受限。除了少数正规的特色小镇前期已经投入，有相当多的固定资产的沉淀，其余大部分特色小镇的发展仅仅处于初级阶段，因此会影响抵押融资的融资数量。

三、融资租赁方式

融资租赁是解决项目资金缺少的重要方式之一，通常所指的融资租赁又被称为设备租赁、现代租赁等。其以让渡资产使用权同时获取收益为主要目的，租赁人获取收益，融资人减少融资成本。这期间部分融资租赁企业在使用一定年限后，资产可以减去资产折旧后出售给承租人。目前融资租赁经多年发展已经集金融、贸易、服务于一体，具有独特的金融功能，是目前国际上常见的第二大融资方式。

其实施主体为 SPV（特殊目的公司），以政府部门和企业为牵头，融资租赁公司为中介，银行较多为借款实际承担者。现阶段金融改革的重点之一便是发展融资租赁和金融租赁，这不仅能够在某种程度上解决一定融资难融资贵的问题，而且能不断完善金融工具。发展好融资租赁对加大企业设备实体投资以及特色产业的优化升级均有十分重要的影响。由于租赁公司本身对租赁物拥有所有权，仅暂时转移使用权，故而在企业使用融资租赁时，对于融资企业的要求并不高。

现阶段我国常用的融资租赁主要有以下几种方式：直接融资租赁、设备融资租赁与售后回租。在企业建设期，由于收益较低，成本较高，因此建议采用直接融资租赁的方法；在企业在购置高成本等大型设备时，由于占用的资金数额较大，然而正是由于设备融资租赁由租赁公司购置设备，所以此时企业可采用设备融资租赁，以此进一步缓解资金压力。同时为盘活企业存量资产，进而改善企业的财务状况，可将使用后但具备使用价值的融资设备采用售后回租的方式残值变现。例如金控融资租赁公司现已发展设备融资租赁，售后回租等相关方式。

四、基金支持方式

（一）产业投资基金

2014 年，国务院明确财政等参与构建产业投资基金的基本意见，可以通过使用股权投资与产业投资基金等形式，进一步提高财政资金使用效率。2017 年11 月，海南省积极成立产业发展基金，基金总规模为 200 亿元。其中：基金对外募资部分（179 亿元）已经由国开金融有限责任公司承诺募集。市场募集主要包括两类：一是保险，银行等资金；二是社会资金，主要面向机构投资者。

与私募股权投资基金相比产业投资基金具有以下特点。一是定向性。产业投资基金对于资金投资的方向有明确规定，仅对符合方向的产业发展定向投融资；二是多方合作。产业投资基金采用的是政府、金融和实业等三方资本积极合作；三是规模不定。在资金筹集规模上并未作详细规定。产业投资基金对于以产业发展为特色的特色小镇具有重要的意义。

（二）政府引导基金

政府引导基金与产业投资基金有一定的类似性，两者均有政府与社会等资本合作，不同的是政府引导基金在市场机制运行条件下，有向特定阶段、行业、区域目标适度倾斜支持的特性。政府引导基金具有以下几个显著特点：一是非营利性。政策性基金在风险可控的前提下，以让利于民为基本原则；二是导向性。政府引导基金通过导向作用，能够充分发挥金融服务实体经济功能，积极向实体经济倾斜；三是市场化运作。引入专业的市场化运作团队，在政府引导基金成立后，由独立的管理团队进行全面管理，政府仅是服务的提供者与监督者；四是间接性。政府引导基金通过直接出资成立母基金，然后投资于子基金，由子基金再投资于项目企业。目前国内发展较为成熟的政府引导资金主要有：安徽省创业（风险）投资引导基金、荆州市创业（产业）投资引导基金以及上海杨浦区产业引导资金等。特色小镇发展作为国家乡村振兴战略的抓手之一，其政府引导基金将会发挥更大作用。

（三）城市发展基金

城市发展基金的募集成立主要用于城市建设。其特点如下：一是地方政府牵头组织；二是财政部门负责管理，并充分发挥地方政府融资平台公司功能；三是由地方政府融资平台公司具体执行和提供增信服务，具体投向通常为具有公益性质的项目。例如，公共服务设施、基础道路设施、卫生保障、拆迁安置安居工程以及棚户区改造等。特色小镇在发展过程中，可使用城市发展基金帮助小镇的基础设施等环境的改善。

五、资产证券化方式

资产证券化即资产支持证券（ABS）。是运用基础资产或资产组合未来收益的现金流作为基本保障，采用结构化的方式进行信用增级，进而发行资产证券化（ABS）的业务活动，完成以金融为核心的多种资产的跨界融合。政府不可直接做，原始权益人亦不能是政府，但目前常采用的是政府直接或间接控制的平台公司，比如公用事业单位等。我国资产证券化随美国次贷危机的爆发而停滞，但随着经济的发展，ABS 项目在我国定有较好的发展前景。目前资产证券化主要存在以下四个问题：一是产权不清晰，使 ABS 过程中存在一定的法律障碍。二是特许经营权不可转让造成市场机制功能发展不完善。三是基础资产实际出售的标准缺失，同时亦无判例可循。四是相关者利益保护机制不健全。

六、收益信托方式

信托是指委托人对受托人的信任时，将其自有财产权暂时转给受托人，同时受托人按照委托人原始意愿对财产进行特定目的，而进行的管理和处分行为。2017 年 4 月 23 日，中航信托成功举办特色小镇主题沙龙，中航信托承诺未来将积极参与千企千镇工程建设，同时与无锡梅村签订合作协议。

七、PPP 融资方式

在金融支持特色小镇的发展过程中，政府以《PPP 合作协议》为合作蓝本积极寻找可合作的社会资本，同时按照一定认缴比例组建 SPV 公司，以公司化运行的方式制定《公司章程》，在具体实施过程中由政府指定相关实施机构代行使 SPV 特许经营权，特色小镇建成后，政府资本退出。同时，PPP 基金可分为引导基金和项目基金；其中 PPP 项目基金又分为单一项目基金和产业基金等（其中，PPP 资金曾可以通过政府背书增信）。

八、保险资金支持方式

经济发展的现状决定了其特色小镇发展的融资能力受到一定的限制，加之国家经济发展较为疲弱，使得其直接吸引外资能力有限。特色小镇的产业发展绝大多数均不能正常吸引资金，或者对于资金吸引力较弱。保险资金的进入，一方面能够为特色小镇的发展提供一定的保证，另一方面则能够使得产业发展本身吸引其余资金的能力加强。

九、资本市场支持方式

资本市场的运作主要是包括政府监管为主体，特色资源为依托，金融机构为承载实施主体，通过股权质押的方式，在资本市场上进行一定的融资活动。

第六节 特色小镇建设的国内外金融支持经验及

启示

一、国外特色小镇发展的金融支持经验

（一）英国温莎小镇

温莎小镇是英国以大城市为依托的文旅型小城镇的代表，是英国最著名的王室小镇，以温莎城堡和王室文化而闻名，距离伦敦只有不到 1 小时的车程。温莎城堡始建于 1070 年，是伦敦近郊 9 座城堡中最大的一座，迄今已有近千年的历史。自英王亨利一世在此举行朝觐仪式以后，温莎城堡就正式成为宫廷的活动场所。温莎小镇不仅拥有秀丽的风景、精美的古城堡建筑群，而且在温莎城堡内收藏了著名大师达·芬奇、鲁本斯、伦勃朗等的作品以及英国王室的许多文物。除此之外，温莎小镇还有优质的教育资源，著名的伊顿公学就坐落于小镇的背面。目前，温莎小镇的商业以游客为主，兼顾当地的居民的生活。

温莎小镇虽然是长期积累而形成的特色文化与风貌相结合的产物，但是英国为促进温莎等小城镇的发展也相应地采取了一系列的措施。第一，出台了专门的法律条文和配套措施，健全相关的规划立法体系。如，1909 年英国出台了世界首部有关城乡规划的法律《住宅、城镇规划条例》；二战后为解决城乡一体化发展、土地占用补偿等问题，又实施了《城镇和乡村规划法》。第二，英国政府对小城镇的发展提供了有力的宏观调控措施。英国十分重视小城镇的布局，这一特点在温莎小镇尤为明显。二战后，政府指派专业人员对城市和小城镇的规划重建进行指导，并确立小城镇为优先发展对象。第三，镇企合作是以温莎小镇为代表的英国小城镇发展的特色。小城镇发展需要以产业和企业为基础，为此英国政府成立了许多"企业化"机构，以提高小城镇的发展效率。

在金融支持方面，英国采取的措施主要有：一是通镇企合作中的政府资金吸引社会资本参与小城镇建设的项目，以获得社会资本的支持；二是通过出台一系列金融支持优惠措施来促进小城镇的发展，如 1946 年颁布的《新城法案》明确指出，新城建设公司能够在规划区内按照农业用途的价格获得土地。三是给予财政支持，在基础设施建设和其他建设项目上，英国财政部给予了长达 60 年的长期贷款。2000 年英国政府又计划在三年内为城镇改造提供 3700 万英镑的资金，该笔资金与欧盟资金共同形成了 1 亿英镑的城镇发展项目。四是温莎小镇将市场化运作机制和本地文化的根植性高度结合，吸引了许多风险投资资金，如私募基金、共同基金等。

（二）法国格斯拉小镇

有着"世界香水之都"的格斯拉小镇位于法国东南部，地处地中海和阿尔卑斯山之间，是一座中世纪的小城镇。格斯拉小镇既是高级的香水生产地也是度假胜地，主要以花田产业为主导，通过上下游产业链的延伸，已发展成集香水制造体验、花田观光、休闲旅游、香水购物于一体的产业小镇。

格斯拉小镇从污染严重的基础皮革加工小镇，发展成为差异化香味皮革生产的小城镇，再到融合以鲜花为基础的绿色农业、以香水加工为主的工业、以旅游为主的多样化小城镇，两次成功转型的经历为其他地区小城镇的发展提供了宝贵的经验。格斯拉小镇的成功转型主要取决于以下几点：第一，积极打造专业化的主导产业，并通过延长上下游产业链来构建特色产业集群，发挥产业集群的规模和集聚效应。第二，注重打造具有当地特色的品牌形象，并通过与高端产品制造企业的合作，成功地结合了区域品牌与产品品牌，形成了特色鲜明的原产地形象。第三，依托当地的地貌景观，注重人文和自然环境的协调规划，为旅游、体验、观光提供了舒适的环境。第四，配套复合型的城镇设施，一方面吸引产业发展所需的专业人才，另一方面促进旅游业发展。

在金融支持城镇建设方面，格斯拉小镇虽然坚持以市场机制为主，但是政府也在其中起到了相当重要的作用。首先，法国政府通过制定发展计划和颁布法律政策、健全服务和监管体系，来优化格拉斯的投资环境，以降低风险投资的风险。其次，在政府资金的大力支持下，格拉斯小镇积极延伸产业链，发展具有专业化、集群化的高端香水产业小镇。同时，还通过政府牵头，吸引整合了一些龙头企业，形成了产业集群。再次，当地政府还出台了一系列的配套优惠政策，如免费资金、亏损补贴、担保资金、财政专用款等金融措施，并建立了相关服务部门，以引导企业参与当地循环经济建设，从而达到改善管理、保护生态和发展经济的多重目标。最后，格拉斯小镇高效的成果转化能力和创新能力，拓展了其融资来源。其资金来源不仅包括传统商业的风险信贷，而且包括机构投资者的资金、证券私募基金、共同基金或大公司资本。

二、国内特色小镇发展的金融支持经验

（一）浙江玉皇山南基金小镇

杭州上城区玉皇山南（对冲）基金小镇又称"浙江版格林尼治小镇"。它因与上海金融区的地理位置关系类似于格林尼治与纽约，因此在打造之时，就借鉴了"纽约--格林尼治"的经验，进行了金融业的分工与协同，以期形成与上海公募金错位发展的私募基金产业。因杭州的金融业发展水平仅次于北京、上海、深圳，每平方公里经济密度高达 42 亿元，且上城区的股权投资较早，民间资本充裕，自然人文景观底蕴深厚，所以玉皇山南基金小镇的发展基础相对较好。对于金融业来说，金融生态圈和金融产业链是金融发展的重要因素。玉皇山南基金小镇在建设的过程就非常注重金融生态圈和产业链的培育，着力构建"一主两翼"的金融生态体系。具体而言就是，第一，突出龙头机构的引领示范作用。如，玉皇山南基金小镇在建设的过程中，就通过政府的牵线积极与高盛等世界 500 强企业洽谈，吸引了一大批优质的基金管理公司。第二，积极完善金融商务环境。通过引进法律、会计审计和咨询机构等以及举办基金论坛、金融交流活动等，来提升基金小镇的金融环境。第三，积极提升管理水平。玉皇山南基金小镇通过完善配套设施，打造适宜金融从业人员生活的环境来提升自身的软实力。

在金融支持玉皇山基金小镇建设方面，该小镇采取了政府引导、企业主导、市场化运作的模式。首先，杭州市提出要积极推动金融改革与创新；其次，为拓宽融资渠道，杭州市正通过扶持一批重点文创产业投资基金，构建联合调研、项目路演等金融服务平台，以形成"文创+金融"融合发展的环境。再次，杭州积极探索让企业主动参与小镇建设的路径，比如通过成立基金小镇管理公司，提供私募基金从注册、产品设计、发行到销售的专业化服务，吸引了一大批浙商回归。此外，全方位的产业服务平台以及与各大银行、券商、期货等机构的直通端口对对接银行资金池的有重要作用。

（二）浙江梦想小镇

梦想小镇是以创新创业为主的创新型特色小镇，它由互联网村和天使村构成，主要目标是发展互联网创业企业和培育科技金融，以为"四有四无"青年主题提供创新创业的机会。梦想小镇开始运转仅半年就已实现投资 17 亿元，融资金额 7 亿多元，启动创业项目达 350 余个，聚集的创业人才将近 4000 人，同时集聚了 80 多家优秀的互联网金融、天使基金、财富管理机构、股权投资，管理资本超过了 300 亿元。为促进梦想小镇的发展，为梦想小镇提供更多的资金支持。杭州采取了以下措施：第一，鼓励天使投资，为支持科技创业孵化链条的发展，构建天使投资网络，杭州积极打造以"研究院+孵化器+交流论坛"为一体的互联网金融模式，以吸引创业企业、投资人和投资项目。第二，通过建立天使投资金基金、产业发展基金、创业投资基金等，鼓励社会资金与创业投资机构进行合作，筛选投资优质企业。同时，积极引导民间资本向产业、科技、创业等方向进行投资。第三，开发新型金融产品。比如，以创业贷款风险池为基础，与各类金融机构进行合作，开发能够满足创业企业需求的金融产品，减少企业融资成本，从而缓解融资难的问题。第四，大力发展资本市场。通过鼓励管理人员持股、建立进出市场的机制等方式，构建多层次的资本市场。

此外，为营造良好的创业环境，支持企业创新创业，政府还实施了一系列的政策。首先，出台了一系列的降低门槛、减少创业成本和风险的相关政策，以提升创业的成功率。其次，通过政策和服务的叠加，形成全面的政策支持体系。再次，积极发挥政府和市场互补的作用。如以"政府大厅+服务超市"的模式，为创业者提供适宜的公共服务。此外，杭州市政府还通过筹划发行"创新券"来支持企业的创新和创业。

（三）菁蓉小镇

菁蓉小镇位于成都市郫县的德源镇，是首批入选中国特色小镇名单的四川特色小镇的代表之一。菁蓉小镇是创新创业的代表，经历了从空心化向实心化的转型，是我国进行经济结构转型升级的成功案例。菁蓉小镇在发展的过程中虽然获得了德源镇政府的支持，但是仍面临着金融约束、资金短缺等问题。为支持双创企业的发展，满足企业的金融需求，壮大双创投资的规模，菁蓉小镇在德源镇政府的引导下，积极探索合宜的菁蓉小镇创业投资基金、股权众筹交易所等融资模式，以健全多层次的融资服务结构。具体而言主要有以下几种融资方式：

第一，颁布相关规定，实施创业扶持政策。为提升菁蓉小镇的创新创业扶持政策，政府已颁发了《创业天府·郫县行动计划优惠政策》，并且规定每年设立 5000 万创新创业发展资金，对入驻菁蓉小镇的企业和项目在 1—3 年内给予房租物管全额补贴，第 4-5 年给予 50%的补贴。同时，为加强政府产业基金的管理和发挥政府基金项目池的优势，政府还出台了《政府产业基金管理办法》来规范政府基金的发展，使 1 亿元天使投资引导基金、2 亿元创业投资引导基金和 10 亿元产业投资基金切实落到实处。此外，为鼓励高校、科技企业、科研院所开放共享研发实验服务资源，菁蓉小镇不仅为科技企业提供研发设计服务、检测认证服务、实验试制服务，而且对提供服务的科技中介机构给予服务金额的 15%，每年累计不超过 30 万元的服务补贴；对购买服务的科技企业给予服务金额的 20%，每年不超过 30 万元的服务购买补贴。为此，菁蓉小镇还专门研发出了"落蓉券"以便于向科技企业提供相关的服务。

第二，创新融资模式，丰富融资体系。菁蓉小镇坚持"政府基金+管理机构模式"的运作模式，吸引入驻了大批国内外优秀的私募基金，并成立了各种天使投资基金、创业投资基金、新兴产业创业投资基金和双创产业园区投资基金，大大地拓展了创业投资风险补偿基金的规模。同时，菁蓉小镇坚持"专业化投资+全方位孵化服务"的模式，鼓励向有条件的入驻企业提供股权投资服务或租金投入置换股权的服务，以实现"基金+基地"、"投贷联动"、"孵化+投资"的多形式投融资架构。其中最具代表性的融资方式是为初创企业提供的"菁蓉贷"和"基金+管理机构"的融资模式。

第三，完善金融服务，成立菁蓉小镇创新创业金融交易中心。为促进创新创业企业与融资机构的深度合作与交流，菁蓉小镇成立了金融服务工作组，鼓励风投机构、天使投资等金融机构建设运营创新型孵化器，健全"创意—苗圃—孵化器—DEMO—中试—毕业推荐—加速器—瞪羚企业"体系，实现资本与企业的对接。

第四，建立梯队式服务机制，促进企业上市融资。为提升企业创新成果转化效率和价值，菁蓉小镇建立了"一对一"的服务机制，并积极创建双创企业重点培育数据库，以期优先将双创企业纳入"创业板行动计划"的重点数据库，同时高效落实企业上市的优惠条件和奖励政策，鼓励企业上市。此外，还为企业上市提供培育和指导服务，开展双创企业在天府股权交易中心的挂牌展示工作，提供优秀双创项目和双创企业的经验。

三、国内外特色小镇发展的金融支持启示

无论是在英法等发达国家的特色小镇中，还是当前蓬勃发展的国内特色小镇中，能够保持永久发展活力的特色小镇不多，由此可见，并非所有的特色小镇都会取得成功，这就给全国的特色小镇建设以警示。即使建设特色小镇不一定都会成功，但是国际上较为成功的经验仍为特色小镇建设及其金融支持方式提供了借鉴的经验。在发展特色小镇及实施金融支持举措时，应注意以下几点：

第一，要明确特色产业，注重金融支持与特色产业的融合发展。从国际经验来看，长盛不衰的特色小镇都有适宜的特色产业作为支撑。例如菁蓉小镇能够找准自己的发展定位，将特色产业定为创新创意产业，依托原有的传统产业基础，实现市场需求与现实供给的良好契合，一方面解决闲置资源利用问题，另一方面发挥创新资源的活力，带动整个产业链的协同发展。特色小镇在发展特色产业时，要综合权衡各方面的因素，一方面要重视产业的培育，另一方面要引导部分传统产业的转型升级，以发挥金融支持对特色产业的带动作用。在此，可借鉴法国格斯拉两次主导产业成功转型的经验以及浙江梦想小镇和玉皇山基金小镇发展的经验。

第二，由于特色小镇是在百镇建设的基础上进一步演变而来的，因此，在推进金融支持特色小镇建设的进程中，要注意特色小镇的发展阶段，明确不同发展阶段的政府和市场的边界，切实发挥二者的互补作用。比如，可学习英国温莎的经验，在特色小镇发展初期，通过政府资金的引导和示范效应，并辅以政策支持，以发挥社会资本对特色小镇建设的作用。另外，还可通过金融创新，使社会资本与政府资金联姻，通过基础设施建设基金、共同基金、税收减免、低息贷款等措施，加快特色小镇基础设施建设。

第三，特色小镇的发展仅依靠财政转移支付和专项支付是不够的，还需激励商业性金融机构为特色小镇提供信贷支持和风险资金。金融支持特色小镇的发展就可借鉴英法等发达国家发展特色小镇的措施，通过为特色小镇里的公司提供风险投资，成为该公司的股东，在其上市后获得资本收益。这样不仅可以发挥银行对公司的监管作用，而且可以使银行为企业的管理、运营提供专业的建议，降低其信息成本和交易成本，保证资金的有效利用。

第四，资本市场能够为特色小镇提供长期发展资金，满足其长期资金需求。而资本市场中的风险资本市场的投资风向就在一定程度上代表了高收益产业的发展方向。同时，风险资本市场中的机构投资者和个体投资者，专业化水平较高、商业嗅觉灵敏，可以为有潜力的企业或产业提供专业化的服务，引导其创新技术的转化和商业化，而且可以筛选出优质的企业或产业。因此，在发展特色小镇尤其是高新技术小镇时，应注重培育完善当地的风险资本市场。

第五，不同的特色小镇类型所需的资金量和周期会有一定的差别，这就要求再利用金融支持发展特色小镇时，要注重金融创新尤其是金融产品的创新，以满足不同类型的特色小镇的资金需求。如，浙江玉皇山的资金来源主要是私募公司，而梦想小镇的资金提供者主要是天使投资引导基金、创业投资基金、产业发展基金以及银行保险机构建立的创业贷款风险池。

第六，资本具有天然的趋利性、聚集性等特征，创建良好的金融生态和供应链有助于降低风险，提高其资金吸引力。因而，在发展特色小镇时，可借鉴杭州玉皇山南基金小镇和英国温莎小镇等特色小镇的措施，加强金融生态环境、法律法规环境和政策环境的建设。

第七章 国内外特色小镇建设的成功案例与经验借鉴

第一节 国外特色小镇建设的成功案例与经验借鉴

一、瑞士达沃斯小镇

达沃斯小镇，位于瑞士东南部格里松斯地区，隶属格劳宾登州，坐落在一条 17 公里长的山谷里，靠近奥地利边境，它是阿尔卑斯山系最高的小镇。在兰德瓦瑟河的达伏斯谷地，海拔 1529 米。人口约 1.3 万，以讲德语为主。最初以康养和旅游产业为主发展，到现在已经成为举世闻名的综合型特色小镇，气候宜人，是会议举行的首选场所，也是疗养和旅游胜地。达沃斯小镇的综合产业发展模式与陕西省特色小镇发展具有一定的相似性，因此选取达沃斯小镇进行发展模式分析。

达沃斯小镇最初并没有完全地、刻意地按照政府政策要求进行建设发展，它的建成包含时间的沉淀，多年后成为如今世界著名的旅游度假目的地，全球经济学者和各国领导的经济聚会中心，现在的达沃斯小镇已经完全成为全球范围内小镇建设发展的优秀范例。

（一）作为论坛会议中心的达沃斯

1987 年，"世界经济论坛"让达沃斯走进了全世界的视野中，每年的年末岁初，全球政要在此举行会议，纵论经济动向。之所以能够成为会议中心，其过程也是曲折的，"30 多岁的施瓦布最初将目光锁定到大公司未退休的管理者身上，并在自己的自传中写道：为了实现长期的增长和繁荣，管理层必须为所有利益相关者服务。创办第一届达沃斯论坛，就是为了建立一个平台，让所有的利益相关者在这里交流他们感兴趣的问题和知识。""世界经济论坛"，也称"达沃斯论坛"，在时间的积淀当中催生了市场需求，成为一个以研讨世界经济领域存在的问题、促进国际经济合作与交流为宗旨的非官方国际性机构，达沃斯小镇也因此闻名。达沃斯在瑞士以非营利基金会注册，并且一直坚持为全球的经济发展服务，目标明确，具有运作高效的会员制结构，同时以收取会费、会员费以及赞助和支援，在无政府支持的前提下坚持着商业化的运作，为自身创造收益。

（二）作为康养小镇的达沃斯

13 世纪后半叶开始，一部分讲德语的移民迁到达沃斯，因当时瑞士统治者颁布居民自我管理土地的政策，引来更多人迁居达沃斯，16 世纪形成了达沃斯小城。后 19 世纪末，铁路开通，因为洁净的空气、绝美的雪域景观成就了达沃斯生态环境，以空气闻名的达沃斯逐渐成为欧洲著名的疗养胜地。20 世纪初，此处便设立了呼吸系统疾病的疗养所。康养项目的发展，带动了冰雪运动的发展，集引来了高端经济、政治人士，也利用这些高端人士拉动了相关的产业发展，使得与医疗康养不仅成为生活的一部分，生活质量的提升，同时提升生命质量。

（三）作为体育小镇的达沃斯

达沃斯拥有天然溜冰场，冬天可以在此滑雪、滑冰、进行丰富多彩的活动，是欧洲大型的顶级滑雪胜地之一，也拥有"欧洲最大的高山滑雪场"的头衔，达沃斯的滑雪场分为七个部分，帕森地区和毗邻的克罗斯特滑雪场是发展最快最好的。在滑雪旺季，每年有超过 50 万的游客前来度假，是欧洲人心中的"人间天堂"。加上经济论坛的创始人施瓦布先生对于滑雪运动的喜爱，促进了体育活动和世界经济论坛的进行，使达沃斯小镇成为名扬天下的会议中心以及阿尔卑斯山区最大的旅游胜地。

二、美国加州纳帕谷（Napa Valley）葡萄酒小镇

纳帕谷（Napa valley）葡萄酒小镇位于旧金山以北约 50 英里的纳帕县，是美国第一个跻身世界级行列的葡萄酒产地。纳帕谷地理位置优越，享有加州最充足的阳光，从而成为世界上最著名的葡萄酒产地之一。

葡萄酒产业是纳帕谷的支柱产业，在其 35 英里长，5 英里宽的狭长区域，除了酒庄和若干集镇外，整条山谷内均种满了葡萄。纳帕谷内集聚了大约 300 家酒庄。纳帕谷葡萄酒产品注重科技的应用、品牌的保护和产品附加值的提升，纳帕谷的葡萄酒只占整个加州葡萄酒产量的 4%，产值却占了全加州的 1/3，平均每年的收入达到 100 亿美元，是高档葡萄酒的代名词。目前形成了包括葡萄种植、加工、品尝、销售、游览、展会等功能在内的葡萄酒全产业链，成为世界顶级葡萄酒原产地的葡萄酒小镇，成为一个以葡萄酒酒文化、庄园文化而负有盛名，包含品酒、餐厅、SPA、婚礼、会议、购物及各种娱乐设施的综合性度假区和旅游胜地。

纳帕谷依托得天独厚的自然条件和无与伦比的酿酒技术，围绕都市一族和品酒爱好者所向往的充满田园风光和醇美酒香原乡生活的追求，推出观光（自

驾车、火车、自行车、热气球）、美食（煎鹅肝、巧克力蛋糕）、节庆活动（葡萄酒拍卖、橡木桶拍卖、纳帕之夜）等旅游产品，目前每年接待世界各地的游客 350 万人次左右，旅游总收入达到 6 亿美元。

三、法国格拉斯（Grasse）小镇

"世界最浪漫的地方在法国，法国的香氛在格拉斯小镇。"法国香水小镇格拉斯的香水产业已成为"浪漫法国"的代言者，也是展示名人文化的最佳之地。法国格拉斯（Grasse）小镇位于法国东南部的普罗旺斯，距离戛纳 19 公里，占地面积约 44 平方公里，大约有 5 万人口，是一座位于海拔 325 米的高山之中的小城，引领了一种自然和谐浪漫的生活方式，也是农业特色小镇的典范，其以花田加工业为主导，拓展到香水旅游、花田高端度假，实现了产业链条的延伸。

香水产业是格拉斯的支柱产业，其每年为格拉斯创造超过 6 亿欧元的财富，被誉为世界香水之都、全球最香的小镇，法国香水的摇篮。格拉斯围绕高档日用化妆用品的原料——香料产业，从花卉种植、香料制作、香水制作，到花田旅游、香水学校、香水博物馆，真正做到了产业的三产融合，把花卉观赏、香水文化、香水制作体验贯穿到整个游览过程中，特色的"产业"、特色的"产品"、特色的"工艺"、特色的"景观"、特色的"知识"，让格拉斯成为世界知名的旅游特色小镇之一。

格拉斯小镇历经多次产业转型，最终形成以鲜花种植业为基础、新型香水制造业为核心、特色旅游服务业为支撑的发展之路。这一发展历程为我国特色小镇的升级提供了很好的借鉴经验。法国格拉斯小镇的成功之处在于产业专业化及集群化，打造专门化的内生性主导产业，形成内源内生性区域经济造血体系，形成产业集聚和规模化效应，向产业链纵深延展；原产地品牌形象打造，引入知名产品制造企业进行合作，将区域品牌与产品品牌相结合，从而形成强有力的原产地形象；优美的城镇地貌景观设计，为旅游观光提供了良好的视觉效果；完善配套的复合型城镇功能，不仅有利于吸引产业发展所需的人才，更有利于促进旅游的发展。

格拉斯小镇的第二次转型，成功融入了全球产业链。根据产业链竞争理论，产业链是"6+1"的环节，"6"是六大软性环节：一是产品设计；二是原料采购；三是长途运输；四是订单处理；五是批发经营；六是零售。"1"是硬性环节：制造环节。在第一次转型时，小镇抓住了原料采购、订单处理、产品设计、产品制造几个环节。而在第二次转型后，由于游客的大量涌入，小镇将部分批发和零售的收益收入囊中，而这部分收益主要是由小镇经营店铺的市民所获得，从而真正起到了扩大就业、提高居民收入的作用。在这个转型的过程中，格拉斯小镇放弃了部分鲜花种植的收益，将这些土地用于观赏性花田和高尔夫球场等旅游设施的建设，得到了更加高效的利用。

法国格拉斯小镇的衍生产业依托鲜花资源，不仅可以为人们带来视觉享受，还可以利用鲜花的芬芳制作香水，即发展香水产业，为当地带来可观的收入。这一发展模式同样可以应用于中国的特色小镇。通过对自然资源进行加工、升级，将其进行产品化，并打造以产品与小镇特色为主的文化色彩，树立品牌意识，为特色小镇的进一步发展奠定营销基础。

四、日本小岩井农场小镇

日本的休闲农业兴起于20世纪60年代初，特色小镇的发展要追溯到二三十年前，如今都已经发展成熟，名列世界前茅。其中较为著名的小岩井农场位于岩手县，创立于1891年，是日本最早、规模最大、最具代表性的民营农场，农场整体规模为26平方公里。

1962年起，农场开辟了约600亩兴建观光牧场MAKIBA园，功能包括动物农场、农具展览馆、牧场馆、天文馆以及提供综合服务的山麓馆。其中亮点项目有Sheep&Dog Show，每年的4月底到11月初之间，游客可以在动物农场区观赏牧羊犬和羊群所表演的Sheep&Dog Show，欣赏牧羊犬和牧羊人联手表演；母羊生产，每逢2月下旬3月初，人们可以亲眼看到母羊产子，看到新生羊宝宝的到来，这时是羊馆里每年最热闹的时候；羊馆的工房内部是各种参与性的活动，主要是一些羊毛织物的商店，它们可以让游客自由参与，自己纺线、编织，体会DIY的乐趣，羊馆附近还开设了一些以羊为特色的参与性活动，如羊杖高尔夫等。

五、德国瓦德基尔希（Waldkirch）管风琴小镇

德国瓦德基尔希（Waldkirch）位于德国西南部黑森林地区埃尔茨河谷，是德国巴登一符腾堡州的一个市镇（Gemeinde），距离弗莱堡约16公里，毗邻法国与瑞士，人口只有两万多，面积约48平方公里。瓦德基尔希管风琴制造工艺始于18世纪末，19世纪又发展了手摇管风琴与音乐盒制造工艺，在20世纪享誉全世界。现今，管风琴制造主要集中在Jager & Brommer、Paul Fleck Sohne、Achim Schneider、Wolfram Stiitzle等数家企业。两百年管风琴制造与演奏传统让瓦德基尔希获得"管风琴中心"的美誉。教堂管风琴、年集管风琴、管弦乐琴、手摇管风琴等在过去两百年中销往全球，把源自黑森林的音乐带到世界各地。其中Jager & Brommer管风琴公司先后为我的青岛提供了四座精致的管风琴，其中青岛天主教堂、基督教堂、大剧院的管风琴都来自这座城市。

在早期的工业革命期间，瓦德基尔希所在的埃尔茨河谷是德国重要的纺织

业基地。战后，纺织业日渐式微，光学、电子技术以及造纸工艺得到迅猛发展，目前中心城区外围驻扎着诸多知名企业：全球领先的智能传感器制造商 Sick、包装盒生产商 Faller、电子和连接器产品企业 Hummel 以及世界知名的游乐设施制造商 Mack Rides 等。

其中 Sick 公司成立于 1946 年，自 1972 年在法国成立第一家分公司起，这家扎根于瓦德基尔希的地方家族企业四十多年来在全球共设立 50 多个分公司与办事处，2016 年，其全球员工总数为 8000 人，营业额达 14 亿欧元。

瓦德基尔希在推进现代科技产业发展的同时，努力致力于保护家园与传统，增强地方自我意识，改善人们在城市中的生活品质，避免城市的趋同性及美国化发展，提倡"慢生活"，同时也大力发展以"慢生活"为核心的休闲旅游业2002 年被"国际宜居城市协会"授予"国际慢城"称号。

六、英国辛芬（Sinfin）发动机小镇

辛芬（Sinfin）是英国德比郡的郊区，位于德比郡西南偏南约 3 英里处。范围西接斯登逊（Stenson），东邻切勒斯顿（Chellaston），北壤诺曼顿（Normanton）和艾伦顿（Allenton），南边紧邻 Swarkestone 和 Barrow-upon-Trent，包括奥斯马斯顿以及细芬。

辛芬包括两个不同的区域——"新辛芬"与"老新芬"，其中"老"的一部分，接壤北方德比一克鲁铁路。在这里，在"第二次世界大战"开始时，修建了大量军械库。这些军械库由一系列的碉堡保护，并建有大量的炮台和防空气球，现在大部分都已被拆除重建，但仍有一些遗迹。目前，虽然航空发动机工厂仍在这里，并继续扩大，但是许多旧企业，包括军械工厂，已经消失或至少严重缩小其规模。然而，新的新兴产业已被逐渐引进，因此，虽然不是网络雇主，但该地区确实有大量可找的本地工作，这里的新兴产业大部分位于旧兵工厂的厂址。

辛芬和奥斯马斯顿在被德比郡连接之前，是各自独立的小村庄。奥斯马斯顿大部分是在内战之前建成的，而辛芬多是战后形成的，两个区域之间有一个工业化的地区，由劳斯莱斯（Rolls-Royce）公司控制。目前辛芬小镇，中间是办公和核心工厂，周边是绿地和低密度住宅区。在今天，真正决定其生命力的不是优美的环境和舒适的低密度住宅区，而是因为这里是世界著名的航空发动机公司劳斯莱斯总部所在地，能生产出全世界最高端的航空发动机，一台 Trent900 航空发动机就要卖 3000 万美元，无可替代的高端产业让 SinFin 小镇成为驰名世界的特色小镇之一。

第二节 国内特色小镇建设的成功案例与经验借鉴

一、乌镇特色小镇

乌镇地处浙江省嘉兴市桐乡市北端，西临湖州市南浔区，北接江苏苏州市吴江区，为二省三市交界之处。小镇距桐乡市区 13 公里，是国家首批中国历史文化名镇，中国十大魅力名镇、全国环境优美乡镇、国家 5A 级景区，素有"中国最后的枕水人家"之誉，拥有 7000 多年文明史和 1300 年建镇史。至 2016 年，乌镇下辖 16 个村：白马墩、分水墩、碓坊桥、浮澜桥、陈庄、虹桥、南庄桥、横港、彭家、陈家、双塔、颜家、民合、浙月、新翁、五星；下辖 3 个社区：东苑、南宫、银杏，位于江、浙、沪的"金三角"地带，古从夏商时期至今已有七千多年的文明史和一千三百多年的建镇史，"经历了从千年古镇到如今的旅游名镇，再到智慧人文共生城镇的三次跨越升级"。

在 2014 年 11 月 19 日始，乌镇成为世界互联网大会永久会址。桐乡乌镇作为一个历史古镇，旅游开发在江南的古镇开发中并不是最早的，但却是发展最快的。虽然说小镇的规划开发需要时间沉淀，但并不代表乌镇的开发是盲目的。首先乌镇是历史遗留下来的古镇，这在时间维度上已经有了保证；其次乌镇的开发设计过程中，就是认认真真搞开发，等到旅游开发彻底形成，2001 年才展示出真正的面貌。这样的发展开端、态度和过程对于部分地方旅游产业发展特色小镇建设是很好的借鉴。

（一）打造国际文化休闲旅游发展模式的小镇

乌镇是一个代表着中国传统文化精髓的千年古镇，也是一个代表着兼顾保护和发展的"乌镇模式"的旅游名镇。

1.组建旅游开发有限公司。旅游型小镇要走向长期发展，需要合理有效的发展体制机构。通过组建旅游开发公司，能更好地针对景区的发展与经营制定最合时宜的行动举措。一是面临资源开发过程，旅游开发有限公司可以做到合理有效的安排现有资源并为发展引进资金；二是在经营管理中，制定有效的、符合自身的政策指引，构建发展机制，为小镇营运过程中面临的基础设施维护、管理体制构建、对外宣传指导等有一定发展意义。

2.放眼国际组织建设。国际型文化旅游休闲小镇，需要不断地提升自身知名度、提升自身服务水平、将互联网融合进旅游产业发展中，用快速有效的方式寻求发展的新动力，服务更多消费者，提升自身品牌形象，实现"小地方、大影响"的区域影响力。利用乌镇传统水乡建筑特色进行品牌形象的提升，在保障可持续发展的前提下，辐射整个旅游业，对同类型小镇中起到指导性作用。

（二）打造中华传统水乡宜居宜业发展模式的小镇

1.整体产权开发。乌镇模式对于产权进行了创新性发展，避免了一系列因为产权不明晰带来的问题。将房屋资产进行评估，所有者以房产入股，与开发资金结合形成"公司+居民"的产权结构，专业人才也可以以管理入股，形成更为多元的产权结构。居民让渡房屋的经营权而获得分红，也可以在古镇开发中就业获得经济收入。总之，产权是古镇开发首先要解决的问题，需要有长远眼光和创新思维来妥善解决。

2.乌镇的发展道路自始至终都是"保护+开发"。放眼全中国，不论是历史遗留还是仿古再建，与乌镇类同的建筑风格现在也数不胜数。乌镇坚持"为保护古镇整体风貌，禁止居民经商"的原则，为避免过度的商业化发展对于小镇历史文化建筑遗产的破坏，从房屋店铺的产权收回，就直接有效地解决了经济发展与原生态保护之间的矛盾，实现了生态宜居的发展要求。

（三）打造互联网智慧发展模式的小镇

自互联网大会永久落户桐乡乌镇，也给小镇发展带来了新的机遇。互联网的普及让世界看到了乌镇"传统水乡"的品牌形象，规划"通过建设全球互联网交流与体验中心、创建国家互联网智慧应用示范区和国家互联网创新创业试验区，实现全球智慧名镇的建设目标"，让乌镇在世界互联网大会这个大舞台上，成为中国信息时代技术变革的先进实验发展基地，同时也传达着最先进思想智慧，为中国乃至对于整个世界，都将是新的机遇。

"以人为本"的发展指导要求始终是不变的，任何的产业开发和地域建设都不能以牺牲原有生态环境为代价。以互联网智慧发展模式逐渐崛起的"乌镇3.0"，既承担着水乡文化的传承责任，也将生态可持续作为自身发展的先决条件，在打造互联网智慧发展模式小镇的路上，开创了"一心两片区"的建设目标。"一心"是指创建全球互联网交流与体验中心，进行产品发布和展示；"两片区"是指建设国家互联网智慧应用示范区，在数字化经济发展时代利用互联网实现小镇的智慧建设，以及建设国家互联网创新创业试验区，为"大众创新、万众创业"提供互联网资源优势。

二、杭州绿城春风长乐农林小镇

杭州绿城集团开发的春风长乐农林小镇是一个以农业为基本产业的集养生养老、休闲旅游和创业居住于一体的综合性农业类特色小镇。小镇位于浙江余杭长乐农场，占地10平方公里，其核心产品有桃源牧场、耕读人家、古寺禅茶、香药稼圃、温泉溪谷、森林硅谷等，将原本产业模式单一的长乐林场，打造成一个以农业为基础，配合旅游、创业、居住、颐养等功能的复合式"农林小镇"。

绿城春风长乐农林小镇借鉴霍华德"田园城市"的理念，以农业作为产业引擎，将当地及周边农民就地转化为现代农业工人，并让城里人在这里体验农业创意产业，按照供给侧结构性改革思路，通过现代农庄产品，把城市家庭的种菜养花需求与农业进行深度结合，同时对农村基建、教育、医疗等领域进行建设和改造。在建筑设计上，该小镇住宅和配套设施按照9：1的比例进行配置。小镇的居民既有城市人口，也有农民，各占一半。在产业比例上，农业小镇的产业模式应该是"20%地产+40%农业+40%其他"。

三、山西汾阳杏花村酒都小镇

山西汾阳杏花村镇位于吕梁山东麓子夏山下，太原盆地西缘，2011年7月被列为第二批全国特色景观旅游名镇，2014年7月被列为全国重点镇，2016年10月被列为第一批127个中国特色小镇之一。杏花村镇历史悠久，是中国最早的酿酒地区之一，酿酒历史可以追溯至四千多年前，素有"酒都"之美称。清香型白酒酿造技艺更是当地特色的传统文化。2007年汾酒酿造技艺被列入第一批国家级非物质文化遗产，并且进入申报世界文化遗产预备名单。

为加快特色小城镇建设，杏花村镇以汾酒知名度为基础，形成了酿造产业为支柱，旅游开发为突破口拉动全镇经济和社会协调发展的全新模式。与此同时，积极发展"互联网+"项目，以酒类销售为基础，发展了650余家电子商务经销商，成为山西省最大的电商集聚区，形成了特色鲜明的产业形态。在弘扬传统文化与和谐宜居美丽环境的打造上，形成了"一座古城、十里酒城、百里杏花、千年文化、万里飘香"的发展格局。

其中杏花村酒业集中发展区的规划与建设，是山西省转型综合改革标杆项目。发展区上连酿酒高粱种植，下延酒糟养殖，是推进农业产业化的龙头项目和转型发展的示范项目，具有极其重要的积极带动作用。

四、北京房山基金小镇

北京房山基金小镇由北京市文资办、房山区政府、文资泰玺资本共同打造，是第一批国家级特色小镇中唯一一家以金融业为特色的金融特色小镇。该小镇在效仿美国格林尼治基金小镇模式的基础上，依托区位、政策、产业、环境、人文、科技等核心优势，重点引进和培育证券投资基金、私募股权投资基金、对冲基金、创业投资基金、政府引导基金、产业发展基金六大主导产业。其中，政府引导基金主要吸引社会资本共同创立若干专业投资子基金，投向政府着重发展和主导的行业和产业，实现提高投资收益、降低投资风险的目的。同时，北京房山基金小镇还将打造股权交易平台、基金发行服务平台、基金交流平台、基金业研究创新平台以及实体经济金融服务平台，整合基金产业链上下游资源，服务实体经济提质增效，助力基金业科学健康发展。

五、浙江云栖小镇

浙江省杭州市云栖小镇位于杭州市西湖区，规划面积 3.5 平方公里，是以云计算为核心，云计算大数据和智能硬件产业为产业特点的特色小镇，是浙江省首批创建的 37 个特色小镇之一。

云栖小镇所依托的转塘科技经济园区原是一个传统产业园区，2011 年开始接触云计算产业。在云计算小镇谋划初期，园区已建设有杭州云计算产业园、阿里云计算创业创新基地两个涉"云"平台，先后引进阿里云计算、威锋网、商基金、云华通云等涉"云"企业近 100 家。2013 年 10 月召开了第一届云计算产业行业大会——"阿里云开发者大会"，并于 2015 年开始更名为"云栖大会"，云计算产业发展打下了较好的基础。

在做产业规划时设计团队引入了产业生态链的发展模式，提出了由"云服务区""就业创业区""就业创业服务区""创业成功发展区"四区组成的一个云计算产业生态体系，构建了一个从想创业、始创业、创业中、创成时、创成后的完整的创业服务生态链，形成了"易就业易创业的生态体系"。

云栖小镇坚持发展以云计算为代表的信息经济产业，着力打造云生态，大力发展智能硬件产业。目前已经集聚了一大批云计算、大数据、App 开发、游戏和智能硬件领域的企业和团队。产业已经覆盖云计算、大数据、互联网金融、移动互联网等各个领域。

六、宋庄艺术小镇

宋庄镇是全国新型城镇化综合试点地区北京市通州区所辖的一个镇，位于北京东部，镇域面积 116 平方公里，下辖 47 个行政村，总人口约 10 万人。二十年前的宋庄只是北方众多农村中极其普通的一个。20 世纪 90 年代早期，最早聚集在圆明园画家村的自由艺术家们发现了这里。1993 年冬天第一批画家入住小堡村，从那之后，越来越多的画家迁徙至此。2000 年后，宋庄规模迅速扩大，逐渐形成了今天以小堡村为核心，包括徐辛庄等 22 个自然村在内的约 5000 名艺术家以及产业人士入住聚集地，原来的传统农业镇变成了世界上规模最大的艺术家聚集区。

宋庄当初能吸引众多画家，一个很重要的因素是这里有便宜的房子和宽松的创作空间。贫穷和相对包容的地域文化，使宋庄镇小堡村接纳了第一批艺术家，并由小堡村逐渐扩散至全镇。后来宋庄镇政府明确将"文化造镇"作为发展理念，并将其体现在具体规划和政府行动中，将宋庄文化创意产业聚集区定位为国家创意设计与艺术品交易功能区。

宋庄镇从 2005 年开始创办中国宋庄文化艺术节，并从 2007 年起纳入中国北京国际文化创意产业博览会。通过开展各种类型的展览、学术讲座凸显宋庄当代、原创、生态、前沿的特点，艺术节经过多年的发展已成为艺术品产业博览交易会（艺博会），并被冠以"大众艺术节"的称号，极大地提升了宋庄整体文化品牌号召力。

宋庄原创艺术集聚区成为北京市首批认定的十个文化创意产业集聚区之一。宋庄根据区域发展规划引导和选择文化创意机构进驻宋庄，并提供有效的政府服务支持。同时，宋庄还注重文化与产业深度融合，引进了中国艺术品交易中心、国家时尚创意中心等重点项目，着力打造中国的"文化硅谷"。北京电影学院新址位于通州新城正北，宋庄文化创意产业园区西侧，北京电影学院新校区落户宋庄后，将吸引上下游关联企业，形成区域影视文化产业集聚效应。

第八章　乡村振兴战略下特色小镇建设的产业定位及发展

第一节　基于农业发展的特色小镇建设

一、乡村振兴战略下农业特色小镇建设意义与特征

农业类特色小镇的产生是工业化和城镇化进程下的产物，随着农业生产与收入水平、地位在国民经济中不断被弱化，青壮年劳动力都去往大中城市，乡村剩下留守儿童与空巢老人，导致乡村、小城镇上劳动力缺乏，大量资源被荒废。此时，发展休闲农业与特色小镇是时代的必然选择，唯有它们才能拉近与城市的距离。农业类特色小镇通过现代农业+城镇，构建产村镇一体、农旅双链、区域融合发展的农旅综合体，实现旅游区、产业聚集区、镇区"三区合一"、产村镇一体化的新型城镇化模式。

（一）农业类特色小镇建设的基础

我国作为农业大国，农业发展经历了几千年的积累，随着我国城镇化进程的推进，建设农业类特色小镇的条件日益成熟。

首先，随着我国城镇化进程的加快，全国百万人口以上的大城市已经超过100个，未来这个数字还会继续增长，大中城市周边的农业乡镇，都具备建设农业型特色小镇的区位条件。

其次，大中城市对农业和农产品、农业科研、农业体验、农业科普教育等的需求旺盛。农业类特色小镇可以通过发展现代农业，成为高端农产品的供给基地、菜篮子工程基地、农业科研创新的基地，也可以作为休闲农业、都市农业、设施农业的观光基地等。

再次，我国大型城市普遍面临着人口膨胀、交通拥挤、住房困难、环境污染、资源紧张等"大城市病"，而空气相对清新、基础设施完善、环境优美、带有中国传统农耕色彩和良好居住品质的近郊农业特色小镇有可能成为中产阶级的第一居所或者第二居所。

复次，随着我国老龄化社会的来临，具有康养休闲功能和良好区位条件的农业特色小镇也会成为中老年人养生养老和家庭休闲的理想选择。

　　最后，我国城乡交通通信条件的改善、私家车的普及，以及 soho 工作方式在更多行业的普及，也为中高级人才回归乡村小镇创造了条件。

　　（二）发展农业类特色小镇的意义

　　特色小镇是我国经济社会发展到一定阶段后出现的新事物，贯穿着创新、协调、绿色、开放、共享新发展理念在基层的探索和实践。加快农业类特色小镇建设，有利于破解农村资源瓶颈，聚集农业高端要素，促进农村创业创新，能够增加农业有效投资，促进农业消费升级，带动城乡统筹发展和农村生态环境改善，提高农民生活质量，形成农村新的经济增长点；对解决我国"三农"问题，推动经济转型升级和发展动能转换，充分发挥城镇化对新农村建设的辐射带动作用，破解城乡二元结构，促进城乡一体化，具有重要的现实意义。

　　1.农业供给侧改革的有力抓手

　　农业类特色小镇突出农业领域的新兴业态培育和传统农业的再造，是推进农业供给侧结构性改革、培育发展新动能的生力军。加快特色小镇建设，既能增加有效供给，又能创造新的需求；既能带动工农业发展，又能带动旅游业等现代服务业发展；既能推动产业加快聚集，又能补齐新兴产业发展短板，打造引领产业转型升级的示范区。

　　2.破解城乡二元结构的有效途径

　　城乡二元结构是我国城乡关系中极其复杂难解的难题，通过农业类特色小镇的打造，对破解"城乡二元结构"具有积极意义，首先，农业生产可以成为社区居民和农民间交流的重要连接点，这是其他类型的特色小镇所不具备的特点。对农民来说，农业是自己最熟悉和擅长的领域，通过发展高端农业，可以带动农民提高技艺，增加农民收入。其次，通过小镇高品质社区的打造，实现城市中产阶级改善居住生活品质的梦想，使农业类特色小镇成为城市居民的第二甚至第一居所，达到城市居民回流农村的目的。这些回归的城市阶层可以用自己的经验、学识、专长、技艺、财富以及文化修养参与乡村建设和治理，将城市文明和城市生活方式带给乡村，重构乡村文化，自然而然地达到了城市反哺农村的目的。

　　3.有助于传统农业转型升级

　　农业的根本出路在于现代化。发展农业类特色小镇，可以集聚资本、技术与产业创新，促进专业化分工、提高组织化程度、降低交易成本、优化资源配置、提高劳动生产率等。如以"互联网+农业"为驱动，正成为现代农业跨越式发展的新引擎，有助于发展智慧农业、精细农业、高效农业、绿色农业，提高农业质量效益和竞争力，实现由传统农业向现代农业转型，加快现代农业进程。

4.有助于培养现代职业农民

没有现代职业农民，就没有农业的现代化和社会主义新农村。当前由于农村人才不断"非农化"，农村面临农业专业人才短缺、农村劳动力老龄化的严峻形势。现代职业农民，是指将农业作为产业进行经营，并充分利用市场机制和规则来获取报酬，以期实现利润最大化的理性经济人。现代职业农民的涌现，将改变传统农业一家一户分散经营模式，有利于机械化作业，降低生产成本，提高劳动生产率，使农业生产经营规模化、标准化、品牌化成为可能，代表了现代农业发展的方向。现代职业农民比传统农民更加专注于研究农业生产和经营，更加凸显专业化，通过农业特色小镇平台，能够更加高效地培养现代职业农民，加快农村人才的转型升级。

5.有助于分享城市发展红利

特色小镇培育政策的初衷，就是贯彻中央城市工作会议精神、推进新型城镇化发展战略，落实城市反哺农村战略，同时也是推进精准扶贫的重要工作举措之一。通过农业类特色小镇的培育与打造，可以更加精准地促进政策红利的落地，让农村分享城市发展的红利。

（三）农业类特色小镇特征与原则

1.农业类特色小镇的特征

在类型特征上，农业类特色小镇具有如下特征：地域基于农村、组织面向农村、功能服务农村、农业产业聚集的平台、农产品加工和交易的平台、经济文化资源连接城乡的平台。

在空间形态上，农业类特色小镇有别于行政区划单元的建制镇和单纯产业功能的农业产业园区；在内容上通过农产品加工业与休闲、旅游、文化、教育、科普、养生养老等产业深度融合，辅以电子商务、农商直供、加工体验、中央厨房等新业态。通过强化农产品加工园区基础设施和公共服务平台建设，吸引农产品加工企业向园区集聚，以园区为主要依托，创建集标准化原料基地、集约化加工、便利化服务网络于一体的产业集群和融合发展先导区，建设农产品加工特色小镇，实现产村镇融合发展。

在经营模式上，随着可追溯的"互联网+"功能以及我国老龄化问题、亲子教育、休闲农业、市民下乡等成为社会关注的热点问题，农产品个人定制营销、全生产过程展示营销、特殊地理标识营销、种植环境的远距离视频体验式营销等多种互联网营销新模式元素注入农业类特色小镇。基于"休闲农业+医学疗养"的园艺疗法园、农业田园特色小镇日益受到关注，使其具备生态休闲旅游、康养养老、农业体验等功能。

2.农业类特色小镇的建设原则

根据上述农业类特色小镇的特征，在农业类特色小镇规划建设过程中，应注重以下几个方面的原则。

（1）规划引领合理布局

坚持规划引领，遵循控制数量、提高质量、节约用地、体现特色的原则，推动小镇发展与特色产业发展相结合、与服务"三农"相结合，打通承接城乡要素流动的渠道，打造融合城市与农村发展的新型社区和综合性功能的服务平台。结合农业与其他产业的融合与流动的业态需要，因地制宜规划布局小镇建设。

（2）促进产业融合发展

农业特色小镇的核心在农业，要统筹集聚农业各种业态要素，推动现代农业产业、特色农产品、农业科技园区与农业特色互联网等领域的建设有机融合。促进农村融合发展，构建功能形态良性运转的产业生态圈，激发市场新活力，培育发展新动能。

（3）积极助推精准扶贫

充分利用特色小镇的政策优势和精准扶贫功能，围绕种植业结构调整、养殖业提质增效、农产品加工升级、市场流通顺畅高效、资源环境高效利用等重点任务，发挥各地区各部门优势，协同推进农业特色小镇建设运营，带动贫困偏远地区农民脱贫致富。

（4）深化信息技术应用

将农业类特色小镇作为信息进村入户的重要形式，充分利用互联网理念和技术，加快物联网、云计算、大数据、移动互联网等信息技术在特色小镇建设中的应用，大力发展电子商务等新型流通方式，有力推进特色农业发展。

（5）创新农村金融手段

金融是经济的血液，没有现代农村金融体制，就难以推动现代农业发展。农业类特色小镇的规划建设要适应农村实际、农业特点、农民需求，不断深化农村金融改革创新；以大金融理念创新小镇金融组织形式，构建多层次金融组织体系，尝试兴建风险可控的新型金融机构，积极发展服务"三农"的农村资金互助合作社、农村合作金融公司、农业租赁金融公司，大力发展村镇银行。

二、乡村振兴战略下农业特色小镇建设思路

（一）农业类特色小镇规划总体思路

农业类特色小镇建设的关键，在于基于当地的农业产业特色优势和不可复制的地理环境因素。如因为偏僻而留存的传统村落、因为执着而坚守的文化传承、因为情怀而留守的乡村艺人、因为好奇而去寻求未知的探险一族等，营造一种区别于都市生活的原乡生活方式。依靠当地承载古人"天人合一"哲学思想的农业特色产业，吸引都市白领前来体验生活，从而推动当地旅游业的发展。

总体上，农业类特色小镇应以农耕文化为精髓，以农业产业为特色，以休闲农业和乡村旅游为抓手，打造壮美现代田园、多彩文化演绎，创新产业示范、活力宜居的城乡农业旅游共同体。

农业类特色小镇虽然在一定程度上反映了城市人的理想和追求，但并不是对城市生活的照搬照抄，关键在于利用当地的农业产业特色优势，营造一种区别于都市、从土地到餐桌到床头的原乡生活方式。原乡生活方式从空间上看，是一个系统圈层架构，第一层为农户业态，包括每一农户所提供的餐饮、农产品和民宿方式；第二层为以村落为中心的原乡生活聚落；第三层为更广阔的半小时车程范围内的乡村度假复合功能结构。

（二）农业类特色小镇的空间选址

农业类特色小镇的选址，直接决定了小镇的"特色"所在。和君咨询认为，农业类特色小镇通常需要具备以下条件：一是位于城市周边。一线城市，建议车程在1小时之内；二、三线城市，建议车程在半小时以内。二是农业相对发达的地区，有相对充足的可流转土地。三是最好具备生态环境好，有可以挖掘的自然资源、历史人文、特色产业等条件。

综合而言，农业类特色小镇的选址要考虑以下四个层次的要求：一是市场区位，农业类特色小镇的消费市场主要还在其所依托的母城，因此主要以一、二线城市的近郊区为主，满足消费市场近邻的原则。二是交通区位，农业类特色小镇的产业业态和产品，要求在短时间内可以抵达消费市场，同时也确保小镇的农产品在短时间内可以运输到消费市场，因此，交通方面不宜太偏太远。三是经济区位，需要有满足现代农业需要的充足的用地空间。四是生态区位，农业类特色小镇的目标市场对生态环境的敏感度较高，小镇宜在有较大的生态优势和历史文化底蕴的区域选址。

（三）农业类特色小镇业态体系

从产品业态看，农业类特色小镇需要营造一种乡村原乡生活的业态体系。根据一、二、三产业融合发展的宗旨，农业业态体系至少要包括农业生物育种、技术研发，种植、养殖，精深加工、农产品销售以及旅游开发等环节。

具体到业态环节，可以包括农业观光、科普教育、产品展示、特色餐饮、商贸物流、健康运动、休闲度假几个环节。

业态产品领域，包括耕种（如种植、采摘）体验、农产品（加工、购买、饮食）体验、民俗民风（节庆、活动、演艺）体验、风貌体验（建筑风貌、景观风貌、田园风貌）、住宿体验（民宿、营地、田园度假酒店）以及完善的公共服务配套设施等环节。

（四）农业类特色小镇的农业社区建设

有一个一流的特色社区是特色小镇区别于一般农业产业园的一个重要参考指标，农业特色小镇居住社区的首要目标应该要成为城市居民的第一居所。因此，要建设适于社区居民与农民间交流的空间，打造市民农园是社区居民和农民最好的交流空间和手段。在服务配套上，要从生活服务、健康服务和快乐服务三个方面构建社区服务体系。

（五）农业类特色小镇的服务配套要求

农业类特色小镇虽然地处乡村地区，但由于消费市场的主体是城市居民，因此，公共服务的配套要求是既要按照宜居城市标准进行建设，同时也要兼顾服务周边市场腹地。除道路、供水、供电、通信、污水、垃圾处理、物流、宽带网络等基础设施外，还要重视社交空间、休闲娱乐空间、健身设施和文化教育设施的建设，并在教育和康养等方面形成亮点。

（六）农业类特色小镇的景观塑造

农业类特色小镇的景观建设以满足居民需要为主，兼顾游客需要，因此不一定需要按照 A 级景区的标准进行建设，更多地应该考虑因地制宜和实用性。可以通过挖掘当地的特殊历史人文特色，形成有吸引力的地标性景观。

（七）农业类特色小镇的体制机制创新

农业类特色小镇建设的选址不一定是在建制镇。因此要在用地指标、审批和管理权限方面寻求创新和突破。农业类特色小镇的开发，一定要采用市场化的运作机制。政府仅负责政策制定、规划支持、宏观指导和引导，并积极争取金融机构融资支持，具体的运作要由市场化的企业主体来进行，鼓励企业投入资金并组织申报、审核、建设、运营工作。

第二节　基于制造业发展的特色小镇建设

一、乡村振兴战略下制造业特色小镇建设意义与特征

制造业类特色小镇作为制造业转型升级发展平台，某种意义上可以看作产业园区的升级版，这类特色小镇在规划建设过程中，如何推动产业升级，实现包括人才、科技、资金、土地、基础设施、公共服务等要素优化配置是关键。

（一）制造业类特色小镇建设的基础

我国是制造业大国，"中国制造"已经世界闻名。改革开放以来，依靠承接国际产业转移，我国形成了一大批专业镇，每个专业镇就是一个庞大的产业集群，如东莞虎门的服装、厚街的鞋业、大岭山的家具、横沥的模具制造等。然而，这些制造业名镇一般是"大而不强"，主要依靠土地、劳动力和区位优势，"两头在外"的加工贸易企业生产的产品大多附加值不高，尽管业界知名度很高，但缺乏有自主知识产权、高精尖的产品。2008年国际金融危机发生后，制造业是国内最早受冲击，也是影响最大的领域之一，为突破传统要素驱动发展路径的"瓶颈"，工业领域开始大力开展产业集群协同创新，推动传统制造业向高端智造转型升级。

随着我国新型工业化、信息化、城镇化、农业现代化同步推进，超大规模内需潜力不断释放，为我国制造业发展提供了广阔空间。各行业新的装备需求、人民群众新的消费需求、社会管理和公共服务新的民生需求、国防建设新的安全需求，都要求制造业在重大技术装备创新、消费品质量和安全、公共服务设施设备供给和国防装备保障等方面迅速提升水平和能力。全面深化改革和进一步扩大开放，将不断激发制造业发展活力和创造力，促进制造业转型升级。

制造业是实体经济的关键，我国改革开放四十多年的发展历史，总体上说是一部制造业发展的历史。当前我国的产业结构已经实现由"二三一"逐渐向"三二一"迈进，服务业地位不断提升，以制造业为主体的第二产业在国民经济中的占比有所下降。但德国等制造业强国的发展经验表明，制造业是社会财富的根本源泉，是增强综合国力的重要支撑，也是改善人民生活的重要保障。特别是高端制造业以创新能力建设为依托，以高新技术为引领，是产业升级、技术进步的重要方向，是转变经济发展方式、实现由制造业大国向制造业强国转变的重要环节。

（二）制造业类特色小镇建设的意义

制造业类特色小镇是发挥市场主体作用和吸纳社会资本投资的新热土，政府重在搭建平台、提供服务，政府为企业创业提供条件，让小镇在提升社会投资效率、推动经济转型升级方面发挥更重要的作用。建设制造业类特色小镇，对推进供给侧结构性改革、促进中国制造业转型升级、加强一、二、三产业融合等具有积极的意义。

1.有助于传统制造业转型升级

大力支持制造业类特色小镇建设，是推进我国传统制造业转型的重要抓手。当前，新一轮科技革命正在席卷全球，世界各国都在实施新的制造业提升计划，我国也提出了"中国制造2025"，推进"大众创业、万众创新"和"互联网+"行动；同时，部分产业领域的低端、普通产品产能过剩已成为常态，供给侧改革迫在眉睫。因此，制造业类特色小镇不能走传统工业园区、开发区的发展之路，不能走简单产能扩张的发展之路，而要在业态转型、模式创新、环境营造上形成新的竞争优势，带动制造业转型升级。

2.有利于二、三产业融合发展

制造业类特色小镇在培育上强调产镇融合，有利于传统制造业的业态向上下游延伸，形成多产融合发展的良好态势。传统产业园区或者制造业名镇只注重工业产值，在业态上也只关注加工制造环节，对制造业上游的研发、下游的休闲体验、工业旅游等环节关注不够。特色小镇作为一个创新平台，产镇融合的发展模式有利于企业跳出就制造论制造，在产业延伸和融合上创造新的局面。

3.有利于疏解中心城区非核心功能

制造业类特色小镇的选址一般位于大中城市周边，建设各种制造业类特色小镇，将在一定程度上疏解中心城区的制造业职能，同时吸引制造业的就业人口，成为大城市的众多反磁力中心和蓄水池，有利于优化提升大中城市核心功能和疏解中心城区的非核心功能、产业、人口和其他服务支撑要素。

（三）制造业类特色小镇的特征与规划原则

1.制造业类特色小镇的特征

从集聚企业的规模特征看，制造业类特色小镇可分为核心项目带动型和中小企业集群型。前者主要由单个或多个龙头企业带动特色小镇产业集群发展，形成"核心项目+中小微企业"的集聚模式，主要集中在高端装备制造如汽车、智能装备、新能源装备，或具有较强品牌影响力的大型食品、轻工制品领域；后者多因资源禀赋特色和加工制造业经济发展历史形成的产业集聚，多分布在农产品加工以及其他一些特色轻工领域。

2.制造业类特色小镇的规划原则

由于制造业类特色小镇的核心还在制造，因此，制造业类特色小镇的规划需要坚持以下几个原则。

一是规划引领原则。坚持规划引领作用，精准定位主导产业，推动小镇发展与特色产业发展相结合，打通承接城乡要素流动的渠道，打造融合城市与农村发展的制造业服务平台。结合制造业与其他产业的融合与流动的业态需要，因地制宜规划制造业小镇的建设。

二是高端定位原则。小镇产业要以高端产业为主，并始终遵循产城融合理念，以"中国制造2025"为行动纲领，坚持"高端、融合、生态、创新"方针，以工业 4.0 为制造标准。

三是智能服务原则。突出小镇的智能化建设，小镇尺度规模不大，非常适合智慧城市建设的要求，制造业特色小镇要突出小镇的智能化水平，打造完善的智慧交通、智慧医疗、智慧教育、智慧安防等专项。

四是人才保障原则。注重高级人才资源的引进，为小镇持续发展增加动力。制造业小镇的就业门槛较其他类型的特色小镇要高，根据产业的主题，制定良好的人才引进措施，这样既保证产业的发展，也确保小镇集聚较高素质的人口。

二、乡村振兴战略下制造业特色小镇建设思路

（一）制造业类特色小镇规划总体思路

与农业类特色小镇强调原乡文化与"乡愁"不同，制造业类特色小镇的核心是特色产业和工业产品特色、如何提升产业产值以及推进产业转型升级。因此，在总体上，制造业类特色小镇应以工业产品为核心，以产业链条构筑为抓手，以上下游产业延伸为目标，以产业人才吸引为支撑，打造集技术研发、工业生产、产品销售、产业旅游、创意经济、宜居环境于一体的产业综合体和宜居宜业宜游的特色小镇。

（二）制造业类特色小镇规划重点

制造业类特色小镇建设的核心是强调创新，包括理念创新、定位创新、业态创新、模式创新和产镇融合等。

1.理念创新

突出小镇主导产业的主体地位。传统的工业园区往往以生产、加工、制造为核心，以工业厂房、机器设备、大量工人、有形的工业产品为主要特征。制造业类特色小镇的建设一是要延伸产业链，形成集研发、设计、制造、中试、检测、认证、展示、体验、营销等功能于一体的加工产业链；二是要强调创业创新的无形服务，构建苗圃、孵化、加速、教育、金融、商务、电商、文化、旅游等完善的创业创新服务链，创建一个具备完善产业链、创新链、资金链的新型产业小镇。

2.定位创新

对于产业本身的打造，要科学确定产业定位，并构建相对完善的产业链条。对能够聚集人力、技术、信息、资本等要素，具有先天发展优势的产业资源（如某一细分领域装备用品的生产制造，或某个细分领域在行业中的标志性地位，难以复制的先天市场环境等）进行深度发掘提炼，确定主导产业发展方向，实现其配套产业、服务产业、支撑产业的聚集，形成产业链。

3.业态创新

传统的制造基地生产出来的产品往往难以面向终端消费市场，且生产设备（资料）的购置往往需要消耗大量的时间和精力。制造业类特色小镇建设要发挥现代工业展览展示与商贸服务功能，积极发展面向同领域的生产企业的智造装备、原材料的展示交易；同时面向下游应用客户，积极发展中高端制品的展示交易、电子商务等，促进高端制造与产品贸易联动发展。对于产业与研发创新、产品创意、工业旅游等其他产业的融合，需要找准市场对接点，进行三产化、体验化、消费化延伸，即以优势产业为核心，有选择地充分链接文化、教育、健康、养老、农业、水利、林业、通用航空等产业，由二产向三产延伸，扩大消费群体，增加产业价值。

4.模式创新

传统的制造企业往往依托企业人才队伍，依托企业自身的力量进行研发设计、制造生产、设备购置以及拓展市场空间。制造业类特色小镇建设要充分发挥全社会的力量，以"互联网+"和"大数据"等技术推动主导产业模式创新，大力推广众包、众筹、众创、众服、众乐"五众"模式，以众包模式推动产品设计、制造工序专业化分工，以众筹模式推进中小企业共同购置重大制造装备，以众创模式推动创业创新资源集聚，以众服和众乐模式丰富主导产业的关联服务业态。

5.产镇融合

打造宜居宜业宜游小镇。传统的制造基地或者产业园区在空间上往往功能混杂，建筑形态单一，形象与一般的工业园区差别不大。制造业类特色小镇的建设应按照宜业、宜居、宜游的要求，构建合理的功能分区，完善旅游设施、文化场所、生活配套等，融合工业文化、历史积淀文化与名人文化，实现二产和三产联动，"兴产"和"建镇"共进，配套完善办公、居住、商业、教育、医疗、文体、旅游等多种生活功能。

第三节　基于金融产业发展的特色小镇建设

一、乡村振兴战略下金融产业特色小镇建设意义与特征

（一）金融特色小镇的特点

金融特色小镇的主要形式是基金小镇。基金小镇作为一种新兴的资本运作方式，可以直接打通资本和企业的连接，紧密对接实体经济，有效支撑区域经济结构调整和产业转型升级。金融服务业包括银行、证券、保险、信托、基金

等行业。与此相对应，金融中介机构也包括银行、证券公司、保险公司、信托投资公司和基金管理公司等。空间集聚是这些金融服务业发展的重要形态。金融产业小镇是我国在经济新常态下打破以各类金融中心为代表的传统金融业发展路径的新探索，可以为供给侧结构性改革和创新驱动发展提供有效的金融资本支撑。基金小镇可将多家基金管理公司及相关金融机构聚集在一起，形成一个金融聚集地，从而成为推动区域产业升级、经济结构调整的重要举措之一。

（二）金融特色小镇的类型

按金融集聚度以及金融链与产业链衔接的紧密程度，可以将金融业类特色小镇划分为基金小镇、互联网金融小镇和特色产业金融小镇三大类型。基金小镇是一种相对传统的金融小镇，其突出特点是大规模理财资本的高度集聚，如杭州玉皇山南基金小镇；互联网金融小镇则强调对科技型、初创型企业提供风险资金支持，通常与创新园区有着密切的关联，目前国内的金融特色小镇大部分属于这一类型；特色产业金融小镇往往依托于某一特殊领域或经营特色，重视对某一特殊产业的金融服务，如宁波梅山海洋金融小镇，定位于借力海洋经济发展，依托浙江宁波国际海洋生态科技城，规划发展航运基金、航运保险等新兴特色海洋金融业态，探索设立海洋主题产业基金、海洋产权综合交易平台，构建多层次海洋金融支撑体系，力图在金融业服务"港口经济圈"建设中发挥其作用。

二、乡村振兴战略下金融产业特色小镇建设思路

（一）总体思路

金融特色小镇的规划建设要突出特色化、差异化、生态化，坚持市场导向、需求导向、问题导向，明确产业定位、发展定位、功能定位，切忌盲目蛮干，照搬照抄。要结合当地需求、特色以及经济发展基础，因地制宜地做好规划定位，做好前期调研和可行性分析，确定适不适合做基金小镇，做何种形式的基金小镇，基金小镇的战略定位与发展路径等。

（二）建设重点

首先，一是在选址上，建设金融特色小镇，首先要求小镇选址在经济相对发达地区的核心区域，具备金融业发展的区位、人才、资源、技术创新以及政策等优势；二是金融特色小镇要有足够的服务市场腹地，腹地有一定的财富积累，投融资空间巨大。

其次，在小镇总体定位上，要明确金融小镇的功能定位，避免小镇之间的重复建设和同质竞争。目前国内各类金融小镇异军突起，这些小镇的定位存在趋同甚至雷同的情况，如何实现有效的、差异化的发展，避免重复建设和恶性

竞争是一个非常重要的问题。

再次，在制度环境上，需要推动区域性的金融改革和区域金融生态环境的完善。金融小镇的发展，离不开本土金融生态环境的支撑，而解决这个问题的关键在于加快地方性的金融改革与发展。要以四大金融试点为抓手，推动地方金融改革，消除体制和制度门槛以释放民营资本活力，并加快金融要素在区域内、区域间以及国际的流动，实现金融要素的市场最优化配置。同时，注重加强区域金融的联动发展。

最后，在运营模式上，金融特色小镇需要坚持政府引导、企业主导、市场化运作的运营模式。要充分重视市场在资源配置中的决定性作用，打造更加开放的市场化金融集聚区。同时，要重视政府大公共平台的构建，完善金融服务公共平台建设，包括完善股权交易市场的制度、交易规范；建立金融交易数据库，为政府准确把握金融发展动向、制定合理的金融发展政策打下基础。

第四节　基于信息产业发展的特色小镇建设

一、乡村振兴战略下信息产业特色小镇建设意义与特征

信息产业，又称为第四产业，指的是以计算机和通信设备行业为主体的 IT 产业，是在知识产业研究的基础上产生和发展起来的，包括电信、电话、印刷、出版、新闻、广播、电视等传统的信息部门和新兴的电子计算机、激光、光导纤维、通信卫星等信息部门。信息产业特色小镇则是指以从事信息的生产、流通和销售信息以及利用信息提供服务的产业为依托的空间载体，细分类型根据产业的特色不一而论，如信息产业小镇、互联网小镇、智慧小镇、云计算小镇等。此外，还有一类信息产业小镇为知识产权小镇，主要是以知识产权的特殊信息为服务对象，提供知识管理的特殊类型，如知识产权小镇、知识小镇等。

2015 年 7 月，国务院下发《关于积极推进"互联网+"行动的指导意见》，促进了各种形态的互联网小镇建设，如互联网+金融特色小镇、互联网+电商产业小镇、互联网+云商模式小镇、互联网+农业生态小镇等。如海南省充分发挥其热带农业产业优势，先后建成海口市石山镇、文昌市会文镇、琼海市大路镇、澄迈县福山镇、儋州市木棠镇、陵水县英州镇、三亚市吉阳镇、琼中县湾岭镇、屯昌县坡心镇、白沙县细水乡镇等 10 个互联网农业小镇。

基于海南的试点经验，2017 年 10 月农业部办公厅发布《关于开展农业特色互联网小镇建设试点的指导意见》，提出力争到 2020 年，在全国**范围内试点**建设、认定一批产业支撑好、体制机制灵活、人文气息浓厚、**生态环境优美、**

信息化程度高、多种功能叠加、具有持续运营能力的农业特色互联网小镇，把互联网小镇建设的热度推向了新的高度。

根据信息（互联网+）产业的集聚程度及关联产业的发育水平，"互联网+"小镇可以分为产业型和应用型。广东省在 2016 年 7 月出台《广东省"互联网+"行动计划（2015~2020 年）》和《广东省经济和信息化委关于开展广东省"互联网+"小镇创建申报工作的通知》，提出力争用三年左右的时间在全省建设10 个"互联网+"产业型小镇和 50 个"互联网+"应用型小镇。其中"互联网+"产业型小镇主要是培育创新型互联网企业，着力发展互联网新技术、新产品；"互联网+"应用型小镇则主要是推进互联网与特色产业深度融合，培育互联网新应用、新模式、新业态，打造一批"互联网+"制造业、农业、商务、物流、旅游等示范区，促进传统产业转型升级。

二、乡村振兴战略下信息产业特色小镇建设思路

信息产业特色小镇的规划可以总结为三种路径：一是以原来的小型软件园等产业园为基础，自下而上进行升级逐步发展成为具备信息研发、加工和体验等综合业态的特色小镇，如浙江萧山信息港小镇，就是从杭州湾信息港园区升格而来，成为浙江省级特色小镇；二是利用一些控制的园区或者厂房无中生有、自上而下地创造一个新兴产业基地，如浙江梦想小镇互联网村以及德清地理信息小镇等；三是在其他产业园区的基础上结合新经济进行转型升级，比如浙江云栖小镇，把传统的转塘镇与新兴的云计算产业相结合，成为互联网、云计算、大数据创业者的乐园。

信息产业属于新兴产业，在园区发展和小镇打造过程中，首先要强调对核心产业的打造，每个园区需要结合自身的产业基础、市场环境和技术支撑，合理定位、科学谋划，并在制度和政策环境上，充分考虑作为新兴产业需要的扶持空间，确保新兴产业在小镇的载体上获得充分的成长。

第五节　基于文旅产业发展的特色小镇建设

一、乡村振兴战略下文旅产业特色小镇建设意义与特征

文旅产业是指与人的休闲生活、文化行为、体验需求密切相关，主要以旅游业、娱乐业、服务业和文化产业为龙头形成的经济形态和产业系统。随着我国人民生活水平的不断提升以及大众旅游时代的到来，在服务体验经济以及特色小镇政策的引导下，"文旅化"成为我国当前旅游行业实现特色化的有效途径之一，也促使"文旅小镇"成为我国特色小镇浪潮中最热闹也最受欢迎的一

个类型。作为文旅产业的核心载体，古镇、古村在中国新兴城镇化浪潮的推动下，迎来了一波巨大的变革，不仅仅是传统建筑空间、商业业态的变革，更是其内在的生活方式、消费方式的变革乃至传统文化基因潜移默化的质变。许多地方政府积极打造各类文旅小镇的思路，符合中央"精准扶贫"思路和"乡愁"计划得以再现的路径，对缓解人民日益增长的美好生活需要和不平衡不充分的发展之间的矛盾具有重要的积极作用，文旅小镇凭借其极强的文化生命力，具有巨大的发展潜力与拓展空间。

根据文旅特色小镇的依托资源和业态类型，文旅特色小镇还可以细分为生态旅游小镇（C41）、文创小镇（C42）、民俗小镇（C43）以及艺术小镇（C44）等小类。其中生态旅游小镇是指主要依托良好的生态资源或者特色景观资源，挖掘生态或景观文化，以发展生态观光和生态休闲旅游产业为核心的小镇，如以北京延庆四季花海小镇为代表的城郊小镇基本属于这一范畴；文创小镇则是指以文化元素挖掘、文化价值构建为基础，利用现代化的手法进行创意设计，并与商业结合，打造的一种独特的商业体验空间，是融特色文化、特色景观、创意产业、市场运营管理于一体的综合创新发展平台，如余杭艺尚小镇、西湖艺创小镇等；民宿小镇则是指依托具有一定历史或者独特民俗文化资源的镇村，开展历史文化或民俗体验的特色小镇，以彝人古镇、周庄、乌镇等为代表的古镇旅游是这一类特色小镇的主力军；艺术小镇是指以艺术为产业，与艺术相关行业融合发展来建构的特色小镇，因为艺术与文化的高度融合性以及艺术本身的创造力，艺术小镇在所有特色小镇里面，表现出极强的创新性以及文化生命力，如宋庄艺术小镇。

需要说明的是，既要对文旅小镇与传统景区、旅游区以及文旅地产项目等的内在关系有所认识，同时又要对其不同之处区分清楚。目前在市场上有一种现象是把特色小镇当成筐、什么都往里装，不能盲目地把产业园区、旅游景区、体育基地、美丽乡村、田园综合体以及行政建制镇戴上特色小镇的"帽子"。它们之间最本质的差异，在于特色小镇是一个立足产业"特而强"、功能"聚而合"、形态"小而美"、机制"新而活"。推动创新性供给与个性化需求有效对接，打造创新创业发展平台和新型城镇化的有效载体，是属于一个产业功能组织，在空间上是开放、共享的，具备社区功能。而产业园区、旅游景区、体育基地等往往有一个封闭的排他边界甚至围墙，并不具备社区功能。

二、乡村振兴战略下文旅产业特色小镇建设思路

（一）生态旅游小镇

生态旅游是指以有特色的生态环境为主要景观的旅游，是指以可持续发展

为理念，以保护生态环境为前提，以统筹人与自然和谐发展为准则，并依托良好的自然生态环境和独特的人文生态系统，采取生态友好方式，开展的生态体验、生态教育、生态认知并获得心身愉悦的旅游方式。1993年国际生态旅游协会把其定义为：具有保护自然环境和维护当地人民生活双重责任的旅游活动，在范畴上可以包括自然文化旅游，农业、工业、城市和乡村休闲观光旅游等。

生态旅游小镇是指以开发当地具有价值的自然或人文景观或在此基础上开展旅游服务的小镇，随着城镇化步伐的推进，我国城乡差异越来越突出，通过发展生态旅游，可以有效地解决乡村空心化的问题和实现城乡统筹的目标。

有学者认为生态旅游小镇的建设要坚持"三先三后"：先做农业后做旅游、先做设施后做小镇、先做示范后做推广；并坚持"四重四慎"原则：重服务慎招商、重人才慎包揽、重文创慎规划、重活动慎建设。

总体上，生态旅游小镇，一般拥有良好的自然资源，环境优越、气候宜人，有着鲜明的特色，区域内或紧邻地区一般拥有品质较好的风景区，城镇发展和风景区建设紧密结合在一起，且以景区发展为基础，比如滨海小镇、海岛小镇、温泉小镇、滑雪城、花卉城、渔港小镇、边境小镇等。其开发要点在于加强自然资源和环境保护，控制城镇的承载力，以休闲度假为方向，走综合发展之路，打造一个集观光、休闲、度假、养生、会议、康体、文化体验、居住等多种功能于一体的旅游小镇。其打造重点有两个方向：一是设置完善的度假生活配套及高品质的服务质量，配套一些必要的高端度假项目；二是以度假人口"候鸟型"居住和休闲度假为目标的度假项目的开发。在具体的操作层面，重点需要关注如下几点。

一是要坚持主题化的开发。文化是旅游的核心，突出旅游小镇的特色，需要打造一个核心主题，体现整个小镇的文化灵魂。当然在实际操作中，主题文化不一定是单一主题，可以通过梳理文化，以打造主题文化为重点，多元文化整合，多种文化整合延伸形成旅游小镇，把多元文化景观化、建筑化、娱乐化。

二是要策划休闲化的业态。在休闲时代大趋势下，各种商业业态逐渐从传统趋向休闲，从时尚用品到户外运动装备，从休闲餐厅到主题酒吧，从SPA美容到健身俱乐部，从休闲画廊到数字娱乐，从旅游服务到度假酒店……休闲已不仅仅是消费行为的点缀，更是商业业态发展的大趋势。

三是要布局合理化的产品。生态旅游小镇需要根据旅游的吃住行游购娱六要素配置观光、休闲、住宿、商业、娱乐、生活六大主体功能，旅游小镇的功能分区、用地布局要围绕着休闲活动及休闲游线展开。合理的功能分区、用地布局，要搭建出小镇的骨架，塑造出小镇的形态，结合文化主题的历史和地域特征，形成小镇独特的肌理结构。如旅游产业项目的"旅游吸引核+休闲聚集+商街+居住"的开发架构中可以包括旅游吸引核——特色项目吸引核（包括主题乐园、景区等）、风貌吸引核（包括古镇、艺术、创意等）、广场吸引核（包括激光水秀、篝火晚会等）、餐饮吸引等；休闲聚集——餐饮聚集、酒吧与夜间聚集、创意客栈聚集等；商街——创意工坊街区（诸如百工坊、百艺坊等）、娱乐游乐街区（演艺、洗浴、养疗等）、休闲街区与商业地产；居住——就业与本地居民第一居所、大城市与周末居住第二居所、养老与度假居住第三居所等。

四是要设计景区化的环境。把小镇作为一个景区，将入口景观、公园景观、节点广场、大型中心广场、集散广场，作为景点统一布局，把整个小镇构成一个景区概念。

五是要构建完善的保障体系。依托旅游小镇的多样性功能，设置旅游小镇的保障体系，其应包括城镇发展保障体系，包括教育、医疗、就业、住房等；旅游专项保障系统，包括发展资金保障、土地供给保障、旅游安全保障、医疗救援保障、营销体系保障、资源与环境保护等。

（二）文创小镇

基于个性化、主题化、特色化的文化创意为"防止千城一面，形成各具特色的城镇化发展模式"提供了新思路。文创小镇根植于乡土文化的就地城镇化模式，以文化创意作为可持续发展的核心资源，赋予小镇更多的文化创意特色和城镇价值体系。在就地城镇化过程中，通过文化创意实现乡土风貌的活化、乡情记忆的再现、乡村资源的挖掘、乡里生活的体验和乡愁创客的集聚，能够为小城镇的建设开辟一条新的发展路径。中国五千年来的农耕历史所形成的深厚文化底蕴，成为中国传统文化创新发展的重要基地，城市的高速发展，人民的精神文化需要日益增强，需求旺盛，为文创小镇的发展奠定了基础。小镇可以因地制宜，保持小镇的特色文化，快速形成特色产业聚集区，从而推动当地经济持续发展。

文化创意小镇具有以文化魅力吸引人，以文化创业集聚人，以创意生活愉悦人和以宜居环境留住人的内涵特征。打造文创小镇，人才的吸引和留住是前提，文化、产业、社区的融合是促进，"文创+"跨界融合是推动，形成创意产业集聚和区域发展是目的。

打造文创小镇，一是小镇应该以创意文化产业为主导，并与国际接轨，引领国际创意潮流；二是小镇应该以文化为深度，以创意为广度，实现产业的融合发展；三是小镇应该打造一个创意产业的平台，促进国内与国际的互动交流。

（三）民俗小镇

民俗旅游能将自然与社会、文化与生活、观览与体验、传统与现代结合起来，因葆有丰厚的文化底蕴和多彩的生活情趣而显示出特殊的魅力。民俗小镇是指依托独特的地域（民族）特色，以当地历史文物、社会生活、节事活动等民俗的独特吸引力，通过体验性民俗产品和特色空间的打造，运用商业化的手法，集休闲观光、民俗生产体验、民俗表演、购物等于一体进行综合运营的特色小镇，如北京古北水镇和云南彝人古镇等。

民俗小镇的发展关键在于将民俗文化资源结合市场的需求，在不破坏民俗文化本源的前提下，活化为经济发展的动力。民俗文化往往通过体验式旅游去传播，来达到传承的目的。因此，民俗小镇多以旅游为载体，以生活体验、节庆体验为主要形式，通过文化与旅游的互动途径增加小镇的魅力，形成独特的民俗文化旅游品牌，吸引客源消费，带动小镇发展。

在民俗小镇的各种形态中，古镇以其幽静的环境、传统的风貌建筑、丰富的风水情调和民俗文化等，吸引着越来越多的旅游者和投资者，比如，乌镇、西塘等江南六大名镇以及彝人古镇等。随着特色小镇的政策发布和大众旅游业的发展，古镇旅游掀起了一批开发建设的热潮。

民俗小镇作为文旅产业的重要核心组成部分，其培育和发展的核心在于小镇主题文化的体验情境设计，发展的关键在于如何延长游客的停留时间。同质化是民俗小镇开发面临的主要问题，挖掘小镇特色主题，形成鲜明的主题形象，是民俗小镇开发的首要任务。民俗小镇在经历以"奇"为特色的观光主导、以"商"为核心的商铺为王阶段后，以"夜"为核心的休闲体验发展，已经成为民俗小镇开发的重点方向。因此，民俗小镇的业态向休闲化发展是必然趋势，以夜景观光、夜间活动、夜晚休闲为核心的夜游项目，保证了持续的人流和消费，从而保持了民俗小镇旅游的旺盛生命力。

（四）艺术小镇

随着我国人民收入水平的提高和中产阶层人口规模的增长，人们对艺术的消费也不断增长，基于艺术消费的艺术产业也逐渐进入了普通消费者的生活中。作为处于发展黄金期的艺术产业与特色小镇的结合体，艺术小镇发展进入了一个高峰期。艺术小镇是融合了艺术创作场景、艺术拍摄、艺术后期制作并集艺术、观光、住宿为一体的小镇。在业态上，依托文化艺术与生态环境，艺术小镇整合各方资源，激发民间创客活力，形成一个集艺术研究、教育、生产、展示、交易、交流等相关服务功能为一体的业态体系。

艺术小镇在特色上一是需要众多的文化艺术活动来聚集人流；二是要具有

极具辨识度的体现艺术与人文气息的建筑与环境风貌；三是要有艺术产业或独特 IP 延伸出的艺术商品，包括艺术品、电影、小商品等，成为推动艺术小镇经济发展的重要动力；四是艺术小镇建设属于"轻资产"文旅产业，应避免过去城镇化发展产生的土地、房产等资源的浪费；五是由于艺术和设计服务业一般是接地气的"亲民"产业，与老百姓的生活方式息息相关，老百姓容易接受且很容易成为项目的参与者，所以能够快速带动乡民就业和进城农民工回乡创业等。结合艺术小镇的以上特性，在艺术小镇的打造上，需要做到如下几点。

首先，要通过艺术和设计产业的介入，依托现有的小镇格局或历史留下的建筑和环境，创新改善小镇的环境，为产业的孵化延伸提供必要的空间条件。

其次，艺术和设计服务业的发展都需要强大的地域文化做支撑，应充分利用千百年来农耕文明留下的遗产，最大限度地保护好或者开发、再利用和活化原有文化资源。

最后，需要策划高端、参与性强的艺术节事活动，如艺术节、双年展、设计周、戏剧节等，形成特色产业并拉动周边旅游业的发展，从而为小镇的经济发展带来新的动力。

第九章　乡村振兴战略下特色小镇建设的创新路径

第一节　加强各级政府领导力量

在《关于实施乡村振兴战略的意见》中实施乡村振兴的目标任务已经下达，要做到将战略部署到实处，将制度建设贯穿其中，从各级政府的领导安排出发，加强各级政府的领导力量。在陕西省特色小镇发展模式推进过程，目前面临需要优化经济结构，转化经济动力，深化乡村农业发展改革，向有利于符合宜业宜居的生态居住环境及产业发展方式转变，因此发挥政府力量，通过政策等宏观调控手段来实现小镇可持续发展。

一、发挥政策、法规的科学引导作用

首先，科学合理制定陕西省特色小镇发展战略。特色小镇是在政府主导下有意识、有目标、有计划地推动，政策出台须紧跟绿色发展要求，陕西省政府需要深入解读国家政策信息，进而向各级政府传达省域发展目标及要求，各级政府及管理部门就本区域特色小镇的实际建设发展现状，给出明确、科学、合理、创新的政策指引。

其次，优化税收政策体系。以往陕西省在部分地区城镇化推进的过程中，通过利用租金补贴、用地优惠等税收政策来吸引企业进行投资发展，但成效并不长久。但若在有效合理的财政投入基础之上，将其与银行信贷、金融发展政策等结合起来，提高绿色增长过程中财政贴息幅度，则会引导着从资源型产业逐步向绿色低碳产业发展方向改进发展。例如，政府可以通过细化税收条目，针对高污染和消耗部门，提高其负税率，增收自然资产存量的环境资本折旧费用、污染破坏引起的环境恢复费用等。针对绿色产业战略发展企业的后期实际效应给予适当的税收减免或优惠举措，弥补它们在开发生产过程中的边际生产成本和边际使用成本等。

最后，完善立法制度。小镇空间布局应与周边自然生态环境相协调，能够彰显当地的传统文化特色和地域特色。第一，建设过程中应当时刻严格遵循与环境保护有关的法律法规，在保证绝不触碰生态红线的前提下，考虑小镇的建设对于现代人生活的重要意义。第二，长久的绿色发展需要法律条例的规范和约束，同时通过设立相关法律，包括像地区性环境保护法律法规、社会管理法规、资源开采许可法规、政府公共服务政策法规、社会保障法律体系等等，来保证国家宏观调控的引导和规制。

二、加强社会公共基础设施建设

陕西省旅游产业发展模式特色小镇占据多数，但从实际调研结果发现，存在地方在小镇发展过程中往往重绩效轻服务，导致初期的基础建设不完善或者后期保护不周到。公共基础设施建设是人民安居乐业的根本，也是旅游产业模式特色小镇能够让游客产生持续付费欲望的主要方面。所以"要从真正意义上做到小镇由外延型向内涵型经济转型升级，实现量变到质变的统一、实现继承与创新的辩证统一"，可从以下几个方面进行改善。

第一，提供强有力的资金保证。公共基础设施建设和保护依赖于多元化的资金投入，经由国家、企业和社会各方面的资金融入，设立公共基础设施建设维护基金，以此作为其发展强有力的后盾。

第二，修护小镇道路系统。在小镇内部修护具有当地特色的步行小路，规划建设完善的宜居小镇内部路网体系；完善小镇内部行车道路、公共停车场及其四边道路，确保内部交通顺畅；确保宜居小镇内外交通转换的顺畅，提高本地居民和外来游客对于美丽宜居小镇价值的体验。

第三，其他公共服务设施的完善。公共服务类设施是确保当地居民宜居宜业的根本，也是外来游客必不可少的体验。要加强对于地区性的基础设施建设及其公共服务设施配套的提档升级，例如酒店民宿、派出所、学校、社区卫生服务站、水电系统、污水处理系统及其他能够满足当地居民和游客日常生活必不可少的基础服务设施等。

三、创新政府购买运行机制

政府购买作为政府支出的一项可以成为美丽宜居小镇建设发展的有效途径之一，"除必须由政府直接供给的领域外，涉及公共交通、文化体育、环境保护等与公共生活相关的公用事业都可通过购买服务的方式来进行供给；涉及较强公益性质、密切关系群众利益及维护社会公平的领域，可采用公私合作的方式提供"。

2017年1月，我国发展改革委和国家开发银行共同发布《关于开发性金融支持特色小（城）镇建设促进脱贫攻坚的意见》，明确指出充分发挥开发性金融作用，将积极发展金融扶贫和产业扶贫放在重要地位，其中可以通过政府雇请公务人员、教师、建筑人员等建立公共设施；或者政府出资委托、公开招标，移交建设项目给个人或者社会组织，完善城镇服务功能，以小城镇建设带动区域性脱贫，打赢这场攻坚战。

四、不断完善小镇评价机制

第一，建立有效社会保障机制。陕西省发展任何模式的特色小镇，都是在以人为本的基础之上进行发展道路的人为设计和选择。改善养老保障、医疗保障、教育保障等体系，通过当地收入分配保障居民生活，以及促进再分配的实现，建筑美丽宜居的生活环境。

第二，建立长效督导考评机制。特色小镇的发展是长期的项目，一方面，除了党政机关对于当地居民的生态发展意识建立，带动居民针对来往游客的环保行为进行监督之外，另一方面，政府应该设立专门的监管部门，不定期针对乡镇整治情况进行明察暗访，着眼于长期的、有利于代际公平的发展，通过产权清晰归属划分、权责明确，做到生态和经济的协调发展。最重要的，各级政府部门及党政机关需要切实从人民群众出发，时刻以能够为人民谋取最大福利为己任，切实为人民利益服务，端正工作作风，谋求乡村建设发展。

第三，建立考核退出机制。为控制对待在规划设计、选址，以及不适合发展的小城镇建立考核退出机制，制定退出名单，暂停发放扶持资金，停止当下的建设，给出下一步发展意见，有效规避盲目造镇现象的同时，提高小城镇发展质量。

第二节　提升市场力量

根据浙江杭州小镇建设经验来看，特色小镇建设具有很高的门槛，它的地域面积有限，所以能否在"螺蛳壳里做道场"，且做的有特色是根本，美丽宜居小镇建设更是如此，需要时间、资金、产业创新等多项条件。发挥市场对乡镇资源的决定性作用，形成以企业为主体的市场化城镇开发运营机制。

一、形成良好的供需机制

第一，有效供给并合理发展现有资源。陕西省特色小镇大多是建制镇，它的开发是一个渐进的城市化过程，但仍存在部分地方避免不了 GDP 至上的经济发展方向。依托自然资源开采的企业以不断开发和过度投资为发展方向，只能进一步增强经济发展的脆弱性。按住建部要求，要坚决避免打着特色小镇名义搞圈地开发。小镇建设是在小空间中进行大作为，但并不代表小镇搞得越多就越好，建设应围绕从数量、规模型的增长转变为质量、品质型的增长。"需更加注重坚持节约优先和绿色发展的方针，以实现人与自然关系和谐发展的新型增长模式"。在发展过程中利用富有活力的产业进行带动，有效供给当地可利用资源，合理规划、挖掘适合当地发展的产业类型，不盲目复制，以绿色发展理念逐步实现小镇生产方式、生产过程和消费模式的生态化与低碳化。

第二，吸引人力资源回归小镇发展。"市场经济条件下，人力资源作为生产要素，与其他资源一样，也遵从市场配置规律，其主要驱动机制是供求机制，而人才流动是市场经济的必然"。调研发现陕西省特色小镇发展，尤其以农村发展起来的小镇，缺乏相关专业管理人员。党的十九大明确提出，要建设"三农"工作队伍，要懂农业，具备农业相关专业知识；要爱农村，能够深耕农村，接地气的人才；要爱农民，对农村有情怀，带动农民致富。同时需要重构乡村文化，呼唤从村镇走出去的精英，以自己的经验、专长、技艺、财富、资源、能力来参与小镇发展与治理。

二、完善产品的价格机制

价格形成机制的发展，是小镇可持续发展的主要动力之一。价格机制不完善可直接导致农村产业发展的呆滞。其一，绿色发展需要考虑生态环境成本。不论是初级自然资源的开采利用，还是后期产品加工使用带来的各类环境问题，若将环境成本计入产品价格均能优化现有的价格形成机制。其二，通过竞争发现市场价格。适当减少对于产品价格的控制，通过市场供求形成互补性产业和替代性产业，从而在加入环境成本的最低定价基础之上，彼此制衡产品价格的定制，例如小镇餐饮、酒店消费等。其三，新兴产业的价格补贴。特色小镇建设需要从产业发展源头，即产品原材料的选取进行合理定价，例如绿色产品的使用及购买，若一开始便设定过高的价格，很容易限制产品市场的规模发展，由此，政府可以采取手段给予产品生产的价格补贴，直到以绿色产品为主的新兴产业与传统产业一样具有商业竞争力时再届时取消。

三、培育有效的竞争机制

首先，建立多元化资金投入机制。特色小（城）镇要与大市场进行对接，必须通过市场竞争，创新建设资金渠道。目前，各地已有通过相关投融资机制改革，推进政府和社会资本合作，鼓励利用财政资金撬动社会资金，共同发起设立美丽特色小（城）镇建设基金。PPP 模式已经成为小镇发展的重要资金来源，但在此基础上需要注意的是，如何更好划定 PPP 模式适用的范围，从而通过市场化运作和专业导向拉动政府和企业的有效合作，促进镇企融合发展。另外，要在政企合作建设发展过程中，注重资产有效运营，引导社会资本参与美丽特色小（城）镇建设，建立一个以政府、社会资本、运营"三位一体"的开发平台，使不同的投资主体通过竞争参与其中，创新性的开拓小镇建设资金渠道。

其次，建立产业发展的竞争机制。特色是小镇发展的命脉，这种命脉又表现为特色产业发展模式。特色小（城）镇是促进大众创业、万众创新、形成新产业的新空间。首先，竞争是避免产业类型同质化的重要手段，淘汰不景气产业并创新产业发展。其次，产业发展应该走差异化道路，通过新的理念、要素、机制和载体的融合推进产业集聚、产业创新和产业升级。美丽宜居小镇发展，可通过核心产业的重点发展，设立自己的配套产业、支持产业和衍生产业，实现综合发展模式。最后，小镇的产业发展机制需要在实践中完善，例如可以"从产业结构、功能植入、空间重塑、环境修复、文化再生和保障措施等六个方面对特色小镇进行转型升级路径进行探索"。

四、创建有效的激励机制

一是对于示范小镇的培育和激励。针对发展好的示范小镇，政府给予更高的资金支持，同时在全民参与产业发展过程中，针对促进循环经济发展，适合绿色经济发展的行为主体进行政策支持。

二是对于高素质人才的引进与培养。城市乡村的资源不对称是小镇开发的主要问题。陕西省作为西部大省，需要加强人才队伍建设，除了吸引教育、医疗等基础领域的人才，还需要创新人才队伍培养，例如培育新型职业农民、农业管理、乡村管理的专业性人才，同时通过特殊政策和优惠待遇吸引人才成为地方发展的有后备军。

三是对于产业 IP 的重视和保护。产业 IP 即产业知识产权，IP 是小镇发展中的核心认知产品，尤其针对借助自然条件而建的美丽宜居小镇，要鼓励寻找并打造适合当地发展的 IP 名片，这也是吸引消费者、产生持续付费能力和购买意愿的前提。可以通过创新知识产权的保护和激励，创造持续收益。

第三节　凝聚社会力量

一、建立小镇发展的宣传引导机制

第一，小镇内部进行全方位宣传。充分发挥当地人民对于本地小镇建设的积极性，开展全民参与。在当地通过电视报纸、印发宣传资料等传统媒体形式，以及各种文娱活动的开展对当地居民进行宣传教育，建立起发展和保护的积极引领示范作用，从内心深处加强对于居住小镇绿色发展的决心，合理利用各项资源，使以往个人权利清晰而公共义务模糊的情况要逐步彻底解决。

第二，利用公益效应加速小镇发展。小镇建设，尤其是包括三线以后的城市地区美丽宜居小镇，完成初期建设后期便隐匿。要培养长期发展优势资源，就要使小镇的核心 IP 走出去，应用新媒体渠道将当地风情、人文生活场景、地域风貌特色，以及游客到此能够亲身感受的绝对生活体验，通过结合当下时兴的综艺节目宣传和明星效应进行推广，深层次挖掘其营销魅力，使美丽宜居小镇展现出大众喜爱、亲民有趣的内容。

二、有效发挥社会主体力量的影响作用

由社会组织和公民个体所组成的社会力量或群体的形式参与到城市生活之中，是影响新型城镇化发展的重要参与力量。社会主体力量既是资本生产过程中必不可少的一环，也是社会文化生产实践的参与者。

一方面生产过程需要社会力量作为生产劳动者、物质资料享用者以及其他各种方式参与其中，通过对城市生活和小镇原生态的绿色生活的直接体验，平衡在快速经济发展生活中的文化诉求，进而从需求层面更多为小镇建设提供一手建设方案资料来源。另一方面，以道德影响和慈善事业等方式为主的资金支持，为小镇文化传播、建设发展贡献着自己的力量。除此而外，在政府和公众对于美丽宜居小镇发展需求产生分歧的时候，社会组织和公民个体可以以各种方式展开空间抗争，虽然它是从属和依附于政府力量的产生，但是在不断协商过程中一旦有接近的利益诉求，社会主体力量还是能够有效地影响政府决策的调整。

三、有效发展非政府组织的参与机制

非政府组织（NGO）与美丽宜居小镇建设相结合，旨在为小镇解决发展过程中政企建设遗留的短板，例如艾本·佛多（Eben Fodor）曾在自己有关于城市发展的研究中提到，"在控制增长及其要求的土地使用议题上，需要有一个真正具有代表性的本地政府，以及积极的公众参与"。在发展过程中，我们可以借助 NGO 所具的组织性、民间性、非营利性、自治性、志愿性和公益性特点，为规划政策的制定提供独立的专业咨询、信息传达以及实施评估，辅助政策制定者修正规划和措施，同时担当公共代言人，促成社会共识。

第十章 乡村振兴战略下特色小镇建设实践 —以陕西乡村小镇为例

第一节 陕西省杨凌区五泉镇农科小镇建设实践

一、小城镇建设概况

五泉镇位于陕西省杨凌农业高新科技产业示范区西北部,是杨凌示范区三个建制镇、两个街道办事处之一,距离主城区 10 公里。县道杨扶路横穿东西,省道 107 纵贯南北,交通便利,四通八达。镇域总面积 32.2 平方公里,辖 20 个行政村、1 个中心社区,总人口 3.1 万。镇内交通便利,土地肥沃,气候温和,人文旅游资源丰富,是人居、生产和旅游的绝佳场所。五泉镇紧紧围绕建设"杨凌示范区副中心、城乡统筹发展示范镇、现代农业园区核心示范基地"的总体目标,以发展现代农业为主导产业,积极推进中小企业园区建设,全力打造以"后稷故里·农科小镇"为品牌的城镇化建设特色镇,镇域经济社会各项事业快速发展。

五泉镇 2011 年被确定为陕西省 31 个重点示范镇之一。2016 年 10 月 14 日,被国家发改委、财政部及住建部共同认定为第一批中国特色小镇。

二、农科小镇的特色及做法

(一)依托农科教优势的特色产业发展

五泉镇依托杨凌示范区自身的农科教优势,将现代农业发展作为镇域主导产业,按照"产学研融合、繁育推一体、种加销并重"的总体思路,强化"农科"特色,以龙头企业、家庭农场、合作社、现代农庄为引领,在现代农业发展新技术、新品种、新模式上先行先试、大胆探索,形成了现代农业与二、三产业交叉融合的特色产业体系。

按照"围绕特色产业、培训职业农民、发展现代农业"的思路,五泉镇开展现代农业科技培训,成立了五泉职业农民培训管理中心,创新职业农民培训机制,健全职业农民培训体系,完善职业农民培训模式,促进培育新型职业农民。

1.依托农科教优势,实现镇域产业科技全覆盖

五泉镇积极利用示范区与西北农林科技大学、杨凌职业技术学院两所大学

"区校一体、融合发展"战略优势，长期聘请专家教授 20 人，组建科技服务团队 16 个。创新经营模式，积极培育新型农业经营主体。开展"龙头企业＋合作社＋现代农庄＋家庭农场"发展模式。在设施农业、食用菌、经济林果、畜牧养殖等产业上全面推广现代农业科技，实现了规模化、标准化、信息化全方位示范，累计转化科技成果、引进新技术 160 余项，引进创新创业团队 23 个。

2.围绕建设新型产业示范基地，推进农业产业化发展

一是围绕建设新型产业示范基地，培育三大特色产业，全力打造知名特色小镇。规划建设了 1000 亩的陕西省重点建设县域工业集中区，建成了 2300 公顷的现代农业示范园区，培育形成了设施农业、涉农工业、农业科普三大主导产业。以体验农业、历史文化为载体，正在开发包括关中民居、特色美食、民俗风情、农业科普、农业展览的三产融合发展综合体。二是支持企业按照"建立核心园区、建立服务体系、推广优良品种"的思路大力发展"总部经济"。催生出秦宝牧业、杨凌森淼种业等优秀龙头企业。三是技术推广，辐射带动食用菌、苗木花卉、西甜瓜等标准化栽培面积 15 万亩以上，每年向省内外提供新优品种接穗 50 万条以上，极大地促进了新品种、新技术的推广。

3.积极培育农科品牌，创新经营模式

一是支持企业、合作社、现代农庄创建优质品牌，孵化出天和生物、秦宝牧业、秦川牛业等一批优秀品牌。二是从扶持资金中列支经费，助力企业、合作社搭建销售网络。百恒猕猴桃实行会员制的销售模式，实现产品直接从地头到消费者手中；秦宝牧业打造了以北京、上海、广州、深圳、西安、哈尔滨为核心市场并辐射全国的销售网络。三是支持农超对接、农校对接，形成了从地头到餐桌的直线销售。同时，结合"互联网＋"，加快电子商务和物流基础设施建设，积极培育线上线下销售网络。

(二)打造小韦河生态景观带，建设美丽乡村

一是实施小韦河生态综合治理。目前五泉镇已全面开展小韦河生态治理工作，建成小韦河生态景观带。沿小韦河布置了景观步道、休闲慢行空间、水土保持宣传廊。通过在沿河流域建设小型潜流湿地、周边村庄建设生活污水稳定塘等设施，保障小韦河生态基流。建成花溪花卉、依山灵依、野猪林、百恒家庭农场等六个集休闲、采摘于一体的特色庄园。小韦河沿线已成为杨凌的后花园、群众的"健身房"。二是建设美丽乡村。五泉镇全面加强美丽乡村整治，完善公共服务设施，建立环境卫生治理长效机制，建成一批雨污管网，绿化美化通村道路 100 公里。新建文化大舞台、文化广场及水景公园等文化娱乐设施。兴建了一批公益性公共服务配套，包括 3 个社区服务中心、20 个农村互助幸福

院等,完成了 13 个村的省级农村卫生连片整治并通过验收,村容村貌显著改观。三是开展"一镇一村"示范创建。完成管网、文化大舞台、文化广场及水景公园等 10 个项目,产业发展、公共服务同步推进,"七彩蒋周李"雏形初现。五泉重点示范镇模块建设内容基本完成,农耕文化产业园、毕公马援祠等项目建设顺利,美丽宜居农科小镇初具规模。

（三）注重文化建设,彰显特色传统文化

一是保护与发展非物质文化遗产。将农耕文化、关中民俗文化、商儒文化等三类非物质文化遗产的保护与基础设施建设、产业培育融合发展,马援祠祭祖和五泉曲子戏已列入杨陵区非物质文化遗产保护目录;建成农耕文化体验的特色农庄 20 户,有力推动了三产融合发展。二是现代农耕文化科普宣传。打造集传统农耕文化科普、现代农科技术展示、休闲观光农业、农科教知识教育为一体农耕文化体验园,通过农业技术科普打造当代中国现代农业文化的展示窗口,为现代都市人提供农业普及认知农业知识的机会。结合第三产业,打造品牌效应突出的产、学、游一体的多元文化体验。五泉镇秉承发扬与传承传统农耕文化,近年来在基础设施、产业培育上整合镇域资源,建设农耕文化体验与农家旅游相结合的特色农家乐,形成了以小韦河景观为依托、农业种植采摘体验为主的三产稳步发展态势。三是积极推进民俗文化资源保护和开发。民俗文化不仅来源于传统居住文化,还体现在传统的农事活动和商贸活动中,是展现关中特色风貌的主要文化形式。五泉镇是关中地区的文化重镇之一,近期修建的关中院子民俗文化街区,将丰富五泉农耕文化展示的空间,提升文化体验过程。2015 年马援祠祭祖和五泉曲子戏已列入杨陵区非物质文化遗产。马援祠祭祖不仅是马氏宗族的祭奠活动,同时也是马氏商儒的文化传承活动,商儒文化体现了关中地区的传统文化观念和思想价值体系等深层次内涵。五泉人在经商重商的同时亦重视耕读。同时五泉镇积极推进历史文化资源保护,编制隋文帝杨坚陵泰陵保护规划,启动实施隋文化展示园区建设;汉伏波将军马援故里马援祠、背阳观、卧龙寺等文物古迹的保护开发工作正在加紧实施。四是大力实施农民素质提升工程。五泉镇实施的农民素质提升工程,累计培育职业农民 240 人,农民技术员 32 人,嫁接服务队 3 支,每年嫁接、农技服务输出 360 人次,收入 400 万元。通过建设五泉镇文体活动中心和文体公园,以及在各村（社区）开展精神文明"十个一"创建、乡村文明一条街、善行义举榜、道德讲堂、村规民约、文体惠民等活动,镇域农民素质显著提高。

（四）利民服务设施建设逐步完善

一是道路交通便利。完成了镇域 8 公里县道杨扶路的改扩建工程,省道 107

五泉段正在加紧建设，全镇所有通村道路和村内街道实现水泥硬化。率先在全省实现城乡公交一体化，公交线路实现城、镇、村无障碍直达。二是公用设施完备。先后实施了市政基础、公共服务、保障性住房和建成区改造等四大类26个项目。其中，四条市政道路建成通车、两条道路完成排水改造，供水工程、污水处理、供热中心等项目顺利完成；中小学校幼儿园、卫生院、自来水厂、污水处理厂、供热中心、农资超市、商业街、村组"六室一中心"等公共服务设施配套齐全；安置小区32栋住宅楼分三期建设，建成保障性住房3359套，已入住923户；五泉法庭、商业街等提升改造工程全部完工。三是公共服务健全。便民服务中心建成投用，群众事务代办、网格化管理、商事制度改革、"三官一律"进社区等机制运转良好，群众不出村就能享受到便捷服务已成为常态；建成幸福院20所，1000多名70岁以上老人实现幸福养老。

（五）优越完备的体制建设

一是高层次的发展理念。确定五泉镇的发展定位为"杨凌示范区副中心、城乡统筹发展示范镇、现代农业园区核心示范基地"，各项工作围绕发展定位开展，经过多年努力，五泉镇建设发展成效显著。二是高标准的社会管理。将镇政府13个站所调整为6个办公室、3个服务站，社会管理和服务群众的能力进一步提升，基层组织建设、安全生产、社会综合治安、平安五泉建设等工作扎实开展，无重大安全事故。三是高度灵活的体制机制。依托土地流转服务公司、农村产权流转交易中心，促进土地流转市场化，全镇土地流转率达60%，为适度规模经验奠定了良好基础，为农村发展注入了新动力。四是优越的政策组合支持。在全省率先实现了城乡31项政策一致，杨陵区为五泉镇"量身定制"了政策包，先后出台了一系列加快五泉镇重点示范镇建设的政策措施。陕西省政府给予五泉镇1000亩土地增减挂钩指标，保障重点镇建设用地需求。在安置进镇农民的基础上，拿出部分土地进行商业开发，为重点示范镇建设提供了资金支持，有力促进了五泉镇快速发展。

三、未来工作重点

近期五泉镇完善以镇政府为核心的综合服务区，按照"一心一轴三片区"的空间结构形成基本骨架；产业上加快农耕文化展示项目的进度，推动特色产业提档升级，增强辐射带动作用。围绕小韦河建设景观农业、休闲观光农业、农家乐、乡村旅游等农业新型产业园区，形成各具特色的农业产业"块状经济"发展格局；加快推进体制改革，构建全域产业整体思考下的孵化平台，共同打造全国农业现代文明建设基地，构建设施农业—涉农产业研发—农业科普展示的一二三产融合的现代经营产业体系示范区。初步形成特色小城镇的实施保障机制。

五泉镇作为农科小镇,近年来一直走在陕西小城镇新型城镇化试点的前列,依托杨凌示范区自身的农科教优势,将现代农业发展作为镇域主导产业,按照"产学研融合、繁育推一体、种加销并重"的总体思路,强化"农科"特色,同时重视农业产业链的打造,借助农科大等优秀的科研力量孵化了一批自主企业。鼓励以企养民,在产品升级的链条中带动农民知识升级、技能升级,助力城镇化人口身份的转变,解决农民人口进入城镇后就业的问题。

第二节　陕西省安康市流水镇山水小镇建设实践

一、安康市流水镇概况分析

安康市流水镇地处汉江中游,瀛湖上游,由于地理位置优越,曾是汉江黄金水道的重要码头,素有陕西的千岛湖之称。随着襄渝复线和包茂高速的建成通车,给流水镇的旅游业发展带来了巨大契机。安康市流水镇的再次规划,正是基于对流水镇旅游业开发基础上进行的。流水镇有着丰美的山水资源,由于其历史上地位特殊,有着大量的人文景点分布。对流水镇进行二次城镇建设规划,能够最大化地激发流水镇的旅游业发展潜力,帮助当地居民实现经济创收。新的城镇规划着眼于流水镇的水乡文化和渔村乡土文化,构建山水景观和民俗文化特色小镇。

流水镇"三面环水,一面依山",典型的"山——水——城"格局,秀美的自然风光与良好的绿色生态环境是流水镇不可复制的资源优势。城镇的道路、建筑与山势结合良好,在具有优良亲水环境的同时也具备了明显的山地城镇的风貌特点。从区域来讲,两码头之间的三角地,供销社地块的谷地,通往谢老二鱼庄沿线村道,田园鱼庄附近拥有良好的景观视野。南部半岛区域的台地也拥有良好的景观。同时,泛舟湖面,整个流水镇也是一个比较重要的景观,需要精心打造。规划有南部半岛度假区,现在正处于规划阶段,并未投入开发建设。

二、安康市流水镇规划理念

流水镇优美的山水风貌和历史文化沉淀,为流水镇的旅游开发提供了资源。襄渝复线和包茂高速的建成通车,更加提升了流水镇旅游业开发的潜力。流水镇再次规划开发的核心思想是将流水镇打造成以山水风光为基础,以古镇文化、汉水文化、渔家文化为特色的西部著名水乡,陕西山水旅游名镇。这就需要在城镇规划中以"风情小镇""美丽乡村""山水城镇"思想为指导,以陕南移民搬迁移民相融合，以绿色交通出行为特色，探讨一系列有成效的规划与设计方案。安康市流水镇目再次开发面临的问题包括镇区缺乏统一规划，缺乏公共绿地及停车空间，汽车占用广场，挤占了大量的公共空间。并且镇区内建筑风貌各异，难以满足旅游小镇的发展需求。加之瀛湖季节水位落差较大，沿湖岸泥沙较多，沿湖景观较差且缺乏亲水性。而且流水镇乱搭乱建日趋严重，给规划实施带来一定阻力。为了实现流水镇的再设计与规划，就需要对镇内建筑风貌、公共空间、沿湖景观进行改造，并遏制乱搭乱建现象。

三、安康市流水镇规划设计

（一）立足交通区位优势，合理规划分区

本规划范围为流水半岛，涉及用地为流水城镇、窑头村和南部吉他岛附近用地。规划形成"一心一轴五片"的功能结构。以流水城镇中心为"一心"，连接线为"一轴"，形成流水城镇、窑头村、度假区、生态茶园北片和生态茶园南片三个不同区块。流水城镇依托进镇路进入高速连接线，再通过连接线接入包茂高速公路，完成与安康城区与周边地区的沟通。

流水镇区远期不考虑机动车通行。规划机动车停靠点设置在客运站停车场和集散中心附近，然后换电瓶车、自行车或步行，打造绿色出行的理念。集散中心设置在现状客运站对面，用于团队旅游的集散，也是机动车至流水城镇的终点。规划流水广场是城镇内重要的人流聚集点，定期用于城镇集市和节假日活动。水上交通规划在保留并加强位于港口路和新区路尽头的两处游船码头，位于波浪文化街的景观平台也可作为临时码头，与"一镇五村"水上交通线路网接驳。由于流水城镇道路狭窄，并且规划远期禁止机动车通行，城镇内不考虑单独设置机动车停车场地，外来机动车统一停放在新客运站附近。

（二）陕南风情小镇规划细则

流水镇以休闲观光、亲水娱乐、美食民俗体验等功能为主，依托于陕南风情构建整体民俗风情文化小镇。规划流水城镇分为两个区域：重点区与次重点区。重点区：包含形成两条新的街道空间，即折形公共空间和波浪文化街（酒吧街），流水广场，需要改造的重点地块（镇政府、集散中心、明强社区、湖滨社区、星级宾馆、滨水酒吧等），瞭望塔的建设，七彩花田的塑造等。次重点区：育才路区块，主要为整治改善。规划在客运站入口处建设集散中心，将位于安康路与进镇路交叉处三角地改造为入口绿地。优化中央流水广场，广场中央设景观水池。规划重点是新区路、朝阳路两侧，通过对屋顶的改造、墙面的粉刷、披檐的增加，塑造新陕南民居风格的街道，并考虑到与几个重点改造地块相融合，达到新旧建筑与环境同步改善的要求。育才路两侧建筑高度参差不齐，规划控制难度大。本规划建议对新建建筑提出建设要求，在整体风格上，考虑协调统一。为增加公共空间面积，自镇政府广场开始，经过台阶，达到流水广场，抵达波浪文化街营造水景步道，一路沿台阶设有叠水景观。波浪文化街连接着两个码头，靠近北端设有流水博物馆，靠近南端设有流水标志性建筑物——瞭望塔。

（三）整治规划和重点地块改造

本规划中针对流水镇现状，有针对性地采取一系列整治措施。（1）对流水镇的环境进行整治，通过景观节点梳理、强化绿植和环境小品整治，提高流水镇整体环境质量。（2）对沿湖岸线进行整治，措施包括块石重构驳岸、加强岸线清理、增加亲水平台栈道等，改善滨水景观质量。同时对市政设施和交通设施进行优化，新建照明系统、排污系统和停车场，并对路面进行更新。统一建筑风格以及关键景观节点建筑风格和材质，并对违章建筑予以拆除；对于远期需要进行拆除的建筑，近期简单粉刷和整修，通过绿化进行遮挡和美化，对湖滨社区地块、明强社区地块、农贸社区地块进行重点规划和改造，最终打造成宜居、宜业、宜文、宜游的风情小镇。

（四）绿化景观与环境设计

流水城镇用地紧张，无法形成大规模的公共绿地景观。规划主要通过地块改造和整理现有建筑获得广场与庭院空间，并广泛开展绿化种植，改善绿化环境，获得停留点。流水城镇规划广场与庭院绿化空间共计 20 余处。加强五条道路两侧的宅前绿化建设，形成"点、线、面"相结合多维绿化景观设计。流水城镇的绿化配置应注重树种的变化，体现季节特色。多使用开花植物，使人陶醉于色彩与花香之中。除使用当地常用的植物之外，建议选用樱花、桃花、杏花、油菜花、迎春花、银杏、桂花等一批色彩性、芳香性较强的植物。依托供销社地块东部的台地，结合木栈道，建设台地景观区。台地景观考虑种植油菜花、桃花等一批乡土气息浓郁的本土植物，营造特色景观。无论身处瀛湖水面、窑头山顶，均可明确地辨认出流水城镇的具体方位。规划瞭望塔和明强高层住宅为两处制高点，以期形成富有特色的天际轮廓线。规划两处灯塔，一处位于流水城镇的北端，一处位于育才路的终端，用于夜间航行的辨认，同时也作为景观塔处理。创造性地"流水"水景系统，规划考虑建立完整的水景系统，体现"流水"之意。

综上所述，本规划充分挖掘了流水镇的自然景观和人文景观资源，通过对镇内交通、建筑、景观的改造，使其自然景观和人文景观能够得到进一步提升，为游客营造更加舒适的陕南风情文化小镇。新的规划主要以小镇的现有格局为基础，并没有采取大拆大建的规划建设策略，能够最大限度地保留流水镇的乡土建筑和风俗人情，最大化激发流水镇固有的乡土文化、建筑和景观资源，为流水镇的旅游业开发做出贡献。

第三节　陕西省西安市长安区东大镇低碳旅游小镇建设实践

供给侧结构性改革是中央所提出的为顺应经济新常态发展的重要措施，而特色小镇的旅游正是供给侧结构性改革的新措施与旅游再次发展的助推器，旅游特色小镇作为一个新兴产业，逐渐成为政府与市场的共同关注焦点，旅游特色小镇在目前的社会环境当中具有极大的发展潜能。浙江是我国特色小镇的发祥地，在全国享有"基金小镇""梦想小镇""因特网+小镇"等各种荣誉称号。是规划和设计的创新型产业。其与"因特网+"一样，"特色小镇+"也就是一个镇一个产业，为中国传统产业结构的转型打下桎梏基础。

东大镇距陕西省西安市长安区21千米，位于城乡接合部，小镇具有丰富的地热资源，还有高冠峪瀑布、温泉谷与祥裕旅游度假区等多个著名景点，浓厚的人文历史与独特的区位优势让东大镇在众多特色旅游当中脱颖而出，参照浙江特色小镇经验，结合自身独特资源优势，将"低碳特色小镇"作为东大镇旅游重要特色。

一、特色小镇开启低碳旅游的必要性

首先，低碳旅游是在目前全球变暖的环境背景下所产生的一种新颖旅游形式是生态旅游升级版，特色小镇的旅游可以将低碳旅游作为重要的标志，成为小镇旅游的重要组成部分，使小镇利用最小的资源发展更大经济。并且经过多个特色小镇的实践经验表明旅游产业发展和环境二者之间有着重要联系。实行低碳旅游特色小镇有助于改善环境，低碳旅游的观念也就是环境与文化二者的共同表现，挖掘文化同时做到保护环境是低碳旅游产业发展的内在原因，因而使利益制度有了更深的层次，使其有更大的发展空间。

其次，东大镇具有丰富的旅游资源，如位于秦岭北麓祥峪森林公园，南埡松涛自然风景区，二者相距十公里，均是著名的生态旅游景区。随着东大镇旅游业的不断推进，其丰富的自然资源与独特的人文环境对游客具有极大的吸引力。因此对小镇资源的合理开发与可持续利用成为当前最迫切要解决的办法，这一问题所需的解决办法正与低碳旅游发展的要求相符。

　　同时，东大镇的低碳旅游具有重大的市场潜质，能够通过低碳旅游产业的发展达到扶贫的目的。小镇的低碳旅游产业对于欧美市场、农产品市场等都具有一定的基础，通过旅游业的低碳开发，有利于当地旅游业和经济的发展，提升小镇居民的生活水平，为旅游扶贫政策实施提供保障。小镇当中居民的受教育程度不一致，环保意识具有落后性；对于在小镇的旅游者，由于对生态环境、历史文化不够熟悉，在游玩的过程当中有意或者无意地对小镇文化、环境造成不同程度的破坏或污染，引入低碳旅游的方式有助于小镇居民或者旅游者提高环保意识。

　　二、打造东大特色小镇低碳旅游的可行性条件

　　首先，东大镇能打造成为低碳旅游的小镇最重要的是其天然条件。丰富的地热资源，富含 Si、S、Zn、K 等元素的第四系孔隙下地热水资源，具有非常良好的疗养作用，并且东大镇温泉旅游度假区在关中七大温泉度假区中是最具有知名度的度假区之一。

　　其次，是便利的交通环境，东大镇在秦岭的北边，与西安城区仅相距 21 公里，半个小时便可到达目的。西安是著名的古都，深厚的历史文化吸引大批游客前往，但其旅游经济收入排名却一直位于倒数位置。在对其旅游产品进行深度分析时发现，城市仅仅利用自身独特悠久的历史优势着重发展文化历史古迹，游客停留时间较短，并且低碳产品与温泉休闲度假等产品没有受到过多关注，因此东大镇可以从城市短板入手，选择着重开发低碳旅游产品，填补城市缺口。

　　同时通过多个数据研究与调查问卷以及对当地居民的走访，了解到当地低碳旅游的开发现状，例如季节性果蔬采摘活动、高冠瀑布推出了徒步运动产品等多种低碳活动，均是东大镇在低碳旅游产品方面所取得的成绩，并且在东大镇独特地理环境背景下低碳旅游产品仍然有很大的提升空间。

　　三、东大镇开发低碳旅游特色小镇方法

　　（一）重点开发低碳旅游产品

　　东大镇是一个水有所绕、山有所依山麓环境，还有由稻田、村落、鱼塘等组成的人工自然环境，依据地形地势可建造一些湿地公园、森林公园等，充分发掘自然资源在旅游方面的价值，将一些旅游基础设施升级改造并构建绿色乡村、生态走廊等环境保护制度工程，将低能耗、低耗损的旅游产品作为首要活动产品。同时可以充分利用这两大自然环境着重开发低碳旅游产品。例如根据山行地势规划山地自行车骑车路线或者徒步观光景点，让游客体验到环境当中的具有疗养效果的负氧离子"空气维生素"等；另外还可以根据小镇中的农产

品打造绿色美食节，如丰富和美味可口且富含营养价值的野菜，既符合当今的一种时尚潮流，同时又是一种绿色健康饮食，依据自身独特条件打造具有特色低碳产品。

（二）培育低碳生活方式

低碳生活是一种更自然、更健康、更环保的生活，也是低成本、低代价生活方式的代表，这既是一种潮流生活，又是一个对环境有效保护的旅游方式。低碳小镇的建设不单单是东大镇民众生活方式的一个新方向，更是中国小镇的学习方向，低碳小镇推动着节能减排技术的进步，同时还能培养旅游者与当地居民的低碳生活方法。例如让民众学习低碳生活的方式方法并运用到实际生活当中，并以身作则感染游客，对于小镇低碳活动的积极执行者给予适当的物质或精神上的鼓励；在街道上贴与低碳生活相关的宣传语。

（三）建立全方位低碳旅游体验环境

在吃穿住行上打造低碳旅游环境，让居民以及游客全面体验到低碳生活的氛围，例如"森林"公交车；生态厕所、生态停车场、新能源汽车的使用，一些能利用天然条件启动的天然游乐设施，在夜晚还可以使用 LED 低碳照明。建造生态、低碳的基础设施体制，是东大镇低碳旅游经济可持续发展的重要保证。

总而言之，一个特色的旅游小镇对游客有重大的吸引力，但是低碳的旅游方式也是同等重要的，东大镇利用天然优势打造特色小镇的同时发展低碳旅游经济既能吸引大量游客同时还能提高自身环境，东大镇可以借鉴前人经验，规划路线，朝新的方向发展。

第四节 陕西省宝鸡市眉县汤峪镇特色小镇建设实践

眉县位于陕西关中平原西部，是关学创始人张载故里、中国猕猴桃之乡和秦岭主峰太白山所在地。汤峪镇地处太白山脚下，镇域总面积 264 平方公里，总人口 4.5 万，是一个典型的中西部沿山小镇，多年来主要依靠自身积累发展，面临着规划建设滞后、设施老化缺失、产业基础薄弱、管理服务粗放等不足和问题，制约了镇的发展。

2011 年起，陕西省委、省政府做出了在全省范围内优先支持 35 个重点示范镇和 31 个文化旅游名镇加快建设的战略部署。我们抢抓机遇，顺势而为，按照"城乡政策一致，规划建设一体，公共服务均等，收入水平相当"的原则和

"建设新区、提升老区、整合社区、发展园区"四位一体、同步推进的思路，将重点示范镇建设与太白山国际旅游休闲度假区相结合，走出了一条产城互动、产城共融的新路子。

五年来，汤峪镇建成区面积由"十一五"末的 0.5 平方公里扩大到 5 平方公里，累计吸纳人口 1.5 万人，城镇化率达到 55.6%，实现综合产值 102.6 亿元。该镇在省级重点示范镇综合考核排名中连续两年获得第一名。住建部实地调研并分析了汤峪镇的建设发展，为我们总结了汤峪的经验，主要包括以下几个方面。

一、不可移动资源是小城镇独特的发展优势

汤峪镇毗邻的太白山海拔 3771.2 米，是青藏高原以东中国内陆的最高峰。太白山国家森林公园是国家首批 4A 级景区，景色"秀、奇、险、峻"，空气负氧离子浓度最高可达 25000 个/cm³，素有"亚洲动物园""地质博物馆""生物基因库""天然氧吧"的美誉。近年来，我们充分利用景观资源和区位优势，大力发展旅游、休闲、养老产业，建成了星级温泉酒店、逸景营地、温泉欢乐谷等项目。高山冰雪年均可提供水资源 1.16 亿立方米，被誉为关中的"水龙头"，水温、水质、水量为陕西之冠。利用优良的水资源，引进农夫山泉公司投资 10.3 亿元建成了天然饮用水生产基地，年产值达 35 亿元；依托独特的气候发展特色农业，建成了千亩猕猴桃采摘园等乡村旅游项目，带动周边群众发展农家乐 380 户。通过深度开发特色资源，培育优势产业，转化成为实实在在的经济效益，有效克服了工业资源贫乏、没有 1 户工业企业的"短板"和"守着金山要饭吃"的困顿局面。

二、城市居民生活追求的变化是小城镇转型发展的重大契机

汤峪镇东距西安 90 公里，西距宝鸡 70 公里，北距法门寺 30 公里，有西宝高速、法汤公路、关中旅游环线等多条公路与周边城市紧密相连，处于西安、宝鸡 1 小时经济圈内。近年来，随着西安、宝鸡城市居民收入不断提高，乡村旅游成为他们的消费热点，亲近自然、休闲养生越来越成为他们的时尚追求。我们抓住这一机遇，充分利用优美的风景、便捷的交通，将小城镇建设与旅游开发紧密结合，先后实施一河两岸商业街、太白山生态酒店、滑雪场等三产服务项目 30 多个，带动了旅游业迅速发展。2015 年全镇接待游客 306 万人次，旅游综合收入 20.6 亿元，旅游从业人员超过 12000 人；农民人均纯收入达到 1.5 万元，是全县的 1.5 倍。

三、对接养老养生新兴产业为小城镇带来新的动力

据统计，陕西省 65 岁以上老年人口突破 410 万人，占比达到 10.9%，如何养老、怎样更好的养老已成为新时期的重大课题。我们主动顺应老龄化的新形

势，确立了以周边大中城市为目标市场，大力发展旅游与养老、养生相结合的新兴产业，规划建设以温泉疗养、景区养老、季节旅居为主的养生养老服务项目 12 个，接待床位达到 2300 张。鼓励社会资本开发建设旅游地产和养老地产，打造融居住功能、服务功能、养老保障功能为一体的高端地产项目，建成了太白山水公寓式酒店、太白印象等一批集休闲养生、疗养保健为一体的服务综合体。2015 年，汤峪镇接待的 60 岁以上老年人达到 68 万人，占当年接待总数的 22.2%，其中定期居住 1 个月以上的达到 8000 人次。外地人在汤峪镇购房的比例占到销售总量的 48%。

四、政策支持是小城镇发展的启动力和助推力

"缺钱、缺地、缺人才"是制约小城镇建设的最大瓶颈，仅靠镇域自身力量难以有效解决。为此，陕西省委、省政府围绕重点示范镇建设，出台了专项资金引导、土地指标支持、专业人才帮扶、目标责任考核等一系列扶持政策，给予每个重点示范镇 1000 亩建设用地指标、每年 1000 万元专项资金支持。市、县政府也采取整合项目资金、调剂建设用地指标、以奖代补、"一事一议"等多种措施，全力推动小城镇建设。我们利用上级各项支持政策的引导和扩大效应，打好组合拳，成立了太白山投资集团公司，积极开展招商引资和投融资工作。充分发挥市场机制作用，改善政府服务，通过县财政担保、PPP 等多种途径引入社会资本参与产业开发和基础设施建设，5 年累计完成投资达到 86 亿元。采取招拍、转租、流转、入股和引导沿山群众集中搬迁、土地复垦整理等措施，落实镇区建设用地指标 5500 亩。利用省上选派干部挂任重点示范镇副镇长、配备规划建设管理人才、遴选专家一对一指导等机遇，创新用人机制，通过政府购买服务等方式，选调聘用城建规划、投融资、旅游开发和经营管理等专业人才 70 多人，确保了示范镇建设的标准和质量。

五、高水平规划、高品质建设是小城镇持续发展的保障

从一开始我们就牢固树立高品质建设的理念，将镇区开发和太白山国际化景区建设融为一体，按照"适度超前""规划建设一体"的总要求和 5A 级景区标准，聘请上海、北京等地知名机构同步编制了镇区建设规划、土地利用规划、产业发展规划、环境保护规划，实现多规融合。以打造西部特色小镇为目标，突出山水田园、生态舒适、民俗文化，科学编制各类专项规划，并在建设过程中严格执行。加强风貌设计，强调街区尺度宜人，建筑低容积率，住房宽敞通透，沿路植绿造景，门店统一提升，形成了见山望水、大美大绿的生态格局。加强基础设施建设，全镇建成一座垃圾填埋场，建立镇域垃圾收集、转运、处理系统，所有行政村和社区建了垃圾分拣站和沤肥场。建成两座污水处理厂

并实现达标排放。建成了文化体育广场三个，标准化学校、医院、自来水厂、一级客运站和加气站等公共服务设施，开通了县城至汤峪镇公交专线，形成了天蓝、地绿、水清的人居环境。

六、公共服务是小城镇安居乐业的重要因素

坚持把规范化管理、人性化服务作为提升小城镇建设质量的重要方面，持续推进城镇建设治理上水平。成立综合执法大队，加强对私搭乱建、出店经营、镇容镇貌等规范化和常态化管理，严厉打击欺客、宰客行为，确保守法诚信经营，净化市场环境。建立卫生保洁长效机制，每10户配备1个垃圾桶，每个村落实4~5名卫生保洁员，镇村全部做到垃圾日产日清和全天候保洁。坚持不断改善公共服务水平，镇上所有行政许可、行政审批和公共服务事项，实行"一站式服务"。坚持每年有针对性培训技能型劳动力3000人以上，累计发放小额担保贷款2.8亿元，全面落实创业基金、职业培训补贴、税费减免等扶持措施，积极推行被征地农民子女上学、就医、养老等五项社保政策，为群众安居乐业打下了稳固的基础。据年度民意调查，群众对城镇管理、社区服务、镇区环境等评价的综合满意度达95%以上。

七、机制创新是激活小城镇内生动力的有效途径

小城镇建设既是一个完善基础设施的过程，也是推进管理体制改革的过程。在上级部门的大力支持下，我们成立了由县委书记和县长分别兼任党委书记和主任的正县级建制管委会，设立了镇级财政。下放县级产业发展、规划建设、项目投资等17项经济社会管理权限，理顺了条块关系，建立了以块为主的新型县镇管理体系。同时，积极推进户籍管理、农村产权、投融资等六项制度改革，充分激发和释放了小城镇发展活力。下一步，我们将认真贯彻落实此次会议精神，积极学习先进经验，进一步创新思路、攻坚克难，更加激发镇域发展活力，努力把汤峪镇打造成更具魅力的全国特色小镇。

第五节　陕西省商洛市镇安县云盖寺红豆杉康养小镇建设实践

随着改革开放的深入，我国社会经济的不断发展，生产力和生产水平的不断提高，人们的物质与精神生活丰富多样，对生态环境的要求越来越高，极大地促进了旅游和康养产业的发展。另一方面随着农业现代化、机械化的展开，农村剩余劳动力的转移，加快了我国城镇化建设步伐。在这双层动力的驱使下，

特色旅游小城镇的建设就摆在了我们的面前。众多案例表明，在工业化平稳或者减速的情况下，旅游业的城镇化推进速度丝毫未减，足以证明旅游同样能够成为城镇化发展的动力。如今，康养旅游已经成为我国旅游产业蓬勃发展的新业态，我国的康养旅游人群在快速增加，推动了大量以康养为主题的旅游特色小镇的形成。在各种特色旅游小镇中，"康养旅游者"与其他旅游者的需求存在明显差异，所以康养旅游者对康养旅游小镇的需求响应最为精准。镇安县云盖寺红豆杉康养小镇于 2017 年入选第二批全国特色小镇，以发展红豆杉产业为特色，以云盖寺丰富的历史文化积淀为基调，就镇安县云盖寺红豆杉康养旅游特色小镇建设做一分析。

一、云盖寺康养小镇概况

镇安县地处秦岭南麓，距西安市 98km，包茂高速、西康铁路、G345 国道、s102 省道和即将建设的西渝高铁纵贯全境，属西安一小时经济圈。镇安县云盖寺红豆杉康养小镇地处镇安县云盖寺镇，占地 667hm² （10000 亩），主要包括五个园区：红豆杉生态产业园（20hm²）、红豆杉生态公园（167hm²）、红豆杉示范种植基地（333hm²）、红豆杉健康养生基地产业群（133hm²）、红豆杉产品加工基地（13hm²）。

二、康养旅游者的需求分析

根据文化和旅游部的定义，康养旅游是指通过养颜健体、营养膳食、修心养性、关爱环境等各种手段，使人在身体、心智和精神上都能达到自然和谐的优良状态的各种旅游活动的总和。由此可见，康养旅游不仅关注身体机能健康，更注重身体、心智和精神领域的平衡与和谐。

由于康养旅游概念理清的较晚，且未达成共识，导致康养旅游需求的研究文献众多、众说纷纭。有学者认为旅游者到达康养旅游目的地，希望获取的是有助于改善身心的服务，包括健身、美容、营养、食疗、放松、陶冶性情以及精神调节等。另有学者则认为康养旅游者对康养旅游产品有延年益寿、强身健体、修身养性、医疗、修复保健、生活方式的体验以及养生文化体验这七大诉求。有学者关注到环境的作用，认为在自然优美、协调平衡的自然环境下参与各种休闲和康体活动，通过环境的平衡潜移默化影响人体内在的平衡，这种平衡能够使人体获得心灵和精神上的舒畅。还有学者从休闲度假的视角来研究康养，认为应以旅游及休闲为基本要素，在内涵上体现休闲度假的特征；从活动过程视角的研究，则认为是紧贴健康康养生主题，传统养生观与现代休闲观的结合，享受舒适而宁静的休息空间以及有关健康的专业服务，如由具备资质的医生和护士进行的医疗检查、特殊的饮食设计、多种维生素治疗、针灸、瑜伽、水疗，以及针对各种疾病的特殊治疗、草药、肌肉拓展和放松技巧、美容等。相关研究识别出了康养旅游者在健身、美容、颐养、长寿、调节身心健康、改变生活方式、体验养生文化、享受自然环境、获得医疗保健服务等方面的需求。

三、云盖寺红豆杉小镇康养供应分析

镇安县云盖寺红豆杉康养小镇可满足康养旅游者在颐养、长寿、调节身心健康、改变生活方式、体验养生文化、享受自然环境、获得医疗保健服务等方面的需求。在康养旅游者的自然环境、康养氛围、社会交际和硬件设施的四维需求结构中，自然环境和硬件设施是康养旅游得以发展的空间载体及物质支撑，是打造康养旅游小镇的必要而非充分条件；康养氛围和社会交际是康养旅游小镇建设的灵魂和内涵所在。

（一）自然环境

云盖寺镇东与结子乡、回龙镇接壤，南与庙沟乡相连．西与黄家湾乡、东川镇毗邻，北接柞水县下梁乡太山庙。属典型亚热带季风性气候，以凤凸岭为脊线，分为县河和旬河流域，平均海拔830m，年均气温12.8℃。最高处迷魂阵海拔2428.2m，最低处葛条沟口海拔705.6m。人口密度69人·m。始建于唐初、唐大中年间已有初具规模的建筑群，距今已有1400多年历史，据《镇安县志》载，云盖寺于明正统后复建，重楼复殿规模壮观。清代云盖寺镇就有两条街道（前街和后街）。现有唐朝建筑云盖寺大庙，清朝建筑刘家大院子，李白曾远游的白侍郎洞等旅游景点，整个老街平缓曲折，两边房屋错落有致，高高耸起的马头墙和油漆彩画，格外引人注目，2016年被评为AAA级景区，有广阔的开发前景。

（二）康养氛围

康养氛围是康养旅游小镇的灵魂所在。康养旅游者需要一个适宜养生的氛围，把红豆杉与文化氛围结合的小镇模式，是在旅游发展的前提下，将健康养生作为主要发展方向，充分发挥具有特殊功效的植物在景观营造、空气污染物净化、降噪、心情慰藉等方面的作用，创造十分有益的康养氛围。镇安县云盖寺红豆杉康养小镇的主要特色在于栽植有在环保和医疗方面具有显著作用和影响的国家一级珍稀濒危保护植物红豆杉，该属植物被称为植物界"活化石"，是第三世纪孑遗植物，因其资源稀少，被列入世界珍稀树种加以保护。红豆杉植物为常绿针叶树种，与松柏一样耐寒，四季常青，干形挺拔，翠绿秀雅、树姿刚劲奇特，树龄寿命长，生命力强，被称之为长寿树，视为长寿、吉祥的象征，寓有荣华富贵之意。红豆杉属为CAM景天植物，能全天24h吸入二氧化碳，释放氧气，起到增氧作用，其叶面和茎的表面能分泌黏液或油脂，在保证自身叶面上的气孔不会被灰尘和颗粒物阻塞的前提下吸附消化尘埃，能过滤、吸附悬浮于大气中的各种颗粒物，将颗粒物转化成供自身生长的养分，具有良好的空气净化作用，用红豆杉制作的盆景置于室内，可以净化空气，有益健康，所以红豆杉又称健康树、生命树。江苏省环境监测中心监测表明，刚装修完毕、面积约 $12m^2$ 的房间，放置 5 棵 1.5m 以上的红豆杉封闭一周后，可吸入颗粒物、总挥发性有机物 5 项污染物净化率为 22.2%～49.0%，净化空气的效果明显。据资料，气流通过 120～240m 宽的红豆杉林时，风速几乎可减到零。一个平常的红豆杉林可使噪音减少 10～13 分贝，茂密红豆杉林可减少 18～20 分贝，通常的街心花园也能使噪音减少 4～7 分贝。路旁及住宅的周围多栽植红豆杉能极有效地防噪声污染。红豆杉在生长过程中能够挥发芳香物质，清新淡雅，有效驱除蚊虫，减少疾病的发生。同种类红豆杉的生态效益存在差异，降温增湿和释氧固碳能力均以曼地亚红豆杉最强，南方红豆杉和云南红豆杉次之，东北红豆杉和中国红豆杉相对较弱。

云盖寺红豆杉康养小镇栽植的红豆杉种类主要为中国红豆杉和曼地亚红豆杉。中国红豆杉是我国特有种，高可达 30m，于径达 1m，喜生长于气候较温暖多雨地方，为典型的阴性树种。常处于林冠下乔木第二、三层，散生，基本无纯林存在，也极少团块分布。只在排水良好的酸性灰棕壤、黄壤、黄棕壤上良好生长，苗喜荫、忌晒。曼地亚红豆杉为灌木型，是绿化好树种，二十世纪末引入我国，杂交品种，母本是东北红豆杉，父本是欧洲红豆杉，是一种值得推广的城市优良绿化树种。红豆杉的生态效益已远远超过其经济效益，在四周栽有红豆杉的红豆杉康养小镇旅游、生活、疗养，无论对身体健康者还是患病者的心理会起到一定的调节和舒缓作用。

（三）社会交际与文化底蕴

社会交际是康养旅游小镇的内涵所在。云盖寺古镇，始建于唐朝，是京畿通往东南之门户、江南丝绸西输之驿站；古镇因千年古刹云盖寺得名，贾岛题诗、乐天云游、商贾云集，具有秦楚文化交融之美，是省级文化旅游名镇，具有深厚的文化底蕴。镇安县云盖寺红豆杉康养小镇现已开始还将继续扩大形成良好的社交互动与融洽人际关系氛围，并把人文环境作为小镇建设的重中之重，通过组织多形式的群体性康养活动（如讲座、知识竞赛等），宣传红豆杉健康文化知识，让康养旅游者充分参与康养项目活动，并在与他人的互动中增进交流，在小镇康养过程中产生实现自我的成就感，达到逐步培育良好的康养氛围、居家熟悉感及依托康养的社交活动项目等，实现康养旅游"传统养生与现代休闲的结合"。

（四）硬件设施

康养旅游小镇需要基本的医疗技术设备作为支撑，与自然条件相结合的中医特色医疗及承担放松身心功能的娱乐休闲等设施不可缺少。镇安云盖寺红豆杉康养小镇可以通过红豆杉种植及健康产业链的可持续循环发展，推动镇安县"陕西省园林城市与陕西省卫生县城"项目建设。康养旅游者通过包茂高速、西康铁路、G345 国道、S102 省道和即将建设的西渝高铁可以快捷方便地抵达云盖寺红豆杉康养小镇；丁家点心、黄酥、黄金发糕、芝麻饼、酥麻花、凉皮、板栗烧鸡、洋芋糍粑、凉鱼儿等 100 多种镇安县地方特色美食，还可以为云盖寺红豆杉康养小镇提供丰富多样的餐饮服务，当地多家特色民宿还可以让康养旅游者得到民情风俗体验。

围绕有基础、有特色、有潜力的产业，建设农业文化旅游"三位一体"、生产生活生态同步改善、多个产业深度融合，培育宜居宜业的特色村镇，是我国今后一个时期农村发展的目标和重点。伴随我国整体经济水平的提升，旅游、康养正逐步成为一种新的生活方式和重要内容，与从城市回归到具备较好基础设施、公共服务、环境风貌的新农村，不被城市拥挤、逼迫，回归人类本质的生活方式殊途同归。镇安县云盖寺红豆杉康养小镇就是在新农村建设同时进行康养业开发的很好例证，不过，小城镇建设涉及面非常广泛，不仅与气候、植被等生态环境条件和交通、治安、人文等社会经济状况有关，也会受到国家政策、政府管理制度、企业等经济组织管理机制等深刻影响，这些或许是镇安县云盖寺红豆杉康养小镇今后发展必将面临的更重要课题，需要探索和研究。

第十一章 乡村振兴战略下特色小镇建设面临的挑战与前景分析

第一节 乡村振兴战略下特色小镇建设面临的挑战

一、政府层面

（一）政策制定不健全。在国家鼓励政策的带动下，全国多地创建特色小镇，陕西也不例外，提出了在 2020 年打造 100 个特色小镇的愿景。依照目前的发展现状来看，陕西省内小镇出现了复制性盲目定位，如果政府层面缺乏合理有效的规划和指导政策，可能会导致特色小镇建设违背高质量发展初衷，造成资源浪费。

（二）基建设施不全面。小镇发展要求生态宜居，不论是当地建筑的特征还是文化传承，在长久的时间沉淀下都需要不断地维护和修复。但是照目前陕西省的发展状况看来，很多小镇建设不达标，针对出现问题的基础设施不能够做到立即修复，影响了游客体验。另外，很多公共服务，像教育、医疗、养老等公共设施规模小，质量不高，不能够满足当地居民以及游客的部分需求。因缺乏全面系统的公共基础设施建设和保护机制，成为小镇发展的一大障碍。

（三）立法制度不完善。立法制度表现在建设过程中的法律法规建设以及小镇建成后长久发展约束的法律法规。法律制度的缺失，一方面无法保证在建设过程中对环境的影响应该如何处理，另一方面，无法保证建成之后如何更好地实现宜居宜业，以及资源的有效利用。

（四）资源制约。其一，土地资源减少。目前国内部分小镇的开发建设走进了圈地搞房产的怪圈，陕西省也不例外，把村镇好的土地规划到建设用地当中，村民耕种用地减少，经济效益下降；其二，人力资源减少。在当今经济迅速发展的时代，劳动力普遍向城市转移，农村空心化现象严重，人力是发展的根本。小镇留不住人，就更不用提宜居宜业了，这些都需要政府制度的完善。

二、市场层面

（一）未形成良好的市场供需机制。陕西省多以传统资源开发为主，小镇需要资金、土地、人才、技术等多方面条件。究其根本发现，特色小镇建设过程中各生产要素的供需水平与当地经济发展总量有关，从小镇到小镇的附加产品生产，提供给市场的商品，不仅具有满足人类需要的使用价值，而且具有凝结着一定社会必要劳动时间的价值。因此，供给不单纯是一种提供一定数量的特定的使用价值的行为，而且还是实现一定价值量的行为。

（二）产品价格机制不完善。价格机制是在竞争过程中与供求相互联系、相互制约从而形成价格和其自身的运行机制。小镇自产商品的价格若是在市场竞争过程中，无法更好的产地商品供销等基本经济信息，同时满足不了小镇游客对于商品的购买欲，则会通过商品供求变动引起价格的变动，影响小镇的生产和消费，价格的变动进而对整个社会经济活动产生十分重要的影响。

（三）竞争机制实施效率不高。小镇的发展表现为特色产业发展模式，特色小镇是促进大众创业、万众创新、形成新产业的新空间。陕西省部分小镇的竞争机制实施效率不高，造成产业类型同质化，这些不景气产业影响着小镇的发展。另外，驻入小镇的企业之间的竞争是带来小镇发展资金的有效途径，竞争机制的不完善会直接造成小镇门槛的降低，资金渠道的减少，不符合长效发展的要求。

（四）资金制约。同样对比浙江小镇发展，大部分均建立在雄厚的社会资本之上，具有多样的小镇发展投融资机制。而国内一部分小镇建设存在"政府热、企业冷"，政府单方面投资，合作发展资金无法跟进。这一点在针对陕西省发展模式下的特色小镇调研中已经有过明确的表示，一方面致使小镇初步建成后废置，经济跟不上，模式"四不像"；另一方面，建成后的基础设施维护修缮资金不到位，无法形成长效可持续发展。

三、社会层面

（一）小镇宣传工作不到位。一个小镇的发展好与坏，需要时间和实践的证明，在此小镇品牌的宣传营销推广可以提高特色小镇的知名度。所以发展过程中针对小镇的内部和外部宣传不到位，便无法将小镇"特而强"的产业特点通过各个渠道进行推广，进而利用新理念、新机制传播小镇的核心竞争力，消费者无法得知小镇的优势，则小镇无法实现自身价值的满足。另外，宣传渠道单一，很多小镇建设，尤其是包括三线以后的乡村建设，完成初期建设后期便隐匿。要培养长期发展优势资源，就要使小镇的核心 IP 走出去发展更多大众喜爱、亲民有趣的内容。例如通过对于陕西特色小镇的实地调研发现，像青木川镇，游客了解青木川的众多渠道中，网络平台和媒体宣传渠道累计还不到25%的比率。

（二）社会主体力量运用缺失。社会主体力量是社会发展的重要参与力量，缺失了社会主体力量的支持，在生产劳动、物质资料的享用上都会受到制约。

同时社会主体力量在无法感知小镇生活文化诉求的时候，进而便无法为小镇提供建设过程中的诸多资料。若小镇在发展过程中，发生了各个利益主体之间的矛盾，社会主体力量的缺失严重时会导致小镇发展的停滞。

第二节　乡村振兴战略下特色小镇建设的发展前景

一、智能智造小镇建设

制造业是国民经济的主体，是立国之本、兴国之器、强国之基。打造具有国际竞争力的制造业，是我国提升综合国力、保障国家安全、建设世界强国的必由之路。新中国成立尤其是改革开放以来，我国制造业持续快速发展，有力推动了工业化和现代化进程，综合国力显著增强，有效支撑了世界大国地位。然而，与世界先进水平相比，中国制造业仍然大而不强，在自主创新能力、资源利用效率、产业结构水平、信息化程度、质量效益等方面差距明显，转型升级和跨越发展的任务紧迫而艰巨。

近年来，我国以工业机器人、数控机床、可穿戴装备、互联网、云计算为代表的智能技术研发取得了突破性的进展。然而，核心装备依赖进口、缺乏行业龙头企业和领军人才、发展模式不成熟的问题仍然严峻，主要原因是促使基础研究成果转换为产业化应用的中坚力量薄弱。智能制造小镇是促进产、学、研各主体和生产要素聚合，并打通制造业与人工智能产业链的一剂良药。

（一）智能制造小镇的内涵解读

智能制造小镇一般依托区域良好的制造业发展基础，通过"智能制造"核心理念聚集制造业与人工智能所需的各类高端要素资源，以推动制造业的数字化、网络化、智能化发展为产业目标，集科技研发、智能生产、智慧服务、应用服务、生活社区等功能于一体。

智能制造小镇通过聚集技术、人才、资金等资源，推动智能技术、智能设备研发并广泛应用到制造业全过程，是实现"中国制造"向"中国智造"升级的重要空间载体。

（二）智能制造小镇的产业发展架构

1.智能制造产业的政策支持

2015年国务院发布的《中国制造2025》，部署全面推进实施制造强国战略。这是我国实施制造强国战略的第一个十年行动纲领。根据规划，通过"三步走"实现制造强国的战略目标，其中第一步，即到2025年迈入制造强国行列。"智能制造"被定位为中国制造的主攻方向。作为我国制造强国战略的核心抓手，智能制造受到社会各界的高度重视。自《中国制造 2025》发布以后，在 2015-2017 年两年间，国务院又先后出台了《积极推进"互联网+"行动指导意见》《关于深化制造业与互联网融合发展的指导意见》，三大政策都对我国智能制造的未来发展做出了详细规划，并指出智能制造是我国实现制造业转型升级的重要契机。中国人民银行等五部门还联合发布了《关于金融支持制造强国建设的指导意见》等政策文件。工信部等部委也出台了《智能制造发展规划（2016-2020年）》《智能制造工程实施指南（2016-2020 年）》等多项政策，并于 2016 年展开智能制造试点示范工作。

2.智能制造的含义

智能制造，是将自动化、信息技术、人工智能等新型科技的研发成果，应用到产品设计、生产、企业管理等各个制造环节的先进制造体系。

智能制造是制造业转型升级的必经之路。应用自动化技术，制造企业能够利用生产机器人、数控机床减少或取代人工操作，提高生产效率、降低生产成本。人工智能技术的应用，有助于制造企业的产品实现可识别、可定位、可管理的智慧化升级；互联网、数据采集技术的应用，有助于制造企业实现人和设备的互联化、智能化管理，同时，企业、人和机器的大数据服务能够提升制造企业的决策效率和精准度。

3.智能制造小镇的产业体系

依托于传统制造业，通过技术创新要素聚集和成果的转化应用，智能制造小镇最终形成的是集智能制造核心、技术创新要素聚集、智慧服务平台、产后应用及服务于一体的产业体系。研发机构及企业的技术创新成果通过技术运营商、方案供应商应用到智能制造企业中，基于信息技术的智慧服务，为技术创新主体和智能制造主体提供支撑服务，智能制造技术及产品的转化会延伸出线下应用/体验、会展推广、物流等对接市场的服务。反过来看，市场的反馈也促进智慧服务平台的数据完善，智造企业也会对技术的需求提出反馈，从而促使技术研发进一步提升。

（三）智能制造小镇的打造要点

结合我国智能制造发展规划和特色小镇建设要求，智能制造小镇的核心产业可以聚焦于机器人、无人车、虚拟／增强现实、可穿戴设备、新一代芯片等智能装备的生产，打造研发、生产、应用、推广交易为一体的产业链；也可以关注汽车、食品、服装、家电等自动化生产和个性化消费需求较高的传统制造业，通过推进人工智能技术、设备的研发和应用，促进传统制造业的智能化生产和产品高端化升级。其打造要点主要包括创新要素集聚、智造平台运营和智能应用推广三个方面。

1.聚集创新技术和要素

"智能制造"的关键是创新，创新是产业转型升级的第一推动力。因此，政策引导上，要重视区域的创新能力。创新是一项系统性工程，涉及政府、科研机构、制造企业、金融机构等各要素主体。

政府应在制造业基础条件良好、转型升级需求迫切的地区，通过试点示范、研发补助、产业支持资金、项目专项基金等政策红利，引导国内外领先的科技企业和龙头制造企业的研发中心入驻，围绕智能制造装备和工业互联系统的发展，重点培育自动化、传感、数控、可视化、云计算等智能制造的支撑技术，并以此为基础，通过住房补贴、创新基金等相关福利，吸引技术和制造相关的高端人才前来就业和创业。

2.强化智造服务平台运营

在小镇的运营阶段，政府也要完善制造产业的发展规划和产业转型支持政策，设立智能制造的政务服务平台，遴选智能制造标杆企业并推广可复制的发展模式，为小镇的技术创新和产业提升提供方向性的引导。

此外，小镇的开发主体应整合技术、装备、资金、管理等各类资源，搭建起智能制造的产业孵化服务平台，为制造企业提供设计、研发、生产所需的技术支持、装备供给和智能制造的整体解决方案。同时提供投融资对接、管理咨询、人才引进等中介服务，以完善的市场化服务体系促进人工智能技术的广泛应用，加速新型制造企业的培育和传统制造企业的创新。

3.推广方面，强化 4.0 智造产品的应用体验

小镇的开发主体应积极组织培训、会展等交流活动，为企业嫁接技术、人才、资金等智能制造资源，也可通过智造产品展示、智能技术交易提高小镇的知名度。此外，应挖掘核心产业的旅游基因，强化 4.0 智造产品的应用体验，开发智慧工厂参观、智能生活体验、智能装备试用、智慧产品购物等特色旅游吸引物，并建设具有地域特色的休闲活动空间，实现制造产业与旅游的双引擎发展。

二、乡村振兴战略下科创小镇建设

"大众创业，万众创新"和"产业转型"是近年来从顶层政策到各类社会产业主体都十分关注的热点话题。2015 年国务院发文推进"双创"，中国政府报告提出制定"互联网+"行动计划，各类以信息技术产业为主的创业主体不断涌现，传统产业园区也逐渐向众创空间转型。2017 年 12 月国家四部委发布的《关于规范推进特色小镇和特色小城镇建设的若干意见》中，也明确提出特色小镇的产业高端化，以及集聚人才、技术、资金高端要素的要求。

科创小镇能够有效集聚高新技术和创业人才、发挥科技龙头企业引领作用，是产业园区转型瓶颈的破题良方，也是响应国家政策、促进我国产业结构转型升级的重要引擎。

（一）科创小镇的内涵解读

科创小镇，是以创新活动为核心形成的产城发展空间。一般是以科技园区、创客空间、孵化基地、研究基地为依托，聚集高端科研院所、研发机构、创业公司、孵化器等多元主体，通过协同创新及孵化形成的功能复合、空间节约、便利高效的特色小镇。从产业内容上来看，科创小镇汇聚了互联网、大数据、云计算、人工智能等新时代信息技术，是区域高新技术产业升级和传统产业向科技化转型的重要载体；从功能上来看，科创小镇集科研、文创、孵化、投融资、商务、展览、培训、居住、旅游、休闲娱乐等功能于一体，能够同时满足企业入驻、创客创业、居民生活、游客旅游度假的需求。

这类区域内集聚了高端科研院所、研发机构、企业总部、创业公司、孵化器等多元创新主体，同时具有空间紧凑、功能复合、商业发达、公交便利等特征，表现出与传统郊区创新空间不同的结构特征。

（二）科创小镇的发展架构

科创小镇的发展，以促进科技、信息创新为核心，聚集产、学、研等创新主体，以创业孵化和资源共享为重点，形成全程创业孵化链，并以开放化的共享社区为配套，构建"创新+孵化+社区"的创新创业生态系统。

科创小镇一方面，要为创新企业和创业人才提供优质的资源共享空间和完善的服务平台；另一方面，也要通过特色发展、文化创意、商业零售来拓展其休闲、生活功能，吸引和留住更多创业人群。

（三）科创小镇的打造要点

在发达国家，科创小镇是高科技产业竞争力的重要载体。例如，Google、微软、NASA 研究所等顶尖高科技公司总部聚集的山景城小镇，Facebook 总部所在的聚集纳斯达克半数以上风投基金的门罗帕克小镇，都是电子科技王国——英国硅谷的重要组成部分。这些成功的科创小镇都具备量质俱优、引才留人的特质。借鉴这些科创小镇成熟的运营经验，可以看出科创小镇不是简单的园区项目，不管是政府主导还是企业牵头，都不能把小镇与创业者的关系定格在租赁或买卖办公场所上，而是要针对入驻企业和入住人才，强调政策供给的创新、孵化平台的服务和生活社区的配套。

政策供给创新上，政府要在科创小镇的筹备阶段起到主导作用，通过专项基金、融资扶持、人才引进、财政补贴等一系列政策，快速聚集科创小镇建设所需的资源要素，为创新主体和创业人才的吸引提供基础。在小镇的持续运营阶段，政府也要不断释放政策利好，完善政务服务平台和科创项目的进驻机制，发挥引导者的角色，推动企业、人才的快速发展。

孵化的平台服务上，科创小镇要有完善的创业服务体系。科创小镇的开发主体应设置小镇内部的服务运营机构，积极导入并整合孵化所需的金融、财务等各类要素，联合政府、龙头企业、创业领军人才和各类专业服务中介，搭建起适合创业企业和产业发展的市场化服务平台，为创业者提供政策补贴申请、技术培训、投融资对接、人才招募、法律财务咨询等专业完整的创业服务，为小镇企业的最初创建、持续经营、创新突破提供有效的支持。

社区空间的打造上，科创小镇在空间上要坚持开放化、社交化的理念。为创业者打造环境优美、舒适便捷的社交和资源共享空间，形成"处处能共享、处处能交流"的氛围，促进人才之间和同业企业之间的思维交流和协同创新。同时，科创小镇要完善教育、医疗、交通等基础设施，丰富大众的多元生活、文化商业需求的业态，实现从传统园区向生态社区生活圈的升级。

三、乡村振兴战略下康养小镇建设

健康是人类永恒的主题，不仅关系着每一个人的幸福，也与国家的进步、民族的兴衰息息相关。2015年在十八届五中全会公告中，建设"健康中国"上升为国家战略；在2016年8月19-20日召开的世界卫生与健康大会上，李克强总理强调，要努力把健康产业培育成为国民经济的重要支柱产业。在十九大报告中，习近平总书记指出"人民健康是民族昌盛和国家富强的重要标志，要完善国民健康政策，为人民群众提供全方位全周期健康服务"，国家连续出台的健康政策吹响了建设健康中国的时代号角。在"健康中国"正式成为中国发展的核心理念下，健康产业已经成为新常态下服务产业发展的重要引擎，在未来20年，必将迎来一个发展的黄金期，大健康时代已全面来临。

大健康时代下，随着物质条件的不断改善及精神追求的崛起，人们对健康的追求，已不再仅仅是没有疾病，而是涉及物质和精神的各个层面，追求多元化、个性化的健康服务。其核心是自我健康管理，通过排除或减少健康危险因素，达到身体、精神、心理、情绪、社交、道德等方方面面的健康。随着大城市病的不断涌现，小城镇以其环境好、水质好、空气优、氛围静的优势，成为城市人群追寻健康与宁静的首选之地。因此，康养资源、休闲度假与镇域发展推动下的康养小镇，有着独特的发展优势。

（一）大健康产业的市场分析

1.大健康产业市场潜力巨大，未来增速快

在欧美发达国家，大健康产业增加值占 GDP 的比重超过 15%，我国大健康产业处于初级发展阶段，仅占 GDP 的 4%-5%，不过未来的发展空间极其广阔。主要体现在：

第一，我国存在大量的病人及亚健康人群。数据统计，中国符合世界卫生组织关于健康定义的人群只占总人口数的 5%，与此同时，有 20%的人处在疾病状态中，剩下 75%的人处在"亚健康"状态。

第二，老龄化人口将达到高峰。截至 2016 年年底，我国 60 岁以上人口达到了 2.3 亿人，占总人口的 16.7%，其中 65 岁及以上人口 1.5 亿人，占总人口的 10.8%。预计到 2050 年，中国老年人口将占全国人口总数的 36.5%。这将是一个庞大的健康消费群体。

第三，中等收入阶层崛起。2017 年底召开的中央经济工作会议，给出了一个令世界瞩目的判断——"形成了世界上人口最多的中等收入群体"。这是中央首次明确我国形成了世界上最大规模的中等收入群体。据保守测算，目前我国中等收入群体超过 3 亿人，大致占全球中等收入群体的 30%以上。调查显示，中等收入及以上人群是健康产品和服务的主要消费对象，这一群体人数的持续攀升，意味着巨大的市场规模增量。

综上，在庞大的潜在市场驱动、国家政策支持、互联网+等技术突破、人们生活方式及观念转变下，我国健康产业必将迎来黄金发展期。2016 年，我国大健康产业的规模为 5.6 万亿元，2020 年预计将达 8 万亿元以上。

2.大健康时代催生五养度假

大健康时代下，人们对健康的需求呈现以"预防"为重点，以"治疗"为主体，以"修复"为配合，以"康养"为生活方式的特征。传统的住家医养方式逐渐向离家医养方式转变，离开住家的养生、养心、养老、养颜、养疗等"五养"构成了现代人生活方式的重要板块，其表现形式为度假。

与传统养生度假相比，大健康时代的五养度假呈现出个性化、多元化、高端化的特征。养生度假在通过旅游度假活动提高度假者生活品质的同时，还强调健康生活方式的重塑；养心度假则不再囿于宗教修炼，呈现出宗教养心、艺术养心、国学养心等多元化的方式；养老度假则从传统衣食无忧的"养"向享受人生新阶段的"享"转变；养颜度假则除了美容、整形等方式的美颜外，还强调外在形体的塑造与内在气质的提升；养疗度假则不再是病人的专属，亚健康人群的养疗越来越成为时尚。这些转变预示着度假者更注重产品的完整性、细节度与品质感，相应的需要度假区具备相对完整的健康产业链与较高水准的服务人员。

综上所述，五养度假市场需要新的载体完成度假内容的升级与健康产业链的构建。而具有良好的生态环境、健康的有机食品、丰富的五养资源，以及优惠的产业发展政策的小镇将能够满足大健康市场需求，越来越获得投资商与度假者的青睐。

（二）康养小镇的发展架构

康养小镇是中国大健康产业发展面向世界的高地，国际共建、融合发展的重要接口。在医疗国际化接轨的过程中，中国大健康产业需要面向世界、与国际融合发展。因此，康养小镇绝不仅仅是入驻一两个医疗机构，提供健康服务那么简单，而应该是大健康产业与城市发展融合的典范，是包括大健康上下游产业、小镇城市结构的学研产城一体化发展的示范基地。

1.康养小镇的产城融合结构

总体上来看，康养小镇以健康产业的教育、科研、生产三大事业为基础，以大健康服务产业为核心，带动教育、旅游、养老、文化、体育等服务产业的发展，形成现代服务业集群。同时将这一产业集群渗透于康养小镇的各个层面，构建产学研城一体化的新型城镇化发展的架构，为社区居民及外来消费者提供一体全面化的健康生活方式，提升人们的生活幸福感。

2.康养小镇的产业发展结构

相应的，康养小镇的产业发展结构，是以大健康服务产业为核心，以产、学、研为支撑，以总部经济、电子商务、物联网、文化创意等为拓展的圈层结构。核心层的大健康服务囊括了从人的出生、幼儿期，到青少年期、成年期，到老年期的全生命周期大健康服务。

支撑层包括科研、生产、教育三大事业。在科研方面，小镇可根据自身的基础与发展方向，引入相对应的院校、科研机构或骨干人才。在生产方面，包括了两部分：一是提供健康治疗的医疗器械、医药、保健品的生产；二是有机蔬菜、瓜果等健康食品的生产。在教育方面，既包括有关健康方面的职业基础教育、高等教育，也包括特色培训。

在产业核心层、支撑层充分发展的基础上，小镇可根据自身发展需要及资源基础，拓展发展总部经济、电子商务、物联网、金融、商业服务等相关产业，以满足小镇产业的外溢需要。

（三）康养小镇的开发要求

市场群体的消费需求决定了项目的具体开发形式。健康的消费群体包括医患群体、中年亚健康人群、老年群体及青少年群体。医患群体通常对医疗资源最为敏感，要求也最高，另外一些患有特殊疾病的患者更偏向于具有特殊气候环境的区域。中年亚健康人群的消费偏好比较多元，更关注的是一些康疗设施及项目的配备，比如温泉、运动、美容养颜等。

老年群体偏爱环境良好、医疗设备完善的区域。针对青少年群体的康养项目主要包括肢体疗养、运动健身、能量康复、皮肤健康、生活管理、营养膳食等。据此，在研究大量案例的基础上，我们对"健康+旅游"的康养小镇开发从环境体系、项目体系、服务体系、居住体系四个层次提出了要求。

（四）康养小镇的开发方向

1.医疗型

依托一定的气候及生态环境资源，重点开发或引进先进的医学设备设施及项目，形成能够满足疾病患者医疗前的检查、医疗中的治疗、医疗后的康复等全方位需求的产品体系。这一开发形式的特点在于，对医疗条件、医疗技术、医疗专业人员、医疗服务的要求较高，另外还需将医疗与度假结合起来，为医患人员提供相对安静、生态、健康的度假方式，并提供较长时间居住的便利条件。生态环境良好、交通条件便利、距城市较近的区域适合这一开发类型。

2.康体型

借助一定的地势及资源、气候条件，重点打造运动设施、场所，为游客提供强身健体、放松身心的独特体验，通过身体的释放，达到身心的愉悦。与普通的运动休闲不同，康体运动要求将健康管理、运动休闲和旅游度假实现融合。因此，诸如运用先进的设备和视频分析技术对游客的运动表现进行分析，在专家指导下进行调整等健康服务，显得尤为重要。这一开发形式，需要一些特殊的自然条件，比如山地、滨海、森林、草原等。

3.享老型

享老型主要面对老年群体，不同于以往的养老模式，要从物质和精神两个层面，通过舒适愉悦的生活环境、人性化的专业侍候体系、智能化的专控服务体系、便利性的特色产品体系保证老年人的身体健康。通过良好的人际交往环境、多元的休闲娱乐项目设置，使老年人获得心理上的享受。

将养老度假总结为"2+X+Y"模式。取养老和度假二者的核心部分，并通过专业化打造、产业化融合使传统的养老社区实现了突破性变革——让配套成为"主套"、让配套自我造血、让消费拓展延伸、让商业模式优化、让开发风险降低，进而形成一个高尚生活空间、一个高端生活区、一个文化聚集区、一个局部的商业聚集区。

4.综合型

综合型康养小镇以教育、科研、生产为基础依托，以大健康产业引领下的健康、旅游、文化、体育、养老、教育等服务产业为主体，充分融合小镇居住体系与健康服务产业，将产业格局渗透于居住空间，形成由一个健康核心、X个产业板块、Y个居住体系构成的发展架构。健康核心为病人、亚健康人群等提供从筛查、医疗方案制定到治疗、监护的一站式医疗服务链条。产业板块根据小镇原有产业基础，构建医疗科研、医药科技、健康金融、健康生产等产业，并通过优惠政策、宜居环境的打造，构建创业、创想、社交、发展的创新聚集交流平台，以吸引青年创客及企业家入驻。居住体系主要根据人的全生命周期监护理念，规划建设居住、商业、文化娱乐和医疗服务等全方位配套服务设施，承载居住、运动、娱乐、教育、养老等功能，从而构建优质的生活空间。

四、乡村振兴战略下生态小镇建设

经过将近四十年的粗放式发展，我国的环境因素开始对经济社会发展形成一定制约，导致了生态恶化与社会问题的交叉困局。生态文明，正是以人与自然、人与人、环境与社会的和谐共生、协调发展以及人类可持续繁荣为基本宗旨的新发展理念。随着特色小镇的发展，在生态文明理念下，也将会出现一大批生态文明示范城市、生态新城、绿色新城、生态文明小城镇、低碳城市、零碳城市等，我们将其统称为"生态小镇"。生态小镇的开发建设涉及生态技术、社会文化、经济发展等多方面，非常广泛，需投入的人力财力物力也非常巨大。早在2013年，承接了"中国朱昌——生态文明先行实践区"的规划，开启了对生态城镇规划的探索。这一探索基于产城一体化发展模式，形成了依托产业发展城镇的基础，为我国生态城镇规划、开发、建设和管理，寻找到了一种创新的实践模式。同时，这一探索基于投资商作为投资运营主体，在保持投入产出平衡前提下，形成了区域开发、城镇开发的生态城市运营商模式。本节在对这一案例进行归纳总结的基础上，形成了生态小镇的核心理念、建设要求、开发手法与架构。

（一）生态小镇以"共生"为核心理念

"共生"最早是一个生物学概念，指不同生物一起生活过程中建立起来的一种互利关系。"共生"是自然界最普遍的现象，也是人与人之间，以及人与自然之间相互依存、和谐统一的共存关系。在我国传统文化中，"共生"这一概念常常被表述为"天人合一""道法自然""天人相分"等。从20世纪50年代开始，共生理论在社会经济运行、公司管理、产业发展、文化保护与融合等社会各领域得到了广泛使用。小镇是一个社会组织、经济组织、文化组织、自然生态交错共生的复杂综合体，其生态文明建设，即是调整小镇内各单元的共生关系，解决目前存在的生态环境恶化、地方文脉断裂、城镇建设缺乏美感、产业发展不可持续等问题。

共生关系有三：一是人与自然的共生。主要体现在生态环境保护、城镇功能的生态化建设与人居环境的生态格局建立三方面；二是生态与产业共生。生态小镇在生产方式上不再是以传统 GDP 为核心的单纯的经济增长，而是要建立一种全新的生态化生产方式，实现经济、社会、自然环境的可持续发展；三是规划与文化共生。城镇的生态化发展远不仅仅是生态技术的运用、生态规划的制定，其主动力在于政府、企业、居民的生态文化思维的建立，以及由文化思维激发出的能动性与创造性。而适宜的开发运营规划模式，将更有效地培育人的自觉自律，使其树立符合自然规律的价值需求、规范和目标。

（二）生态小镇的指标体系构建

目前，我国生态小镇的建设，缺乏示范指引，构建一套科学、合理、操作性强、具有权威性的生态城镇指标体系，显得尤为重要。通过对国内外生态城市案例的研究和总结，从城市自然、经济、社会三个子系统进行考虑，基于塑造具有本土特色和当地生态特质的城市空间为目标，将指标体系分为自然生态指标、经济生态指标和社会生态指标，并提出通过生态经济、生态环境、生态规划、生态建筑、基础设施、民生改善及人文生态七大方面进行生态小镇指标体系的构建。

慢行交通：提升公共交通和慢行交通的出行比例，引导居民减少对私家车的依赖，由此创建低能耗、低占地、高效率、高服务的城市交通模式。

节能与绿色建筑：建立"绿色建筑指标体系"，城市建筑以节能、节水、节地和节材为核心；通过采用节能材料、自然通风、遮阳、热能回收等节能措施，减少建筑能源损耗和提高能源使用效率。

科技智能：充分利用数字化信息处理技术和网络通信技术，科学地整合各种信息资源，建设高效、便捷、可靠、动态的数字化小镇。

生态城市管理：建立一套完整的生态城市管理系统，从城市规划过程、城市建设过程、城市运营管理过程三个阶段对生态进行完整系统的控制。

1.生态型产业构建——构建生态型产业体系，发展生态经济

生态小镇的核心驱动力是发展生态经济，其关键在于依托生态环境，按照生态产业标准，进行产业筛选，打造生态型产业，并延长相关产业链，形成生态型产业体系。生态型产业一般符合节能环保、循环发展、带动性强的要求，诸如科技研发、物流、创意、金融、商贸、会展、旅游、教育培训等产业。纵

观世界上发展较好的生态城镇，均对产业选择实行了严格的控制。世界第一座零排放城市—阿联酋—马斯达，在产业选择上，以绿色环保为标准，严格筛选，重点发展绿色运输、废弃物管理、饮用水和污水处理、绿色建筑与工业材料、生物多样性研究、气候变迁研究、再生能源及绿色金融机构。在朱昌镇的产业集群构建中，形成了以生态文明论坛永久会址带动的会议会展产业为引擎、以泛旅游产业为核心产业、以生态产业服务业为重点产业、以城市综合服务业为支撑产业、以生态农业为辅助产业的产业集群。

在选定生态经济产业后，相关部门须定期对生态型产业进行评估，以督促产业的生态化发展进程。在评估时，不仅要考核人均生产总值、人均地方公共财政预算收入增长率、服务业增加值占 GDP 的比重等经济常规指标，还需要考核高新技术产业增加值占规模以上工业增加值的比重、科技进步对经济增长的贡献率、有机／绿色和无公害农产品种植面积比重、亿元 GDP 建设用地控制规模预期指标等生态建设指标，以及主要污染物排放总量减少率、污染源排放达标率等产业与生态的均衡发展指标。

2.生态型环境构建——构建生态人居系统，形成有机生态景观

生态型环境包括生态人居、生态景观两方面内容，是城镇居民最经常活动的生活休闲场所。通过生态型环境的打造，不仅能够提高居民的幸福指数，还将潜移默化地塑造小镇的生态文化与居民的生态精神。

生态人居，也叫"生态人居系统"，是充分贯彻了相关生态要求的人类聚集区，是生态与社会的复合系统，其打造强调生态理念在人居环境中的充分贯彻，生态人居有纵向与横向两种模型结构。纵向结构包括区域生态环境、社区生态环境、住宅生态环境三个尺度，形成一个自持自运作的生态系统。在区域生态环境方面，主要构建自然生态、社会生态、经济生态综合发展的示范结构；在社会生态环境方面，强调人居的活动、生活和消费层面的内容，以及生态生活的模式选择、与之相对应的景观规划设计；在住宅环境方面，强调人性化的设计，强调私人空间与户外公共空间的巧妙衔接，以及私人住宅的配套设计。横向结构涉及经济自然社会中各个层面的内容，如以生态美学构筑整个生态人居空间的精神内涵，通过生态建筑技术减少建筑活动对环境所造成的影响，通过生态导向的消费理念，提升整个群体的消费质量而不是消费总量等。

生态景观的打造以保持原生态、与环境协调等为大原则。具体来说，可从以下几方面进一步把握：一是整体打造。通过不同方位的比较取舍、各种颜色的合理配搭，以及环境与人的关系等方面的综合考虑，打造与环境、人文存在交互关系的生态景观。二是选择与提炼。对小镇潜在的景观亮点进行分析、取

舍、整合、提炼，并赋予更高层次的内涵。三是填补修饰。对溪涧沟壑、残留历史景观或奇树、奇石等，进行保护基础上的修复改造。

3.生态型运营构建——统筹兼顾政府、村民、企业三方利益

生态小镇从规划开始，就应该依照生态可持续、经济可持续、社会和谐、投资运营平衡这样一种全方位实践的要求展开。在统筹兼顾政府、企业、农民等多方利益的基础上，实现三级开发。在朱昌镇的开发中，设计了一级土地开发、二级房产开发、三级后期运营的联动开发模式。

4.生态保障体系实施——保证生态小镇顺利落实

生态小镇的顺利开展离不开制度保障体系。因此需要建立一套包含规划、建设、激励、监管等方面的制度保障体系，明确责任，强化措施，加强督导，确保目标任务落到实处。如在引进企业方面，政府应推出包括全方位服务、免税优惠、知识产权保护、公民福利等方面的激励政策。各有关部门要根据职能分工，发挥部门优势，整合政策、资金、项目，重点支持生态小镇建设工作，形成推进合力。实践证明，生态系统如果不能持续提供充足的资源、能源、清洁的空气和洁净的水，物质文明的持续发展就会失去载体和基础，进而整个人类文明都会受到威胁。为此，不仅仅要改进资源能源的利用技术，制定严苛的环境与生态保护规则，修复重建生态系统，还应基于社会关系调整，建设可持续发展的经济系统，形成集约、节约、公平、和谐的社会系统，调整生活方式，倡导环保低碳的生活理念。

五、乡村振兴战略下体育小镇建设

在"全民健身"的大背景下，体育运动逐渐常态化、休闲化、全民化，体育产业成为健康产业中的一股中坚力量，推动着健身休闲产业迅猛发展。各类社会资本都将目光转向了这块大蛋糕，其中更不乏阿里巴巴和万达集团。旅游、文化、养生、互联网等元素的不断聚集及融入，与城镇发展结合，形成了体育产业的新业态—体育特色小镇。体育小镇的出现，可以说是在国家强力推动特色小镇与体育产业发展的双重夹击下产生的。当传统运营模式已经不能为体育经济带来增量收益时，体育小镇将成为中国体育经济的半壁江山，是拯救体育经济的重要手段。

（一）体育小镇的政策发展背景

以2014年10月国务院46号文件《关于加快发展体育产业促进体育消费的若干意见》的出台为标志，体育产业被定位为国家经济转型升级的重要力量。自此，从产业发展方向到产业落地抓手等一系列的体育产业政策陆续出台。从这些密集出台的政策来看，体育+、体验式消费、产城融合、体育运动小镇将

成为体育产业未来发展的关键词。

第一，"体育+"将成为体育产业发展的关键。《关于加快发展体育产业促进体育消费的若干意见》《关于加快发展健身休闲产业的指导意见》《关于大力发展体育旅游的指导意见》中均提出促进体育产业与其他产业相互融合发展。未来，体育与文化、教育、旅游、健康、养老、地产、传媒、信息、金融、农业等产业的融合发展将进一步加深，融合后的"外溢效应"也将成为体育产业价值的增长空间。

第二，体验式消费将成为引领体育产业发展的新热点。《体育产业"十三五"规划》提出，"十三五"型消费向参与型和观赏型消费扩展时期，我国体育消费方式将从实物多个政策文件中也提出支持具有消费引领性休闲项目的发展，且体育竞赛表演、户外运动、冰雪运动、特种运动将成为发展重点。

第三，产城融合将成为未来体育价值的重要着力点。在目前有关体育产业的各项政策中，体育产业发展与城市发展、与区域经济社会发展之间的引导措施已有显露。如《关于加快发展体育产业促进体育消费的若干意见》提出"以体育设施为载体，打造城市体育服务综合体，推动体育与住宅、休闲、商业综合开发"。

第四，运动休闲特色小镇将成为体育产业发展的重要载体。早在 2015 年，浙江、江苏等体育产业发展区域就已经开始以特色小镇为载体，大力发展体育产业。京津冀地区则借力 2022 年冬季奥运会，打造冰雪特色小镇，以承德市为例，将在未来十年打造冰雪旅游特色小镇集群，构建冬季体育旅游之都。体育特色小镇成为这些区域发展体育产业的重要载体。2017 年 5 月，体育总局发布"关于推动运动休闲特色小镇建设工作的通知"，将运动休闲特色小镇的建设工作推向全国。

（二）体育产业的市场分析

2015 年国家体育产业总产出为 1.7 万亿元，增加值为 5494 亿元。占同期国内生产总值的比重为 0.8%。这远远低于全球平均比例的 2.0%，而日本、美国、法国、韩国等体育产业发达的国家，这一比例均高于 2.5%。可见，我国还有巨大的发展空间。并且根据体育总局发布的各省汇总数据，到 2025 年，中国体育产业总规模将达到 7 万亿元。按照规划，我国体育产业在未来十年将有 5.3 万亿元的市场增量。

从需求端来看，根据经济学人的数据，约有 1/3 的中国人养成了经常锻炼的习惯，这意味着中国积极从事体育运动的人口超过 4 亿，并且这一数量还在不断增加中。近年来，国内马拉松赛事数量与参赛人数的暴增，也充分显示了这一增长趋势。2011 年，国家田协马拉松注册赛事仅有 22 场，2015 年增加到 134 场，而 2016 年飙升到 328 场，参赛人数也从 2011 年的 40 万人增长到 280 万人。在专业健身领域，根据亚洲领先的体适能学院（AASFP）的数据，2015 年，国内健身会员数约 664 万，相比 2008 年增长了近一倍，健身场馆数量同比增长了 60%。但健身会员占全部健身人数的比例仅为 1.5%，远低于美国同期的 17.6%，未来，专业健身会员可能超过一亿。

从未来产业发展结构来看，我国体育服务业占比有所提高，但还需进一步优化。2015 年，中国体育服务业占比 33.4%，虽然较 2007 年的 18% 提高了近一倍，但与美国的 57% 相比，仍有待完善。另外，在产业发展细类中，篮球、羽毛球、游泳、乒乓球、跑步与足球等项目体育用户最多；而击剑、滑冰、电竞体育等消费较高、形式前卫的体育运动在青少年中认可度很高，未来具有巨大的发展潜力。从政策规划来看，到 2020 年，水上运动、航空运动、山地运动三项运动的产业总规模计划达到 9000 亿元，占当时体育产业生产总值的近 1/3。

（三）体育小镇的发展要点

体育小镇是基于一定的体育资源，以体育产业及体育运动休闲为导向进行开发而形成的，是一个旅游景区、产业聚集区、新型城镇化区三区合一的综合发展结构。互动发展的休闲体育集群、综合休闲项目、体育休闲社区是其核心功能构架。

体育小镇的本质是以体育产业为主导的特色小镇，突破了传统的建制村镇，是在中国就地城镇化建设背景下的广义小镇概念。从规模来看，大到几十、上百平方公里的建制城镇，小到几百、几千亩的综合体，都可以作为体育小镇的建设雏形。体育小镇的出现，可以说是基于特色小镇和体育产业双重发展机遇下形成的一个创新结构。

体育小镇的开发，以释放体育消费为引领，以体育产业与其他产业的整合为手段，以休闲化消费人群及就业人口的聚集为目的，以配套设施及服务的完善为依托，构建了一个产城融合的综合开发结构与运营模式。

1.消费引领

促进消费、拉动内需已经成为我国经济工作的基本立足点。随着居民消费逐渐从基本消费、功能消费过渡至健康消费、体验消费，以健康为本、具有高度参与性及体验性的体育产业，面临着巨大的消费释放机遇，其未来的发展也应该面向供给侧改革下的消费。据统计，目前我国人均体育支出大概是美国的五十分之一，是日本的四十分之一。

在业态上，体育产业的消费是与旅游、健康、养生、养老、亲子等协同的

"多元化消费"，融合了赛事、户外运动、教育培训、餐饮、购物、休闲、娱乐、健康、养生等多种消费业态。因此，在业态布局上，除赛事业态外，还应进行多元化布局，特别是人们喜闻乐见的冰雪运动、山地运动、水上运动、航空运动等户外运动，慢跑、太极、瑜伽等健康运动。国外经验表明，山地户外、水上运动、冰雪运动和高尔夫运动等占整个运动休闲市场的80%。

在客群定位上，由于体育消费带动的是整个家庭的消费，体育小镇的产品定位应兼顾老、中、青、幼各年龄段的消费者。如面向青少年的体育教育培训、面向中青年的体育休闲娱乐、面向中老年的体育健康养生。体育小镇唯有形成适合不同人群的消费业态，才能达到可持续发展。

在消费结构上，体育小镇应打造"白天体育休闲运动+晚上赛事表演及其他休闲娱乐"的消费业态结构。一方面，通过小镇体育产品的精品化打造与相关服务的提升，培养消费者的认可度与忠诚度，增加单个消费者重复性消费的频率；另一方面，通过夜间观赏性、参与性体育产品的打造，吸引消费者住下来，产生夜间消费聚集，形成小镇"白+黑"的24小时消费结构。

2.产业聚集

在产业开发上，体育小镇应以体育产业链的整合为主，发展"体育+"，打造赛事、体育休闲项目等吸引点，并融合高科技元素强化服务，推动体育用品的供应，最终将体育与制造业、科技、文化、传媒、旅游等有机结合，形成以体育产业为核心，以体育旅游、体育影视等为特色，以综合服务为有效延伸的产业发展体系，实现1+1>2的联动效应。

目前，在国家旅游局与体育总局的推动下，体育产业与旅游产业的融合走在了前列。体育旅游融合是体育产业在自身产业链条不完整的背景下，以旅游的商业模式弥补体育产业发展的必然选择。体育产业的增值将通过旅游的吃住行游购娱进行填补；而旅游发展过程中的三大问题也将通过体育进行解决：第一，旅游淡季问题。如果某个旅游景点淡旺季明显，若能在淡季成功开展体育运动，如数万人的马拉松赛事，该景点的淡季将成为另一个旺季。第二，回头客问题。由于体育具有很强的黏性，爱好者对体育运动项目是宗教式的情感，这是最深刻的情感。如果某地方每年都办一场赛事，形成品牌，爱好者每年都将在那里聚集，这将锁定最忠实的旅游游客。第三，传播问题。但凡旅游景点都需要传播，文化产业是眼球经济，旅游产业是大文化产业，也是眼球经济，必须把它推到大众面前。体育旅游景点可以针对特定的体育群体进行精准营销，这将非常有效。

体育与健康产业的融合，是体育小镇产业发展的另一重要方向。现代社会，食品安全、生活压力等不断侵蚀着人们的身体，众多都市白领处于亚健康状态，人们开始追求从身体到精神的全方位健康，而体育是最好的一种模式。目前，我国医疗产业每年大概有8万～10万亿元的产值，体育与健康产业融合的小镇，应注意植入健康体育、健康旅游的功能与内容、从运动、休闲、生活方式等角度保障人们健康，建立体育特小镇独有的商业模式。这将分流医疗产业巨大的产值，并将以更高效、更环保的方式推动全民健康的实现。总之，体育产业与其他产业的融合，将有效弥补体育商业模式单一的问题，拉长体育消费产业链。

3.产城融合

"产城融合"即产业与城镇融合发展：以城镇为基础，承载产业发展，以产业为保障，形成常住人口，驱动城镇更新和完善服务配套，进一步提升土地价值，以达到产、城、人、文一体化的发展模式。体育产业一直是城市发展、更新与形象传播的一个重要载体。产城融合可以从以下几方面进行打造：第一，以体育产业形成多产业聚集，通过产业聚集带来就业人口的增加，形成常住居民。以"体育休闲项目"为核心，以旅游为通道，形成大规模外来游客的聚集，游客聚集形成食住行游购娱等多样化的消费结构，由此形成消费产业的聚集，构成城镇发展的产业结构，带来大量的就业人口与服务人口。这些人口与当地居民结合，产生对城镇居住、交通、金融、文化等的需求，由此带动城镇化结构的形成。第二，完善体育设施和配套服务。体育产业的发展将极大地促进城市基础设施与服务设施的更新。北京奥运会与京张冬奥会的举办，对北京和张家口城市建设所起到的推动作用，就足以证明这一点。第三，打造高质量的生活方式。体育本身即是一种高质量的生活方式，是在有钱有闲后的一种消费，其根本目的是健康。体育小镇应以体育为核心，打造同时满足本地居民与外来人口双重需求的体育教育、体育培训、体育产品、体育服务等内容。并将体育的灵魂注入小镇，形成体育产业、体育社区、体育旅游、体育环境四位一体的高质量生活式体育小镇。第四，产、城融合的形象设计与传播。体育产业的发展将对小镇的形象起到无形的宣传作用。反之，小镇的形象也影响着小镇体育产业的形象。因此，在宣传时，小镇形象应与其体育产业形象一以贯之，其宣传活动也应互为助益，以期达到事半功倍的效果。

简而言之，体育小镇是一种以体育产业、旅游产业及其他相关产业的整合为支持，以大量就业人口及休闲化消费的聚集为动力机制，以配套设施及服务的配置为基础依托，以就业人口的居住建设与旅游人口的度假居住建设为居住配套，以管理、金融、运营的创新为相关保障，以提高人们生活质量与幸福指数为目标的产城融合发展模式。

（四）不同类型体育小镇的产业构建

由于体育小镇尚未进入规模化实践阶段，因此厘清体育小镇的不同类型及其各自的发展逻辑或要点，很有必要性。从体育小镇的概念出发，针对驱动因素和发展重心的不同，将体育小镇分为三类：产业型体育小镇、休闲型体育小镇、赛事型体育小镇。

1.产业型体育小镇

产业型体育小镇是指以体育用品或设备的生产制造为基础，纵向上向研发、设计、会展、交易、物流延伸，横向上与文化、互联网、科技等产业融合发展，打通上下游产业链，最终形成二、三产融合发展的产业聚集区。该类型小镇以生产制造及其上下游产业为核心功能，以休闲体验为配套功能，依托于城市而发展，一般分布在大中城市周边。在产业分布上，以核心类型企业为中心，配套企业或相关企业围绕其分布，形成"一中心，多散点"或"大分散，小集中"的布局结构。

产业型体育小镇的打造集中在两个层面：第一，对于体育产业本身的打造，确定打造方向，形成相对完善的产业链：即对能够聚集人力、技术、信息、资本等要素和具有先天发展优势的产业资源（如体育某一细分领域装备用品的生产制造，某个细分体育领域在行业中的标志性地位，难以复制的先天市场环境等）进行发掘提炼，确定主产业发展方向，并实现其配套产业、服务产业、支撑产业的聚集，形成产业链发展架构；第二，对于体育产业与旅游等其他产业的融合，找准对接点，进行三产化、体验化、消费化延伸：即以体育优势产业为核心，有选择地充分链接文化、教育、健康、养老、农业、水利、林业、通用航空等产业，由二产向三产延伸，扩大消费群体，增加产业价值。

2.休闲型体育小镇

休闲型体育小镇是指以良好的生态环境为基础，以多样化的、极具参与性与体验性的体育休闲运动（山地运动、水上运动、球类运动、冰雪运动、传统体育运动、特种运动等）聚集为特征，而形成的面向大众消费的体育小镇。在体育总局发布的《关于推动运动休闲特色小镇建设工作的通知》中，明确指出运动休闲特色小镇建设要形成以下特色：特色鲜明的运动休闲业态，深厚浓郁的体育文化氛围，与旅游等相关产业融合发展，脱贫成效明显，禀赋资源的合理有效利用。

体育休闲小镇一般依托景区而发展，与旅游结合打造。打造一个或几个核心引爆项目，形成以休闲为核心的多个参与型体育项目；并充分考虑家庭老、青、幼不同年龄段人群的体育需求，打造体育休闲、娱乐、教育等拥有完整谱系的项目集聚区。聚集区对基础设施的观感度、承载量、配套完善程度等要求较高。另外，在选址方面，考虑到辐射范围内的受众总数和消费频率，城市圈周边或大型旅游目的地路线上是较理想的选择。

3.赛事型体育小镇

赛事型体育小镇是指以有影响力的单项体育赛事为核心，以与赛事相关的服务为延伸，以休闲体验活动为补充而发展的体育小镇。

体育赛事是关注度最高、影响力最大的体育活动，尤其是国际性的大型赛事。作为主办地，需要具备优越的场地条件，高标准的赛事场馆以及高水平的赛事服务能力。举办大型赛事带来的除了赛期内直接的经济收入外，当地知名度的提升、上级政府资金和政策上的扶持、对基础设施和当地人口素质的提升，都是间接的长期效益。可以这么认为，成为某个体育细分项目最高等级赛事的举办地，是每一个体育小镇都在追求的目标。

赛事型体育小镇的打造有四个要点：一是要做好赛事本身。一个赛事就是一个很好的体育 IP，无论是引进赛事还是自身培育赛事，都需要从硬件上进行高标准建设，从软件上给予高水平服务，从而为游客带来极强的赛事观赏体验，为组织者带来良好的经济价值。二是做好赛事宣传。体育赛事需要核心的事件引爆点，并且随着赛事的推进，小镇可以构建多热点的引爆系统。在宣传方面，应全方位、立体化地使用传播渠道，将赛事活动精准送达消费者。三是做好赛事配套。在做好赛事本身基础上，应打造医疗、教育、休闲商业等多元化的配套服务体系，可以说，精彩的赛事决定了消费者来不来，而健全的配套则决定了消费者留不留，配套是培养赛事粉丝忠诚度的决定性筹码。四是通过多元业态的补充，充分利用赛事场地，做好赛事后的有效利用。赛后的利用主要有三个方向：第一，可充分利用场馆场地开展培训及日常训练；第二，运用体育赛事的 IP 价值，开展主题活动、衍生周边娱乐活动；第三，组织开展其他类型的体育休闲运动，以及各类美食节、音乐节等大型活动，实现体育与旅游的融合发展。

六、乡村振兴战略下农产小镇建设

自 2004 年以来，中共中央陆续发布了 14 个重视农村问题的一号文件，不断强调"三农"问题的重要性，以期进一步增强农村活力，推进农业现代化建设、推进农业供给侧结构性改革，加快培育农业农村发展新动能。十九大报告中，又创新性地提出实施乡村振兴战略，建设产业兴旺、生态宜居、乡风文明、治理有效、生活富裕的现代化农村。

农产小镇是乡村振兴战略与新型城镇化战略共同作用的结果。一方面满足了城市居民对于生态田园美好生活的向往和追求,解决了有机健康食品的供应;另一方面能够不断提高农村居民收入,吸引进城农民回流,重构农村人口与生产结构。农产小镇不仅是解决三农问题、实施城镇化建设的破题良方,也是化解新时代下新矛盾,并开创美好生活的解决方案。

（一）农产小镇的概念与特征

农产小镇在"休闲农业""农业庄园""特色小镇"的概念基础上形成,是新型城镇化发展进程中特色小镇开发的一种典型形式。它以农业、土地和农村地域特色为基础,以农业产业链的延伸为路径,以休闲游憩核心为增长极,在政府引导、企业主体的市场化运作下,以一、二、三产业联动的产业发展结构,实现农村结构调整和转型升级。

在功能上,农产小镇在农业的基础上延伸产业链条,增加服务功能,以农业为依托,集合观光、休闲、娱乐、创意、研发、地产、会展、博览等三种以上的相关功能为一体,在进行农业生产以及产业经营的同时,展现农业文化和农村生活,从而形成一个多功能、复合型、创新型的产业综合体。

（二）农产小镇的开发策略

农业仍然是我国国民经济发展的基础,尤其是对于承接城市和拉动农村发展的特色小镇来说,设施农业、高附加值农产品加工、高科技农业、农业服务、休闲农业等行业必将发挥重要作用。以优质特色农产品品牌化、附加价值提升、体验化消费为出口,带动农产品价格、特色餐饮体验、养生养老、休闲农业,是以销带产,以体验促产,以生活消费整合产城一体化的最直接途径。

1.系统圈层开发结构

农产小镇发展的关键在于基于当地的农业产业特色优势,营造一种区别于都市生活方式的,从土地到餐桌到床头的原乡生活方式。原乡生活方式从空间上看,是一个系统圈层架构;第一层为农户业态,包括每一农户所提供的餐饮、农产品和民宿住宿;第二层为以村落为中心的原乡生活聚落;第三层次为更广阔的半小时车程范围内的乡村度假复合功能结构。而从产品业态角度看,原乡生活方式包括"耕种体验（种植、采摘）、农产品体验（加工、饮食、购买）、民俗民风体验（节庆、活动、演艺）、风貌体验（建筑风貌、景观风貌、田园风貌）、住宿体验（民宿、营地、田园度假酒店）"。

2.产业构建模式

在产业规模、技术水平、公共服务平台、科研力量和品牌积累等方面具有一定比较优势的基础上。借鉴国际产业集群演化与整合趋势,对照农业价值链演化规律,依据产业补链、伸链、优链的需要,形成综合产业链。农产小镇可以形成包括核心产业、支持产业、配套产业、衍生产业四个层次的产业群。其中，核心产业是指以特色农产品和园区为载体的农业生产和农业休闲活动。支持产业是指直接支持休闲农产品的研发、加工、推介和促销的企业群及金融、媒体等企业；配套产业则是为创意农业提供良好的环境和氛围的企业群，如旅游、餐饮、酒吧、娱乐、培训等；衍生产业是以特色农产品和文化创意为要素投入的其他企业群。

3.产业延伸与互动模式设计

农产小镇将各产业进行融合、渗透，拓展农业产业链，形成以市场为导向，以农村生产、生活、生态为资源，将农产品与文化、休闲度假、艺术创意相结合，从而提升现代农业的价值与产值，创造出优质农产品，拓展农村消费市场和旅游市场。休闲农业具有高文化品位、高科技性、高附加值、高融合性，是现代农业发展的重点，是现代农业发展演变的新趋势。通过各个产业的相互渗透融合，把休闲娱乐、养生度假、文化艺术、农业技术、农副产品、农耕活动等有机结合起来，能够拓展现代农业原有的研发、生产、加工、销售产业链。在休闲农业产业体系中，一、二、三产业互融互动，传统产业和现代产业有效嫁接，文化与科技紧密融合，传统的功能单一的农业及加工食用的农产品成为现代休闲产品的载体，发挥着引领新型消费潮流的多种功能，开辟了新市场，拓展了新的价值空间，产业价值的乘数效应十分显著。

（三）农产小镇开发类型

从活动的多样性、发展路径、开发形式等不同角度出发，农产小镇可以划分出不同的类型。从中梳理出都市农业型、智慧农业型、创意农业型三种主要类型。

1.都市农业型

都市农业型是指依托大城市周边发展起来的卫星特色小镇，满足大城市居民对于田园生活的追求和向往，在农业的基础上满足休闲的需求，依托城市、服务城市、受益于城市，强调城乡经济有机融合、人与自然和谐发展，具有较高的休闲度假属性。

培育要求：距离城市较近，农业产业在发展过程中围绕着都市需求展开，注重形成当地的特色产业，并且实现规模化效应，在都市中产生一定的影响力；后期积极发展特色加工业，形成农产品牌，在都市中形成口碑效应。在规划设计的过程中要注重农业体验区的设计，与旅游休闲度假、养生度假、文化艺术、农业技术、农副产品、农耕活动等充分融合，实现泛休闲产业的整合与集群化发展。

都市农业因为都市需求而生，对于农业发展的要求是高文化品位、高科技性、高附加值、高融合性。此类农产小镇可通过自身资源特色，实现主题化发展，如农产品主题（西瓜、桃子、草莓、蓝莓、花卉等）、度假主题（亲子、情侣、温泉等）、文化主题（少数民族、异国风情等）等，形成蓝莓小镇、花卉小镇、青蛙小镇等，并构建自身特色 IP，对城市居民形成吸引。

2.智慧农业型

智慧农业型小镇是利用互联网的理念和思维，以现代信息技术和其他高科技为支撑，以农业大数据、精准农业、电商农业、智能设备、智慧水利等技术手段为基础，将网络和科技深度融于农资流通、农作物种植管理、农产品运输销售等各个环节，实现农业的智能化、精准化、定制化。农业部市场与经济信息司推动发展的农业特色互联网小镇就属于这一类型。

培育要求：将智慧型农业小镇作为信息进村入户的重要推动结构，充分利用互联网理念和技术，加快物联网、云计算、大数据、移动互联网等信息技术在农业及农业小镇建设中的应用，大力发展电子商务等新型流通方式，有力推进特色农业产业发展。

因为资金问题、技术问题、人才问题、品牌问题等诸多问题的出现，导致现在的智慧农业型特色小镇建设还处在摸索阶段。对于发展相对落后，还没有条件全面建设智慧化的农业小镇，初级阶段可以以发展农产品电商平台为重点。现在部分企业已经开始了物联网智慧农产小镇的建设尝试，部分小镇已经进行了农业生产过程物联网化的尝试，基于大数据传感技术，实现农业的智能管理和精准操作，建立现代农业产业园。还有部分小镇也在积极地进行农产品产销物联网化和管理物联网化的建设，形成物联网电商平台和物联网管理平台，最终实现农产小镇的智慧化、智能化。未来，随着更多技术的应用，农产小镇将实现真正的节水、节能、环保，并且越来越智慧化。

3.创意农业型

创意农业型模式是指以农业为基础，以创意生产为核心，以农产品附加值为目标，将农业的产前、产中和产后诸环节打通，形成完整的产业链条，将农产品与文化、艺术创意结合，使其产生更高的附加值，以实现资源优化配置的农业发展模式。创意农业包含多方面的创意，如农产品的创意、农业景观的创意、饮食的创意以及乡村文化的创意等多种形式。

培育要求：以优质生态环境为依托，充分利用乡村既有的农业产业基础，以规模化大农业资源为基础，用创意产业作为催化剂，带动一产的发展；选择第二、第三产业中的适宜实体，提升原有农业的层次，延长原有农业产业链条，完善农业产业结构，实现产业的升级与创意发展；同时，配套休闲娱乐设施，利用文化创意吸引城市居民观光休闲，形成一、二、三产业相互融合的发展模式。

七、乡村振兴战略下博物馆小镇建设

自公共博物馆发展以来，博物馆经过不断的传承与功能衍变，已经发展到相当完善的程度，特别是当今新时代下其功能、职能等特征发生了较大的变化，出现了"泛博物馆"的概念和手法，推动着我国博物馆体系和文化传承地的发展。

（一）泛博物馆小镇成为文博旅游产业的新热点

小城镇的建设中，文化本就是不可或缺的，充满活力的小城镇需要充分发挥文化的核心作用。如今，作为文化载体的博物馆，不再只是传统意义上的简单收藏、陈列和科研，而是多元化、多功能的文化设施，它不但展示了小镇文化发展的进程，而且与小镇未来的经济社会发展关系密切。目前，国内外对博物馆的转型发展有较多的研究，提出了"活态博物馆""开放式博物馆""生态博物馆""数字虚拟博物馆"等一系列新概念，并加以实践和应用。在注重文化传承的小镇发展中，具有藏品拓展性、功能多元性、展示互动性、空间突破性、经营灵活性、科技应用性特征的"博物馆集群"势必也将成为一种文化展示、品牌输出的有效途径，而且目前我国也已出现了"泛博物馆"集群发展的博物馆特色小镇。

（二）泛博物馆小镇的发展要点

博物馆本身就是个文化集合的载体，是展示小镇气质、传承小镇文脉的重要载体，博物馆小镇是要在多元博物馆载体的整合基础上，实现泛博物馆的文博产业、服务体系的运营，形成一个依托文博产业发展的特色小镇和文化旅游目的地。

1.打造特色且多元的泛博物馆体系成为开发基础

博物馆馆藏资源的主题、品质品级的价值决定着博物馆小镇的开发潜力和开发方向，其中博物馆从体现形式上分为实体博物馆、活态博物馆、智慧博物馆等，从宣传主题角度分为政府公共博物馆、企业博物馆、个人博物馆等。最重要的是在博物馆的文化、展示功能之上赋予趣味、体验等参与性的功能。

2.从保护、展示向文化服务产业延伸才是核心推动

博物馆小镇也要形成特色产业发展优势，围绕博物馆群，创新"博物馆+"体系，将博物馆与文创、艺术、会展、教育、美食、影视、音乐等内容紧密结合，实现文化服务的延伸，延伸过程中利用好数字化转化，并打造一种生活休闲氛围，构建起完整的产业生态链。博物馆小镇的产业延伸需要聚集智力资源，包括自身的人力资源和引进的专家、人才等资源，并基于此搭建一个多元的服

务平台,聚集众多文企,共同拓展。

3.品牌构建和市场运营成为小镇保持可持续竞争力的关键

博物馆小镇的品牌主要有馆藏资源的品牌和活动品牌,是面向市场消费端营销、推广的重要载体。对于博物馆而言,要形成自身的文化竞争力才有可能实现经济带动能力。所以在发展过程中要始终重视品牌规划,通过创新品牌或引进外部品牌来保持领先的竞争力。同时强调文、博融合的运营,重视营销推广。

（三）泛博物馆成为博物馆小镇打造的重点

博物馆特色小镇的打造要依托深厚的文化底蕴,确定其文化特质,并围绕博物馆打造休闲、体验、教育等多种业态,形成文博产业的综合发展和服务结构。

狭义上的博物馆,是小镇旅游线路中的一个节点,而"泛博物馆"除了以文化展示为核心目的的楼堂馆所外,只要具有文化输出传播功能的街区、工坊、客栈、民俗展演等活态博物馆都应该归入。所以说如何让博物馆成为重要的吸引中心,如何规划博物馆间的游线,如何提升博物馆的展示手法,成为博物馆小镇的重要解决办法。北京神兵侠装饰工程有限公司在多年经验基础上,总结出了"好看好玩好赚钱"的泛博物馆打造手法。常规文化挖掘中的"找魂,立骨,画皮"就不再赘述了,"好看、好玩、好赚钱"是神兵侠博物馆设计施工一体化实践中针对"景区型"博物馆打造的一些思路和方法。

1.好看——数公里外马上识别,激发游客微分享

人获取信息七成以上来源于视觉,旅游正在从观光走向休闲体验,但"观"依然是旅游的基础需求,那好看的标准是什么呢?我们认为有这么几个要求:

第一,需要有标志性,远远就能够看到并发现,让博物馆从所在小镇的灰瓦白墙中跳脱出来;

第二,能够激发游客的传播意识;

第三,记得住,看得明白,可以传播得出去。

2.好玩——重在参与

特色小镇内的博物馆重在"游",而不在"科研考古",所以参与性尤其重要。参与的方法有很多,目的是将被动的说教转化为主动的获取知识,具体有人和时间互动、人和空间互动、人和人互动、人和机器互动。

人和时间玩穿越

北京王府井古人类文化遗址博物馆中的时空隧道,通道两边的拼接屏会随着参观者的移动来回切换不同时代的场景空间,结合远古树洞元素对展陈空间的装饰,打造了现代与远古时代的神秘穿越门。

人和空间玩错位

曾国藩故居展陈中，我们打造了"人走茶未凉"的场景，游客走进房间，看到一杯冒着热气的茶，误以为老人家只是刚出门遛弯去了。

人和人一起玩

神兵侠在沂蒙山银座天蒙旅游区沂蒙山小调诞生地中设计施工的"听墙根"，巧妙地利用了游客的"窥私"心态，复原一个传统农家的窗户，影影绰绰中看到夫妻二人私房密话，游客只有趴到墙根上了才能听得清地道的方言。

人和机器玩

在石家庄东胜广场里，由神兵侠设计施工一体化完成的 AR 增强现实体验，消费者可通过不同姿势，召唤虚拟世界内的向日葵、雷电、北极熊等，增强体验互动。

3.好赚钱——先做运营策划，再着手落地设计

"好赚钱"指的是商业模式，即建成后博物馆的运营问题。在谈这个问题之前，我们需要搞明白艺术和赚钱矛盾吗？艺术家不是应该清苦一生，孜孜探究人类的美吗？沾染了铜臭的作品能够称得上艺术吗？我们来看个例子，米开朗琪罗作为伟大的艺术家，代表作《创世记》为什么不在画布上画，而爬到西斯廷礼拜堂的天顶上去画？原因非常简单，因为米开朗琪罗收了教皇的钱，作画是个商业行为。教皇带兵和法国人交战的时候，米开朗琪罗还不辞劳苦跑到战场前线讨要工钱，否则就罢工，但这并不妨碍《创世记》成为举世名作。

为什么旅游纪念品卖不动，同质化，粗制滥造是一方面，神兵侠认为缺乏"功能"是核心。什么是功能？直白点说，就是解决日常生活中的刚性痛点，饭馆的功能是吃饭，解决饿的问题；酒店的功能是睡觉，解决困的问题。功能需求越强，东西越好卖。在解决痛点的基础上，通过创意手段、定价策略、增值服务，文创产品的销售就会变得容易，溢价也高。

这个理论用在小镇旅游的文化体验上，无外乎就是将旅游的"吃住行游购娱"六大功能性要素和博物馆结合，其实已经有了很多付诸实践的成功案例。例如四川省成都市郫县古城镇的成都川菜博物馆，给博物馆赋予了"吃饭"的功能，现在是 3A 景区。而四川省大邑县安仁古镇的建川博物馆聚落不仅在国内第一次将多达 30 余座博物馆汇集在一起，而且还进一步将各种业态的配套如酒店、客栈、茶馆、老街、文物商店等汇集在一起呈现博物馆小镇的形态，现在是 4A 景区。再举个例子，上海科技馆和中国科技馆都是 5A 级景区，每年过百万的游客量。同为展馆，为什么全国没有一家规划馆被评为 5A 景区呢？用这个理论来解释，科技馆有"学习"+"玩"的功能，解决了寓教于乐，第二

课堂的痛点：规划馆更多是"政绩展示"的功能，和普通民众关系不大。

从内涵来看，博物馆是征集、典藏、陈列和研究代表自然和人类文化遗产的实物的场所。从外延来看，无论是特色小镇中的工坊、民居，抑或就是个博物馆小镇，自身文化传播的基本属性不会变，加上其他"功能性"业态，"盈利性"能力、运营会更加落地。

参考文献

[1]国家发展改革委城市和小城镇改革发展中心.2018中国特色小镇发展报告[M].中国发展出版社，2018.5.

[2]李京文.中国特色小镇年鉴2017[M].经济管理出版社，2018.10.

[3]周红.中国特色小镇发展报告（2017）[M].中国发展出版社，2017.12.

[4]张车伟，王博雅，蔡翼飞.中国特色小镇研究：理论、实践与政策[M].中国社会科学出版社，2018.10.

[5]文丹枫，朱建良，眭文娟.特色小镇理论与案例[M].经济管理出版社，2018.1.

[6]住房和城乡建设部政策研究中心,平安银行地产金融事业部.新时期特色小镇：成功要素、典型案例及投融资模式[M].中国建筑工业出版社，2018.3.

[7]温锋华.中国特色小镇规划理论与实践[M].社会科学文献出版社，2018.4.

[8]《中国特色小镇建设政策汇编》编委会.中国特色小镇建设政策汇编[M].经济管理出版社，2017.4.

[9]叶宽.特色小镇简论—中国特色小镇建设深度分析与发展战略研究[M].中共党校出版社，2018.2.

[10]林峰.特色小镇开发运营指南[M].中国旅游出版社，2018.3.

[11]李宽.特色小镇 [M].社会科学文献出版社，2018.10.

[12]付雪亮.基于城市文化内涵的特色小镇规划探讨[J].低碳世界,2018(11)：212-213.

[13]杨伟民.发展规划的理论和实践[M].清华大学出版社，2010.

[14]张红宇.金融支持农村一二三产业融合发展问题研究[M].中国金融出版社,2016.

[15]罗炳锦.特色小镇在乡村振兴战略中的积极作用[J].合作经济与科技,2018(21)：23-25.

[16]周加来,周慧.新时代中国城镇化发展的七大转变[J].重庆大学学报(社会科学版),2018,24(06)：15-21.

[17]张海龙."海绵城市"理念下的特色小镇的生态建设分析[J].绿色环保建材,2018(10)：228-230.

[18]刘志慧.特色小镇培育的问题与对策研究——以宜宾市为例[J].延边党

校学报,2018(05)：69-73.

[19]林环,仇勇懿,杨秀等.浙江省特色小镇创建规划的编制方法概述[J].住宅产业,2018(10)：44-51.

[20]秦笑.特色小镇产城融合发展路径及其核心竞争力评估模型构建[J].江苏商论,2018(10)：112-118.

[21]刘云铎.基于城市规划视角的海口市智慧城市建设思考[J].中国市场,2018(33)：39-40.

[22]大林.中国特色小镇发展报告(2017)[M].中国发展出版社，2017.

[23]邓爱民.旅游特色小镇开发与运营管理[M].中国旅游出版社，2017.

[24]徐姣姣,江林,姚世斌.经济新常态下成都市特色小镇推动供给侧结构性改革路径研究[J].中国市场,2018(31)：23-24.

[25]杨帆.经济转型视角下保定市特色小镇培育与建设研究[J].中国市场,2018(33)：38-40.

[26]马文博,朱亚成,杨越等.中外体育特色小镇发展模式的对比及启示[J].四川体育科学,2018(05)：71-73，79.

[27]闵祥晓.地方理论视角下的特色小镇建设[J].重庆社会科学,2018(10)：42-51.

[28]董新正.济南市特色小镇的生态、文化、旅游融合发展研究——以玫瑰小镇和阿胶小镇为例[J].价值工程,2018,37(33)：79-81.

[29]于亚琦,赵俊明.新旧动能转换视域下山东特色小镇发展路径研究[J].当代经济,2018(19)：72-75.